SOCIAL ETIQUETTE

梅亚萍 —— 主编

陈霞 郭瑞 —— 副主编

# 社交礼仪

**慕课版**

"十四五"职业教育江苏省规划教材 高等职业院校新形态通识教育系列教材

人民邮电出版社

北京

**图书在版编目（CIP）数据**

社交礼仪：慕课版 / 梅亚萍主编. -- 北京 ：人民
邮电出版社，2022.4
高等职业院校新形态通识教育系列教材
ISBN 978-7-115-57485-5

Ⅰ．①社… Ⅱ．①梅… Ⅲ．①社交礼仪－高等职业教
育－教材 Ⅳ．①C912

中国版本图书馆CIP数据核字(2021)第248814号

## 内 容 提 要

社交礼仪是个人在社交场景中美好形象的展示，是人际关系和谐的基础，是事业获得发展的关键，也是社会文明的表现。本书以社会交往需求为导向，以社交情景为切入点，以"解析点"和"训练点"为载体，与社交活动紧密接轨，向读者全面讲解仪容礼仪、着装礼仪、行为举止礼仪、会面礼仪、表达技巧与沟通礼仪、社交餐饮礼仪、日常交往礼仪、职场礼仪和商务活动礼仪等知识，帮助读者全面提升个人形象。同时，本书融入了课程思政元素，通过音频形式呈现，读者可扫描书中二维码收听"思政讲堂"。本书还配套了慕课视频，读者可通过扫描封面二维码获取。

本书不仅适合作为高等职业院校商科类、旅游类等相关专业社交礼仪课程的教材，还可作为政府机关、企事业单位组织学习和培训社交礼仪的参考书。

◆ 主　编　梅亚萍
　　副主编　陈　霞　郭　瑞
　　责任编辑　楼雪樵
　　责任印制　王　郁　彭志环

◆ 人民邮电出版社出版发行　　北京市丰台区成寿寺路 11 号
　　邮编　100164　电子邮件　315@ptpress.com.cn
　　网址　https://www.ptpress.com.cn
　　涿州市京南印刷厂印刷

◆ 开本：787×1092　1/16
　　印张：13　　　　　　　　　　　　2022 年 4 月第 1 版
　　字数：317 千字　　　　　　　　 2022 年 4 月河北第 1 次印刷

定价：49.80 元
读者服务热线：(010)81055256　印装质量热线：(010)81055316
反盗版热线：(010)81055315
广告经营许可证：京东市监广登字 20170147 号

礼仪是人类文化的结晶，也是社会文明的标志。我国素以"礼仪之邦"闻名，讲究以礼立身、以礼待人、以礼行事。社交礼仪是人们进行社会交往的行为规范与准则，被喻为步入社会的"通行证"、走向成功的"立交桥"，是社交活动中不可或缺的名片。

在现代社会，礼仪无处不在。讲礼仪，才会有品位；有品位，才会有魅力。不学礼，则不知礼；不知礼，则必失礼。一个人只有知礼、懂礼、守礼、行礼，培养高尚的情操，树立良好的个人形象，才能得到他人的尊重和信任，才能更好地在社交活动中如鱼得水，实现自身价值。

社交礼仪不仅是良好修养、个人魅力的重要展示，还是个人形象的行为表现。尤其对当代大学生来说，在择业、就业的过程中，要想表现出更强的竞争力，除了要拥有出色的专业能力外，还要拥有良好的个人形象，优雅的礼仪表达。这样才能在举手投足间自内而外流露出优雅的气质，赢得他人的好感与信任，打开迈向成功的大门。

懂社交礼仪的人能够在社交场合左右逢源、游刃有余，成为受人尊重的对象。为了让读者更好地了解社交礼仪，掌握社交技巧，我们策划并编写了本书。

本书以社交场景为切入点，生动具体地讲述了不同情景下的礼仪表达。本书主要具有以下特色。

● **生动有趣，通俗易学**。本书摒弃了传统教材枯燥无味的说教模式，秉持"好懂、好看、好学"的编写原则，内容深入浅出、语言形象生动，能够激发读者的学习兴趣，启发读者积极思考与实践，让社交礼仪的学习过程变得生动有趣。

● **体例新颖，形式多样**。本书每个单元都设有"课前思考"，让读者有的放矢，明确学习目标；然后以"情景还原"案例引出单元内容；正文设有"小故事大道理""即时演练""名师点拨""情景还原解析"等小栏目，有助于读者深入理解、掌握和运用相关的社交礼仪知识。此外，每个单元最后都设有"回顾·思考·讨论·应用"板块，让读者及时巩固所学内容。

● **案例主导，学以致用**。本书在编写时特别注重理论与实践相结合，融入了大量精彩的案例，强调"学、做、行"一体化，每个单元都针对知识点设有"实践与应用"，让读者在学中做、做中学。

● **资源丰富，呈现立体**。本书提供了非常丰富的教学资源，其中包括PPT、教学大纲、教案、习题答案、模拟试卷、案例资源包等，读者可以在人邮教育社区（www.ryjiaoyu.com）

搜索本书书名下载获取。

- 配套慕课视频、故事小视频及思政音频。本书配套了慕课视频和礼仪小故事视频，读者可扫描封面二维码获取慕课视频，扫描书中二维码观看礼仪小故事视频。本书还配有课程思政音频，读者可以扫描二维码收听，扩展知识面，提升个人素质、品德修养，培养高尚的道德情操。

思政元素举例：

| 思政元素 | 所在位置 | 概要 |
| --- | --- | --- |
| 中华传统文化传承 | 第一单元 专题一 初识礼仪 解析点3：礼仪的特征 | 了解传统文化的思想精华和道德精髓，传承礼仪文化优质基因，躬身践行、以身作则 |
| 职业道德贵在养成 | 第二单元 专题三 个人内在修养 训练点1：用精、气、神打造气质美 | 礼仪习惯一经形成就是终身受用的资本，职业道德外化于行，文明行为的养成离不开专业技能的学习和良好礼仪习惯的养成 |
| 礼仪的时代性 | 第五单元 专题三 致意礼仪 解析点：会面时的致意礼仪 | 社交礼仪要体现时代性，疫情防控期间，礼仪行为要保持安全距离，形成"卫生自觉"和"文明自觉" |
| 网络文明观、网络安全 | 第六单元 专题二 沟通礼仪 训练点4：微信沟通，遵守网络礼仪 | 网络秩序环境、文明氛围需要大家共同呵护，维护网络安全，人人有责 |

　　尽管在编写过程中编者力求准确、完善，但书中难免有疏漏与不足之处，恳请广大读者批评指正。

编　者

2021年8月

CONTENTS 目 录

## 第七单元　社交餐饮礼仪　117

## 第八单元　日常交往礼仪　137

## ⑨ 第九单元　职场礼仪　　157

## ⑩ 第十单元　商务活动礼仪　　175

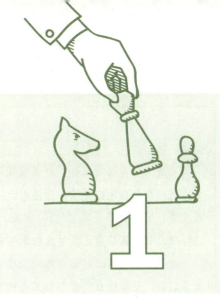

# 第一单元
# 初识社交礼仪

现代人离不开社交，而良好的社交活动也离不开社交礼仪。学习社交礼仪，可以提升修养、塑造形象，更容易建立与人沟通的环境和机会。总之，现代社会，为人处世，每个人都要学礼、知礼、讲礼、守礼。

**课前思考**

1 为什么礼仪很重要？礼仪具体有哪些表现形式？

2 社交礼仪有什么作用？遵守社交礼仪和不遵守社交礼仪的表现有何不同？

3 如果忽视社交礼仪，会有什么后果？

> ### 情景还原
>
> #### 迟到的尊重
>
> 　　刚进入景晨公司工作，赵茜发现坐在办公室玄关旁边座位上的那位女同事人缘非常好，每个人进门都会和她打招呼。赵茜对此不屑一顾，心想："不就是一个前台接待吗，接接电话、收收快递，有什么值得尊敬的。"因此，每次进门经过那位女同事时，赵茜从来没有主动和她打过招呼，有时候甚至还会对她白眼相看。
>
> 　　过了一段时间，赵茜才知道坐在玄关旁边座位上的那位女同事并非前台接待，而是公司的财务总监，是掌握自己每个月工资的"财政大臣"。于是，赵茜为了弥补自己以前对她的藐视，变得异常殷勤起来。每次进门，赵茜都会热情地和那位女同事打招呼，"周总监""周前辈""周姐姐"的叫得特别亲密，还经常给她带咖啡喝。面对赵茜的殷勤，对方礼貌地表示了感谢，而公司的其他同事看到赵茜前后态度的巨大转变，不由得都对她心生反感。
>
> 　　请分析：赵茜为什么会引起别人的反感？刚入职场的大学生怎样做才能在公司树立良好的形象？

# 专题一　初识礼仪

　　礼仪是人类文明程度和道德修养的一种外在表现形式，也是每个人与他人交往的有效方式，正所谓"有'礼'走遍天下"。随着社会生产力的不断提高，社会物质条件的逐步改善，社会文明程度日益提高，人们对礼仪规范的要求也越来越高。讲文明、懂礼仪是全社会每个成员的共同追求。

## 解析点1：礼仪的概念与构成

　　礼仪是人类精神文明的产物，是人类文明的结晶，是现代文明的重要组成部分。它作为在人类历史发展进程中逐渐形成并积淀下来的一种文化，始终以某种精神约束力支配着每一个人的行为。对于个人而言，礼仪是人的思想水平、文化修养、交际能力的外在表现，是一个人以约定俗成的方式表现出的律己、敬人的过程。

### 1. 礼仪的概念

　　礼仪的宗旨是尊重，既尊重他人也尊重自己。这种尊重与人们的生活方式自然、和谐地融合在一起，成为人们日常生活、工作中的行为规范。在现代社会，礼仪体现了一个人对他人和社会的认知水平、尊重程度，是一个人学识、修养和价值的外在表现。

　　礼仪的概念包括以下几个方面。

　　• 礼仪是在一定的社会关系中人们约定俗成、共同认可的行为规范。它表现为一些零散的规矩、习惯，然后才逐渐上升为大家认可的，可以用语言、文字、动作进行准确描述和规定的行为准则，成为人们有章可循并自觉学习和遵守的行为规范。

　　• 礼仪的实施表现为交际各方情感互动的过程。在礼仪的实施过程中，既有施礼者的行为，也有受礼者的反馈行为，礼仪是施礼者与受礼者的情感互动。

● 遵守礼仪规范的目的是实现社会交往各方的相互尊重，从而实现人与人之间关系的和谐。

礼仪的概念可以从多个不同角度来理解，如表1-1所示。

表1-1　从不同角度对礼仪概念的理解

| 角度 | 概念 |
|------|------|
| 修养角度 | 礼仪是一个人的内在修养和素质的外在表现 |
| 道德角度 | 礼仪可以被界定成为人处世的行为规范、标准做法、行为准则，表现为一定的规矩、章法 |
| 交际角度 | 礼仪既是人际交往中的一种艺术，也是一种交际方式 |
| 民俗角度 | 礼仪是待人接物的一种惯例，是人际交往中律己敬人的习惯形式，也可以说是在人际交往中约定俗成的、共同认可的，而且是用语言、文字、动作等进行准确描述和规定的行为准则，并成为人们自觉学习和遵守的行为规范 |
| 审美角度 | 礼仪可以说是一种形式美，是人心灵美的必然外化，它不仅可以美化自身，还可以美化环境、社会 |
| 传播角度 | 礼仪可以说是一种人际交往中相互沟通的技巧 |

### 2. 礼仪的构成

礼仪是由礼仪的主体、客体、媒体和环境4项基本要素构成的。

（1）礼仪的主体。礼仪的主体是指礼仪活动的操作者和实施者，既可以是个人，也可以是组织。当礼仪活动的规模较小，比较简单时，礼仪的主体通常是个人；当礼仪活动规模较大，比较复杂时，礼仪的主体通常是组织。

（2）礼仪的客体。礼仪的客体是指礼仪活动的指向者和承受者。礼仪的客体既可以是人，也可以是物；既可以是物质的，也可以是精神的；既可以是具体的，也可以是抽象。礼仪的主体和客体相互对立而依存，在一定条件下可以相互转化。

（3）礼仪的媒体。礼仪的媒体是指礼仪活动所依托的媒介，是礼仪内容与礼仪形式的统一，任何礼仪活动都必须使用礼仪媒体。

（4）礼仪的环境。礼仪的环境是指礼仪活动得以进行的特定的时空条件，大体可以分为礼仪的自然环境和礼仪的社会环境。礼仪的环境制约着礼仪的实施，包括实施何种礼仪和具体的实施方法。

── 即时演练 ──

以小组为单位，走访一两位商界人士，了解他们对礼仪的看法和切身经历与体会。

### 解析点2：礼仪的表现形式

按照具体的表现形式来分，礼仪可以分为以下几种。

### 1. 礼貌

礼貌是指人们在社会交往过程中的良好言谈和行为，是一个人在待人接物时的外在表现，主要包括口头语言的礼貌、书面语言的礼貌、态度和行为举止的礼貌等。礼貌是人的道德品质修养最简单、最直接的体现，也是对人类文明行为的基本要求。在现代社会，礼貌用语、对人态度友好、举止得当和彬彬有礼已经成为日常行为规范。在人际交往中讲究礼貌，有助于建立和谐的新型关系，增强双方的友好合作，避免一些不必要的冲突。

初识社交礼仪

 小故事大道理

### "打错"的电话

　　周四晚上，陈望在家里看电影，正当他沉浸在精彩的剧情中时，手机铃声响了。他一看是陌生号码，便直接拒接，但打电话的人很执着，紧接着又打了过来。于是，陈望只好接通了电话。

礼仪小故事
"打错"的电话

　　电话接通后，陈望一边盯着电视屏幕，一边不耐烦地询问对方是谁。电话那头的人普通话说得很不标准，陈望听了半天也没听清楚对方在说什么，这时剧情刚好进入高潮，陈望气急败坏地对对方说了一句："你打错电话了，能不能看清楚号码再打？真讨厌！"然后就挂断了电话，继续聚精会神地看电影。

　　第二天上班，陈望打电话联系那位自己谈了好长时间的客户。电话接通，陈望向对方说明了自己的身份和意图，对方听后，用不太标准的普通话说道："哦，是你啊，本来昨天晚上我给你打电话就是要确定签合同的时间，不过看来你并没有合作的诚意，那这次合作就算了吧。"

　　陈望着急地说道："我昨天晚上没有接到过你的电话啊！"

　　对方礼貌地解释道："我当然给你打过电话，你还说我打错了，让我看清楚号码再打呢！"说完就挂断了电话。这时陈望才回过神来，原来昨天晚上自己接到的那通陌生来电就是这位客户打来的。此时他恨不得抽自己一记耳光，后悔自己当时用那么恶劣的态度跟对方讲话，可是为时已晚。

#### 名师点拨

　　无论是何种情况，粗鲁地对待打错电话的人都是十分不礼貌的，会降低自己的格调。在接打电话时，我们要保持良好的态度，语气平和地回复对方，不要将自己的不良情绪发泄到打电话的人身上。

#### 2. 礼节

　　礼节是指人们在日常生活和社交场合中相互问候、致意、祝愿、慰问以及给予必要协助与照料的惯用形式，是礼貌的具体表现形式。礼节是人们在交往过程中逐渐形成的约定俗成和惯用的各种行为规范的总和，是社会文明的组成部分，具有严格的礼仪性质，反映了一定的道德原则和对人、对己的尊重，是人们心灵美的外化。礼节从形式到内容都体现出了人与人之间的相互尊重和相互关心。

#### 3. 仪表

　　仪表通常是指人的服饰、姿态和风度等方面的表现，是礼仪的重要组成部分。仪表反映了人的精神状态，是一个人心灵美与外在美的和谐统一。美好的仪表来自高尚的道德品质，与人的精神境界融为一体。端庄的仪表不仅代表对他人的尊重，也是自尊、自爱和自重的一种表现。

思政讲堂
职业礼仪蕴涵
的道德意义

#### 4. 仪容

　　仪容常指人的外貌。在与人交往时，每个人的仪容都会首先引起对方的关注，并影响对方对自己的第一印象。仪容美的基本要素是貌美、发美、肌肤美，主要的要求是整洁、干净。

#### 5. 仪态

　　仪态是指人的姿势、举止和动作。人们的面部表情、体态变化都可以表达思想感情。仪态是表现个人涵养的一面镜子，也是构成一个人外在美的主要因素。不同的仪态显示人们不同的精神状态和文化素养，传递不同的信息，因此仪态又被称为体态语。

### 6. 仪式

仪式是指行礼的具体过程或程序，是一种比较正规、正式的礼仪形式。人们在社会交往或组织开展各项专题活动的过程中，常常要举办各种仪式，以体现对某人或某事的重视或纪念等。

常见的仪式包括开业或开幕仪式、闭幕仪式、欢迎仪式、入场仪式、签字仪式、剪彩仪式、挂牌仪式、颁奖仪式、就职仪式、交接仪式、奠基仪式、捐赠仪式等。

仪式往往具有程序化的特点，这种程序有些是约定俗成的，是必要的，不可省略，否则就会失礼。

### 7. 礼俗

礼俗即民俗礼仪，指各种风俗习惯，是礼仪的一种特殊形式。礼俗是在历史发展过程中形成的，普及于社会和群体之中，并根植于人们心中，是在一定的环境中重复出现的行为方式。不同国家、民族、地区在长期的社会实践中形成了各具特色的风俗习惯。传统的礼俗有冠礼、生辰、婚姻、丧葬等。

## 解析点3：礼仪的特征

作为一种文化现象和社会交往的规范，礼仪是在漫长的社会实践中逐步形成、演变和发展而来的。礼仪具有以下特征。

思政讲堂
责任担当意识

### 1. 文明性

礼仪是人类文明的结晶，是当代文明的重要组成部分。人类从出现那天起就开始了对文明的追求，尤其是文字被发明后，人类更是学会了运用文字来表达和传播文明。现在人们日常生活和工作中的行为规范就包含了个人的文明素养，例如待人接物热情周到、互帮互助、和睦相处、注重个人卫生、穿着讲究、语言得体等。总之，礼仪是人们内心文明和外在文明的综合体现。

### 2. 共通性

礼仪的共通性是指在任何一个社会里，全体公民都要共同遵守最简单、最起码的礼仪规范。社会越发展，文明程度越高，礼仪的共通性就越突出。尽管世界各国人民的生活、习俗不尽相同，但许多礼仪是世界通用的，它早已跨越国家和民族的界限。例如，问候的礼仪、礼貌用语以及各种庆典仪式和签字仪式的礼仪等，大体上是通用的。正是由于礼仪具有共通性，才形成了国际交往礼仪。

### 3. 差异性

俗话说，"十里不同风，百里不同俗"，礼仪在不同国家、地区，由于民族特点、文化传统、生活习惯等方面的差异，往往会有不同的规范。在常见的国际交往中，仅见面礼仪就有握手礼、点头礼、亲吻礼、鞠躬礼、合十礼、拱手礼、脱帽礼、问候礼等，可谓多种多样。有些礼仪的表达方式和含义在不同国家或地区可能会截然相反，甚至在一个国家的不同地区也可能有不同的含义，这就需要各方互相增加了解，尊重差异。

### 4. 变化性

随着时间的推移，礼仪也会发生变化。人们要继承历史上优秀的礼仪传统，摒弃不合时宜的礼仪，使礼仪不断发展和完善。社会的发展引起众多社交活动新问题的出现，这就要求礼仪有所变化，有所进步，与时代同步，以适应新形势下的要求。随着经济全球化，各个国家、地区和民族之间的交往日益密切，他们的礼仪也会不断相互影响和渗透，被赋予新的内容，这就使礼仪具有相对的变化性。

礼仪的变化性还体现在运用礼仪的灵活性。一般来说，在非正式场合，特别是双方已经十分熟悉的情况下，人们不必拘泥于约定俗成的礼仪规范，可以进行相应的调整，随意性较大；而在正式场合，讲究礼仪规范便是十分必要的。

### 5. 规范性

礼仪是人们在交际场合待人接物时必须遵守的行为规范。它不仅约束着人们在一切交际场合的言谈、举止，还是人们在一切交际场合应当采用的一种"通用语言"，是衡量他人、判断自己是否自律和敬人的一种尺度。不同的人群在生活、学习和工作中，都有共同的、约定俗成的言语和行为。

### 6. 传承性

各个国家的当代礼仪都是在本国传统礼仪的基础上发展而来的。离开了对本国、本民族既往礼仪成果的传承，就不可能形成当代礼仪。这就是礼仪的传承性。

思政讲堂
中华传统文化
传承

礼仪规范将人们在交往中的习惯、习俗和准则逐渐固定并沿袭下来，成为人类精神文明的标志之一。例如，我国古代形成的尊老敬贤、父慈子孝、礼尚往来等反映民族传统美德的礼仪，直到现在仍然积极地影响着我们生活的各个方面。

当然，任何礼仪的形成与发展都不是食古不化、全盘沿用，而是取其精华、去其糟粕地继承发展。

---

**即时演练**

搜集一些关于中国古代礼仪的佳话，并向同学讲述，然后与同学讨论，讨论的主题为"如何成为一个讲礼仪的人"。

---

# 专题二　初识社交礼仪

在与人交往的过程中，不管是在公共场所还是在私人聚会场合，个人的穿着打扮、言谈举止和处事作风等都会呈现在他人眼中，给对方留下深刻印象。在现代社交活动中，一个人外在形象的好坏直接关系到社交活动的成功与否，而遵守社交礼仪是塑造良好的外在形象的有效方式。

## 解析点1：社交礼仪的内涵

社交礼仪是礼仪的重要组成部分，是人们在社会交往过程中形成并得到共同认可的各种行为规范，是人们以一定的程序、方式来表现的律己、敬人的完整行为。社交礼仪可以体现一个国家、一个民族、一个地区的道德风尚和人们的精神面貌。

社交礼仪的概念主要包含以下几个要点。

• 社交礼仪是一种道德行为规范，是对社交活动中的人的行为进行约束的规矩、章法，规定了哪些应该做，哪些不应该做。人一旦违反社交礼仪规范，就会让人厌恶，会破坏与群体成员之间的关系。

• 社交礼仪体现的宗旨是尊重。在社会交往活动中，按照社交礼仪的要求去做，不仅会使人获得尊重，身心愉悦，还可以达到人与人之间关系的和谐。

• 社交礼仪只要求在人际交往活动中被遵守，这是社交礼仪的应用范围，超出这个范围就不一定适用。例如，在公司穿拖鞋是失礼的行为，在家穿拖鞋则是正常的；在公司躺着是失礼的行为，在家里躺着则完全正常。

## 小故事大道理

### 文静不等于孤僻

　　李静人如其名，是一个非常文静、内向的女孩。每次在学校看到认识的同学，李静都不好意思和他们打招呼，总是假装在看别的地方，或者把头低下来逃避同学们的视线。时间一长，同学们都不愿意和她说话了，认为李静这个人很傲慢、不合群。于是，李静渐渐地被同学们孤立起来，平时大家出去吃饭或游玩，从来不会邀请她。

礼仪小故事
文静不等于孤僻

　　就这样，李静变得更加文静和内向，更不敢主动和同学们说话了，也不会主动找同学一起玩，总是独来独往。

### 名师点拨

　　遇到人之后打招呼，向对方传递的信息是我重视你、尊重你，我的心里有你。因此，对于自己认识、熟悉的人，在路上遇到后要主动与其打招呼，这样一件小事可以拉近我们与对方之间的关系。故事中的李静应该努力克服自身性格原因导致的不愿多说话的问题，这是改善其社交关系的重要内在因素。李静可以先和同宿舍的同学多交流，待适应后再慢慢扩大交流范围，逐渐改善并建立健康的社交关系。

## 解析点2：社交礼仪的作用

　　社交礼仪的作用主要有以下两点。

### 1. 塑造良好的社交形象

　　社交活动的成功与良好的社交形象是分不开的。社交中的自身形象十分重要，会直接影响交往双方关系的融洽与否和交际的成败。

　　讲究社交礼仪有助于塑造良好的社交形象。进行社会交往的人要以得体的仪表、言谈和举止示人，这是影响人们对其第一印象的主要因素。如果一个人穿着整洁大方，举止得体，气质高雅，拥有良好的精神面貌，谈吐真诚，会给对方留下美好的第一印象，从而加速建立友谊和信任关系，达成社交目的。社交礼仪不仅起着润滑和媒介作用，还起着黏合和催化作用，对表达感情、增进了解和树立形象是很有必要的。

### 即时演练

　　审视一下自己的个人形象，看是否有不符合社交礼仪要求的地方。

### 2. 促进交往行为的规范化

　　在社交场合，人们按照特定的礼仪规范，采取恰当的方法进行交往，有助于相互间的沟通，更好地达成共识。

　　社交礼仪作为一种共同遵守的行为规范，可以对人际关系进行整合和疏导，潜移默化地熏陶人们的心灵，使人们在社会生活中随时注意自己的言行举止，养成良好的个人习惯，待人真诚友善，从而成为一个受欢迎的人。社交礼仪约束人们按照社会公认的行为模式去交往、生活，为人们创造团结、友爱的生活和工作环境，成为使人际关系和谐的"润滑剂"。

## 解析点3：社交礼仪的原则

认识社交礼仪的各项原则有助于增强人们对社交礼仪的认识，加强社交礼仪在社交活动中的指导作用。社交礼仪的原则有以下几点。

### 1. 敬人原则

敬人是社交礼仪的一个基本原则，要求人们在社交活动中互尊互敬，友好相待。尊敬是礼仪的重点与核心，在对待他人的各种做法中，非常重要的一条就是尊重他人。

---

#### 情景还原解析

在"情景还原"板块中，赵茜以"貌"取人，她的善变行为引起了公司同事的反感。无论在什么场合，礼貌非常关键。尤其是刚步入职场的大学生，更要妥善处理在公司中的人际关系，不能以貌取人或者想当然，要记得无论职位高低，公司里的员工都是自己的前辈，要给予他们足够的尊重。

---

### 2. 宽容原则

一般来说，交往双方的心理存在一定的距离，这会导致交往者之间产生隔阂，甚至使关系僵化。要想缓和这种紧张的关系，交往者就要保持宽容之心，严于律己，宽以待人，多体谅和理解他人，而不是斤斤计较、过分苛求。无数实践证明，善解人意、体谅别人，较好地遵循宽容原则，于人于己都有很大的益处。

### 3. 平等原则

平等是人与人交往的基础，是建立和保持良好人际关系的基础之一。人们渴望成为社会中真正的一员，平等地与他人进行沟通。在与人交往时，不盛气凌人、高人一等，而应以平等的姿态出现，给别人尊重，做到心理相容，建立和谐的人际关系。那种以势压人、盛气凌人、侮辱人的做法都与平等原则相悖，不被公众认可。

在遵循平等原则时，人们要掌握合理的交往方法，例如谈心法，向对方真诚地说出心里话，用朋友般的口吻交换意见、传递信息和讨论问题。

### 4. 真诚原则

真诚是对人对事的一种实事求是的态度，是待人真心实意的表现，具体表现为不说谎、不虚伪、不骗人、不侮辱人。

在与人交往时，如果交往主体是抱着诚意的，那么其行为会自然而然地显示出对对方的关切和关注，一个人的行为是最好的证明。一般情况下，人们可以用谎言来掩饰自己的企图，但无法用行为掩饰自己，因为体态语言是下意识的，无法伪装。因此，一个人只有真诚，才能让自己的行为举止自然得体。

### 5. 适度原则

俗话说，"礼多人不怪"，人们讲究礼仪是基于对对方的尊重，这本是好事，但凡事过犹不及。人际交往要因人而异，考虑时间、地点和环境等条件，根据具体情况使用相应的礼仪。

与人交往时既要彬彬有礼，又不能低声下气；既要热情大方，又不能轻浮谄媚；既要坦诚相待，又不能语言粗鲁；既不能抢对方的话头，又不要寡言少语。语言表达恰当，不用过激的语言。举手投足要有分寸，恰到好处，例如握手时间不要太长，表达感谢不要太频繁等。

### 6. 信用原则

言而有信是做人的基本原则，在社交场合，人们要遵循信用原则，做到以下两点。

- 守时：与人约定时间会见、约会等，不可迟到、拖延。
- 守约：与人签订协议，共同约定的事，以及口头答应的事，要说到做到，"言必行，行必果"。

因此，若没有十足的把握就不要轻易向他人许诺。

## 回顾·思考·讨论·应用

### 一、单元知识要点

礼仪的概念。礼仪的构成：礼仪的主体、客体、媒体和环境。礼仪的表现形式：礼貌、礼节、仪表、仪容、仪态、仪式、礼俗。礼仪的特征：文明性、共通性、差异性、变化性、规范性和传承性。社交礼仪的内涵。社交礼仪的作用。社交礼仪的原则：敬人原则、宽容原则、平等原则、真诚原则、适度原则、信用原则。

### 二、判断题

1. 礼仪的实施是一种单方面的行为表现。（　　）

2. 要想和谐相处、友好合作，最基本的要做到礼貌待人。（　　）

3. 由于礼仪的变化性，人们要灵活地运用礼仪。（　　）

4. 社交礼仪的应用范围是人际交往活动。（　　）

5. "礼多人不怪"，所以在与人交往过程中对人越热情越好。（　　）

### 三、选择题

1. 下列不属于礼仪的构成要素的是（　　）。

　　A. 礼仪的客体　　　　B. 礼仪的主体　　　　C. 礼仪的环境　　　　D. 礼仪的规模

2. 下列关于礼仪的特征的说法，错误的是（　　）。

　　A. 礼仪是人类文明的结晶——礼仪的文明性

　　B. 十里不同风，百里不同俗——礼仪的差异性

　　C. 当代礼仪在传统礼仪基础上发展而来——礼仪的共通性

　　D. 礼仪约束着人们的行为举止——礼仪的规范性

3. 下列行为符合社交礼仪的是（　　）。

　　A. 穿着拖鞋去公司上班　　　　　　　　B. 客人离开时把客人送到门口

　　C. 与人说话时频频看手表　　　　　　　D. 不与人约好就直接去拜访

4. 下列行为符合礼仪的适度原则的是（　　）。

　　A. 客人要离开时再三留客人吃饭　　　　B. 在短时间内频繁地向同事表达感谢

　　C. 热情大方地招待客人进屋　　　　　　D. 与人约好8点见面，迟到10分钟

5. 下列行为不符合礼仪的宽容原则的是（　　）。

　　A. 对方约会迟到，仍与其热烈交谈　　　B. 与某人关系紧张，但见面仍打招呼

C. 下属上班迟到，询问缘由并表示关心　　　　D. 口头答应某件事情，并说到做到

## 四、问答题

1. 试着从不同角度理解礼仪的概念和社交礼仪的概念。

2. 简述礼仪的特征。

3. 简述社交礼仪的原则。

## 五、讨论题

1. 请同学们列举一些有关社交礼仪的故事，可以是自己亲身经历的事情，也可以是在书中或影视作品中看到的故事，以此来说明社交礼仪的重要性。

2. 如果你现在要去拜访一位刚刚认识的朋友，你应注意哪些礼仪规范？

## 六、实践与应用

### 任务1　找出行为上的不妥之处

实践内容：同学们各自搜集有关礼仪的各种行为案例，全班同学讨论案例中的人物的行为是否符合礼仪规范，如果不符合，错在哪里。

实践要点：指出下列行为中不符合礼仪规范的地方。

（1）王滨邋里邋遢地站在总经理办公室门前，头发乱蓬蓬的，西装不整齐，刚进门就被秘书拦住了。

（2）李章坐在接待室等待顾客，不耐烦地走来走去，时不时地翻看一下接待室的物品。顾客一来，李章立刻推销产品，顾客都没机会说话。

（3）刘悦是某酒店前厅的接待人员，客人登记入住时，看到房间价格后说了一句："怎么标间价格这么高？"刘悦答道："这个价格已经算是低的了，怎么，你这是第一次住酒店？"客人听了以后极为不悦，转身离开了酒店。

（4）张铭乘坐公共汽车去见客户，在拥挤的公共汽车上因为一点儿小事与一位乘客吵了起来。他气呼呼地赶到客户那里，向客户抱怨自己遇到的事情。

（5）王悦欣正在家里打扫卫生，门铃突然响了，她打开门，发现是一个戴着墨镜的年轻男子。男子没有摘下墨镜，而是从口袋里掏出一张名片，说："我是保险公司的。"王悦欣很反感，便说："我不打算买保险。"而男子已经进入门内，在屋内打量，说："你们家的房子装修得很漂亮，真令人羡慕。不过天有不测风云，万一发生火灾，损失就大了，不如你现在就买份保险……"王悦欣越听越生气，直接把男子赶了出去。

### 任务2　从影视作品中学习礼仪

实践内容：在课余时间搜集一些涉及礼仪的影视作品，例如《公主日记》《窈窕绅士》《杜拉拉升职记》等，观看并讨论其中人物的行为是否符合礼仪。

实践要点：

（1）观看影视作品，记录和提取作品中与礼仪相关的行为和场景；有能力的人可以将相关片段剪辑成短视频，在课堂上播放。

（2）在了解了作品中人物的各种行为后，同学们相互讨论，分析作品中人物的行为是否符合礼仪规范，不符合的要如何改正。

# 第二单元
## 仪容礼仪

仪容主要是指一个人的容貌，它是由头发、面容以及人体未被服饰遮掩的皮肤（包括手部皮肤、颈部皮肤等）等部分构成的。在人际交往中，每个人的仪容都会引起交往对象的特别关注，并将影响到对方对自己的整体评价。社交礼仪对仪容的要求是仪容美，包括自然美、修饰美和内在美，这三者应高度统一，忽略其中任何一个方面，仪容美都不达标。

### 课前思考

① 发型的修饰对个人的形象有何影响？我们要如何选择合适的发型？

② 化妆的正确步骤是什么？在化妆时，我们要注意哪些事项？

③ 个人内在修养与礼仪有何关系？它对人的外在表现有何影响？

**情景还原**

### 失礼的秀发

张艾十分爱美，留着一头长长的秀发，她认为长发飘飘更彰显自己的知性美。一天早上，张艾醒来的时候已经8点多了，而上午9点她约了重要的客户洽谈合作。时间紧迫，张艾顾不上仔细地打理头发，只是简单地梳洗了一下就匆匆地出门了。

与客户会面后，张艾礼貌地与客户握手，然后双方开始洽谈业务。在交谈的过程中，张艾的头发时不时地从肩头滑落，为了避免头发遮挡视线，张艾时不时地扬一下头，借扬头的动作让滑落的头发回到肩后。后来，张艾干脆用手掌扶着脑袋固定头发。在给客户递送资料时，张艾忘记头发会滑落，她身体微微前倾，双手将资料递给客户，结果发梢伸进了桌子上的咖啡杯里。张艾发现后非常尴尬，连忙将头发拿出来，一边擦拭一边向客户道歉。

客户本来打算和张艾好好谈一谈合作的事情，但在交谈的过程中看到张艾披头散发，小动作不断，于是对她说道："今天您的头发似乎不太配合，等您的头发学会听话后再来和我谈合作的事情吧！"说完，客户就告辞了。

**请分析：案例中张艾的做法有何不妥？在与人交往的过程中，我们应遵守哪些仪容礼仪？**

# 专题一 发型的修饰

合适的发型可以衬托人的气质和个性，使人在社交中增强自信。不同的发型可以带给人庄重、洒脱、文雅、活泼等不同感觉，因而不同气质、爱好、脸型、发质、年龄、职业的人要针对自身情况扬长避短，选择并修饰适合自己的发型。

## 解析点：发型的总体要求和类型

一般来说，不管男女，只要选择的发型与自己的脸型、肤色、体型相搭配，与自己的气质、职业、身份相符合，就可以彰显美感，给人留下良好的印象，但总体原则是头发整洁、发型大方，展现成熟、稳重的气质，有焕发神采的效果。

### 1. 发型的总体要求

在社交场合，男士和女士发型的总体要求是不同的。

（1）男士发型要求。在社交场合，男士的发型应满足以下要求：干净利落；定期修饰和修理，展现出成熟、稳重和大方的气质；头发长度适中，一般来说，男士前额的头发不要遮住眉毛，两侧的头发不要盖住耳朵，头发不要太厚，鬓角不能过长，头颈后部的头发不要长过西装衬衫领子上部。男士发型如图2-1所示。

（2）女士发型要求。在社交场合，女士的发型应整洁、干练、美观、大方，头发长度适当，最好不要长过肩部或挡住眼睛，如图2-2所示。如果平时留长发，到了工作场合，最好把头发梳成发髻。长发不要散开，要把长发束起，例如梳一个马尾辫，再用简单的深色发饰装饰，或者剪一个干练的直短发，以少量造型美发品梳理、定型，使头发整齐、有光泽。

仪容礼仪

图2-1　男士发型

图2-2　女士发型

## 情景还原解析

　　在"情景还原"板块中，张艾因为起床太晚，没来得及修饰自己的发型，导致长发总是干扰自己，做出了过多的小动作。这种形象会使客户觉得她对洽谈不太重视，不然不会急匆匆的，以至于披头散发地来到谈判桌上。其实张艾只需把头发梳成发髻盘在脑后或梳成马尾辫，加上一个发饰即可呈现出干练的气质。

### 2. 发型的类型

　　发型的类型如表2-1所示。

表2-1　发型的类型

| 发型类型 | 细分类型 | 说明 |
|---|---|---|
| 男士发型 | 西式发型 | 泛指现代人三、七分或四、六分的一种露出后颈部的短发发型，是正式场合常用的一种发型，给人以端庄和严谨的感觉 |
| | 对分发型 | 这是一种五五对开、额前头发比较长的发型。这种发型只适合前额宽人、脸型呈"国"字形的人，是橄榄头型人的大忌 |
| | 卷曲发型 | 这种发型给人以异国情调或自由浪漫的感觉 |
| | 板寸头 | 头顶呈水平面，头发长度为1～3厘米，这种发型给人以刚毅和果敢的感觉 |
| 女士发型 | 马尾辫 | 将头发一把扎在脑后而不编结成辫的发型。由于其简单易行，所以用途极广。这种发型会使女孩显得活泼可爱，但是，它会使背部不直的人看上去负荷过重 |
| | 独辫子 | 这是一种将长发在脑后编成一根辫子的发型，它给人以怀旧的感觉 |
| | 娃娃头 | 又称童话头，它以齐眉的刘海儿和齐耳的短发塑造女孩乖巧可人的形象，可使女孩看上去更年轻 |
| | 直发 | 这是一种将齐肩或披肩的长发拉直的发型，可使女孩看上去青春靓丽 |
| | 大波浪 | 这是一种流行的卷发发型，由于发型纹理就像大海的波浪一样，故而得名。大波浪发型既有轻盈飘逸的发型轮廓，又有妩媚迷人的视觉冲击，是深受时尚女孩欢迎的发型 |

## 训练点1：根据脸型选择发型

思政讲堂
悦纳自我

修饰头发的目的是使仪容美，而仪容美要体现出整体的协调美，因此发型要与脸型相搭配。我们要根据自己的脸型选择合适的发型，这样可以弥补脸型的缺陷，提升自己的个人形象。

### 1. 三角形脸

三角形脸分为正三角形脸和倒三角形脸。

正三角形脸有额头窄、两腮宽，上小下大的特点，给人以持重、稳健的感觉。与之相搭配的发型应为顶部收紧、圆润，稍微遮盖略窄的额头，而两侧的头发要蓬松一些，线条柔和，遮住过宽的两腮，如图2-3所示。

倒三角形脸与正三角形脸的特点相反，额头宽、两腮窄，脸部轮廓呈倒三角形，给人以瘦小、灵敏的感觉，与之相搭配的发型应为头发长及肩部。若两颊过宽，两侧的头发可以自然垂下，稍微遮盖两颊。顶部头发应略加高并收紧，前额可以采用中分方式略遮住额角，两侧头发应略蓬松，以减轻上大下小的倒三角形感觉，如图2-4所示。

图2-3　正三角形脸搭配的发型

图2-4　倒三角形脸搭配的发型

### 2. 方形脸

方形脸的特点是具有方形的前额且前额同颧骨和腮边一样宽，有腮骨，面部方正，给人以刚毅、顽强之感。方形脸的脸部线条较生硬，缺少柔和感。

要想弱化脸部的方角感，我们可以选择自然柔和的发型来中和生硬的线条。例如采用横过眼眉的小束形刘海儿，刘海儿不要太齐整，最好不对称，以修饰宽直的前额边缘线，增加纵长感，如图2-5所示，或者将头发编成发辫盘在脑后，让人们因为头部线条的圆润而减少对脸部方形线条的注意。另外，两耳边的头发不要有太大变化，不留齐至腮帮的直短发。

### 3. 圆形脸

圆形脸的面部肌肉丰满，线条圆润，额部的发际线较低，下颌不长，脸面的长与宽几乎均等，两颧之间是最宽的部分。圆形脸给人以年轻、活泼的感觉，也叫"娃娃脸"。

圆形脸的人在选择发型时应该增加发顶的高度，让头顶略蓬松，使发型稍微拉长，给人以协调、自然的美感。圆形脸的人的发型应为两侧头发略收紧，向椭圆形脸方向修饰，同时要露出额头，这样可以使脸部看起来更瘦长。若面颊两侧的头发隆起，会使颧骨部位显得更宽。圆脸宜侧分头缝，梳垂直向下的发型，直发的纵向线条可以在视觉上减弱圆脸的宽度，如图2-6所示。

图2-5　方形脸搭配的发型

图2-6　圆形脸搭配的发型

### 4. 椭圆形脸

椭圆形脸的特点是前额宽于颏部，颧骨最容易受到关注，脸庞则从颧骨位置适度地收窄到微尖的卵形下颌。椭圆形脸通常被认为是标准脸型，俗称"鸭蛋脸"，能给人以高贵、典雅的感觉。这种脸型采用长发型和短发型均可，但发型不宜过于复杂，应自然简单，尽可能把脸显现出来，以突出脸型的协调，如图2-7所示。

### 5. 长形脸

长形脸的特点是脸型过长，前额发际线较高，下颌较宽、较长，给人以朴实、严肃的感觉。长形脸的人应将顶部头发尽量压低，在脸部两侧加宽加厚发量，以微弯的刘海儿遮住过高的额头，以缩短脸部的视觉长度。

图2-7　椭圆形脸搭配的发型

脸部两侧的头发要蓬松，略带波浪形，使脸部轮廓有椭圆感。脸型狭长的女士，其发型要做成卷曲波浪式，以增加优雅的感觉，如图2-8所示。

### 6. 菱形脸

菱形脸是指整个脸型的上半部为正三角形形状，下半部为倒三角形形状，上额和下颌都很狭小，颧部较宽，给人以灵巧的感觉。菱形脸的人一般要将额上部的头发拉宽，额下部的头发收窄，靠近颧骨处可设计大弧度的卷曲或波浪式的发型，以起到平衡、柔化颧部线条的作用，如图2-9所示。

图2-8　长形脸搭配的发型

图2-9　菱形脸搭配的发型

---

┌─────────── **即时演练** ───────────┐

学生根据自己的脸型设计一款适合自己的发型，可用软件制作发型图像，并用幻灯片进行解说和点评。

└──────────────────────────────────┘

---

**视点链接**

用发型矫正面部缺陷的方法有以下3种。

（1）遮盖法。遮盖法是指用头发形成适当的线条来弥补面部线条的不足，在视觉上把原来比较突出而不够完美的部分遮住，淡化突出的部分。

（2）衬托法。衬托法是指将头顶和两侧的部分头发梳得蓬松或紧贴，以增大或减小某部分的面积，改变其轮廓。

（3）填补法。填补法是指利用头发或饰物来填补不足的部位。

---

## 训练点2：根据身材选择发型

好看的发型应该与脸型和身材和谐一致。有时我们单独看某一款发型觉得很好看，与脸型搭配得很好，但人一站起来就又觉得美中不足，头发显得太短或太长，导致头身比失衡，或头宽与身宽比例不协调。

根据人体测量学的研究，一个人的头身比在1：7.5到1：8时看起来最美，因此只有尽量使人的头身比靠近这一比例，发型才具有增加身材美、弥补身材缺陷的作用。

我们要根据自己的身材类型来选择合适的发型，发型与身材的搭配主要有以下几种情况。

### 1. 身材矮小者的发型

如果一个人脸型圆润，身材矮小，会给人小巧玲珑之感，发型设计要以秀气、精致为主，不要显得粗犷、蓬松，以免显得头身比失调，给人头大身体小的感觉。发型设计可以选择烫发，把发型做得小巧、精致，或者选择偏分的短发或中长发，这样显得轻快活泼，富有青春活力。

身材矮小者不适合留长发，因为长发会显得头大，破坏头身比的协调性。如果留中长发，发梢要自然向里弯曲，让秀发自然飘逸。

### 2. 身材矮胖者的发型

身材矮胖的人会给人一种丰满、健康、有活力的感觉，在选择发型时要增强这种美感，形成一种有朝气的健康美。同时发型要弥补身材缺陷，由于身材矮胖者的脖子较短，所以不适合留披肩长发，也不适合烫卷发，头发不能过于蓬松，而是要尽可能露出脖子，增加视觉上的高度。还可以选择盘发等让头发向上的发型，但向上的程度要依据头身比来确定。

### 3. 身材高瘦者的发型

身材高瘦的人身体细长而单薄，头部较小，要想使头身比更协调，选择的发型就要饱满一些，不要让头发紧贴头皮，也不要把头发弄得过于蓬松，以免造成头重脚轻的感觉。另外，身材高瘦者不宜留长发，也不适合留直发，不能把头发剪得太短、太薄，更不能高高盘在头顶。

身材高瘦者的理想发型是头发下端在下巴与锁骨之间，头发显得厚实、有分量。也可将头发盘在脑后，梳成发髻，给人优雅、别致的感觉。而发型的整体轮廓要保持圆形或波浪卷曲状。

#### 4. 身材高胖者的发型

身材高胖者的发型要简洁、明快，以直发为主，包括长发、中长发等；也可以选择大波浪卷发，但应服帖、紧凑；还可以选择盘发或简单的短发。发型设计要保证线条流畅、大方，不追求复杂的花样，头发不能太蓬松。

如果身材属于肩宽臀窄的类型，要选择披肩发或下部蓬松的发型，让头发遮住肩部，分散他人对肩部的注意。如果颈部细长，可选择长发，而不是短发，以免让脖颈显得更长；如果颈部短粗，可选择中长发或短发，以分散别人对颈部的注意。

### 训练点3：发型与服装、场合的搭配

为了保持全身的协调，发型除了要与脸型、身材等相搭配，也要与服装和场合相搭配。

在正式场合中，男士的发型要求保守、庄重、传统和规范。例如头发不遮住额头，两侧的头发不遮住耳朵，后边的头发不碰触衣领。一般来说，头发的总长度不宜超过7厘米。

在正式场合中，女士的发型要求不能将头发自由披散过肩，可以留长度在肩部以上的短发，或者将长发盘起来。另外，女士不宜设计怪异的发型，头发的颜色最好自然，保留原色。如果有白头发，可以定期染发，染成黑色、深褐色等，千万不要染成红、黄、蓝等鲜艳的颜色。

在正式场合，男士一般穿西装，女士穿西装套裙，这时不管是直发还是烫发，都要梳理得端庄、秀丽、大方，不能过于蓬松。

如果女士出席晚会、宴会，可穿礼服，此时可将头发挽在颈后结低发髻，显得端庄、高雅。如果穿外露较多的连衣裙，可选择披肩发或束发；如果穿V领连衣裙，可选择盘发。

在非正式场合，人们可穿皮衣，选择披肩发、盘发、梳辫子等，会倍添风采；或穿运动衫，将头发自然披散，给人以活泼、潇洒的感觉；也可将长发高束或编成小辫，可增加柔美的感觉。

# 专题二　妆容的修饰

化妆是现代生活中一个很重要的行为现象，得体的妆容可以掩饰个人脸部的缺陷，提升个人魅力，并表达出对别人的尊重，有利于人际交往。

### 解析点：化妆的原则

人们在化妆时要遵循以下4个原则。

#### 1. 美化原则

很多人以为把各种色彩涂抹在脸部的相应部位就会使自己变美，这是错误的观念。美化原则是从最终效果上来说的，是指通过化妆变美。因此，我们要在化妆之前了解自己的脸部特点，明确如何化妆才能突出脸部最美的部分，显得更加美丽动人；同时掩盖或矫正缺陷或不足的部分，使自己的容貌在整体上更漂亮。化妆要在把握脸部特征和具备正确的审美观的前提下进行。

#### 2. 自然原则

化妆的效果要自然，让化妆后的脸看起来真实而生动，如果化妆失去了自然的效果，就会显得虚假，失去生命力和美感。

要想让化妆达到自然效果，我们就要使用正确的化妆技巧，选择合适的化妆品，在化妆时一丝不苟，讲究过渡，体现出妆容的层次，使妆容浓淡相宜。

在日常生活中，人们一般化淡妆。淡妆给人以大方、悦目、清新的感觉，适合在家或平时上班的日常场合；浓妆给人以庄重、高贵的感觉，适用于晚宴、婚宴、演出等特殊的社交场合。不过，无论淡妆还是浓妆，化妆的人切忌厚厚地抹上一层，以免失去真实感。

### 3. 协调原则

化妆的协调原则具体体现在妆面协调、全身协调、身份协调和场合协调，如表2-2所示。

表2-2　化妆的协调原则

| 协调原则 | 说明 |
| --- | --- |
| 妆面协调 | 指妆容的色彩搭配、浓淡协调，所化的妆应根据个人脸部的个性特点进行整体设计 |
| 全身协调 | 指脸部妆容必须与发型、服装、饰物协调。如穿大红色的衣服或搭配大红色的饰物时，可以用大红色的口红，以取得完美的整体效果 |
| 身份协调 | 指化妆时要考虑自己的职业特点和身份，采用不同的妆容。如作为职业人士，应注意化妆后展现出端庄稳重的气质 |
| 场合协调 | 指妆容要与所处的场合气氛协调一致。日常办公，妆可以化得淡一些；出入宴会、舞会等场合，妆可以化得浓一些，尤其是参加舞会，妆可以化得靓丽一些。为不同的场合化不同的妆，能使化妆者更快融入环境 |

### 4. 避人原则

人们在化妆或补妆时要遵循避人原则，选择安静、人少的地方，例如化妆间、洗手间，切忌当着众人的面肆无忌惮地化妆或补妆。一般情况下，女士要在用餐、饮水或出汗后及时补妆。

 小故事大道理

淡妆浓抹总相宜

余璇是某高校现代文秘专业的学生，大学毕业后进入一家公司担任办公室文员。为了符合文员的身份，余璇化起了干练、端庄的"白领妆"：修饰自然、稍带棱角的眉毛，与深色职业套裙搭配的眼影，紧贴上睫毛根部描画的黑色眼线，黑色、自然的睫毛，不脱妆的粉底液，再加上颜色自然的唇膏。整个妆容清爽、自然，尽显干练、成熟之风，给人带来一种精干、专业的感觉。而在平时的休息日，余璇外出就餐、游玩则更喜欢化彰显青春活力的"少女妆"，眼影、腮红、口红色系的选择处处彰显青春的气息，妆容鲜亮，让人感觉朝气蓬勃。

礼仪小故事
淡妆浓抹总相宜

适宜的妆容不仅让余璇的心情非常好，也让她身边的同事、朋友感觉非常舒适。工作一年以来，余璇以得体的外在形象和勤奋的工作态度、骄人的成绩，获得了公司同事的一致好评。

**名师点拨**

　　化妆不仅是对自己的尊重，也是对交往对象的尊重；化妆不仅可以提升自信，还能提升交往对象对自己的印象。此外，在选择妆容的时候，要考虑自己的身份、职业。例如，作为学生、白领就不宜化大浓妆，不宜使用颜色特别夸张的眼影、口红等。学生可以素颜，也可以化淡妆；白领在化妆时应该讲究妆容的端庄、干练。

## 训练点1：化妆的程序

化妆的程序分为妆前准备、化妆过程和妆后检查3个阶段。

### 1. 妆前准备

在正式化妆之前，我们要进行妆前准备。妆前准备包括束发、洁肤、护肤等。

（1）束发。束发是指用发带、毛巾等将头发束起或包起，最好再披一块围巾，以防止在化妆时弄脏头发或衣服，同时避免妨碍化妆。这样做可以使脸部轮廓更加清晰，从而有针对性地化妆。

（2）洁肤。洁肤是指清洁肌肤，用清洁霜、洗面奶等清洁面部的污垢和油脂，有条件的还可以用洁肤水清除面部皮屑，再涂上化妆水。尽量避免用一些质量差的香皂，以免损伤皮肤。

（3）护肤。护肤是指妆前的基础护肤，一般要在洗完脸后用化妆棉蘸上爽肤水或柔肤水涂抹在脸上，然后涂抹精华液，接着涂抹乳液或乳霜。护肤一般早晚各一次。

我们要根据自己的皮肤特征来选择护肤品，如果是油性皮肤或处于出油较多的夏天，可以选择质地清爽的乳液；如果是干性皮肤或处于干燥的秋冬季节，可以选择质地滋润的乳霜。

精华液是所有护肤品中有效成分浓度最高的，一般会超过10%，其最大作用是使有效成分进入肌肤，给肌肤更直接、快捷、安全和强效的营养。当然，精华液的用量有一定的标准，不能超过限度，否则肌肤无法吸收。

我们在涂抹乳霜时要分步骤，用中指或食指的指腹取适量乳霜，分别点在下巴、两颊、额头和鼻尖，然后以打圈的方式从下巴缓缓向上揉搓，经过鼻子，直到额头部位，再从嘴角两边向上，将脸颊上的乳霜均匀涂抹开来。

护肤对于化妆的另一个作用是防止化妆品与皮肤直接接触，起到保护皮肤的作用。

### 2. 化妆过程

我们在化妆时要认真掌握化妆的方法和技巧，化妆大体上可以分为上隔离霜、上粉、画眉毛、画眼妆、上腮红、涂唇彩或口红、涂指甲油、喷香水等步骤。

（1）上隔离霜。上隔离霜是正式化妆的第一步，选用一款好的隔离霜不仅可以在化妆品和皮肤之间形成一层保护层，防止粉底堵住毛孔，伤害皮肤，同时保护皮肤不受到空气污染物的伤害，还可以起到防晒、防辐射和修饰皮肤颜色的作用。

图2-10　上隔离霜

不同颜色的隔离霜具有不同的功效，一般来说，隔离霜的颜色分为紫色、绿色、白色、蓝色、金色、肤色、粉色、透明色等颜色。皮肤较黄的人可以选择使用紫色或粉色的隔离霜；皮肤被晒得发红的人可以选择使用绿色的隔离霜；皮肤颜色较好的人可以选择使用透明色或白色的隔离霜。上隔离霜如图2-10所示。

涂抹隔离霜的方法和抹乳霜是一样的。如果隔离霜有润色作用，我们在抹隔离霜时涂抹面积要大一些，到脖子处比较好，以保持皮肤色泽的均匀。这一点在后面上粉时也是如此。

（2）上粉。上粉又叫打底，目的是调整皮肤的颜色。上粉通常有两个步骤，首先是用海绵蛋或粉扑上底妆，底妆通常为粉饼或粉底液（见图2-11），其次是用粉扑（见图2-12）或刷子上散粉，进行定妆。粉饼适合油性皮肤使用，夏天最为常用，但缺点是容易脱妆。粉底液适合中性及干性皮肤在秋冬使用，缺点是妆感比较重。

图2-11 用粉底液上底妆

图2-12 上散粉定妆

我们在打底时可以挤出适量粉底液放在手背上，用海绵蘸取少许，用轻按的方式均匀拍在脸上，边缘要一直拍到发根，下巴方向要渐淡入颈部，不要有明显色差；鼻翼处用海绵的边上粉底液；眼袋附近要轻轻遮盖；如果嘴唇偏厚或者唇形不佳，要用粉底液盖上原来的轮廓，以便后面重描形状；还可以用粉饼轻轻扑一下，尤其是瑕疵处，例如眼袋、痘印、皮肤红血丝等；最后用透明散粉定妆。如果额骨或脸颊较宽，我们可以用蜜色散粉轻轻由外向内扫一下，以改善脸型。

粉底液与粉底霜都是用来打底的，但两者稍有区别。粉底液质地轻薄，不遮瑕或者轻微遮瑕，保湿效果好，方便涂抹，适合日常生活妆和淡妆；而粉底霜比较厚重，遮瑕效果相对较好，比较干燥，适合浓妆或舞台妆。

（3）画眉毛。眉毛是眼睛的框架，其颜色和形状可以影响到一个人的表情和相貌，对整个面部起衬托的作用。"眉目如画"说的就是眉毛与眼睛相互配合、协调所展现出的自然、端庄的美。

描眉是根据原来的眉形用眉笔加深颜色，或者根据脸型对眉毛进行适当修饰。一般来说，如果眉毛本身的颜色比较深，不需要画得太深，只要把眉形修好就可以了。如果眉毛本身的颜色比较浅，眉笔的颜色应当与头发颜色相近，黑色、棕色不太合适，因为黑色会显得突兀，棕色显老，一般推荐使用灰色、深灰色，这样与肤色和发色比较协调。

在画眉毛之前，我们首先要知道标准眉形（见图2-13）的确切位置，即眉头与内眼角保持在同一垂直线上，如图2-13中的①；眉头与眉梢处于同一水平线上；同侧眉尾、外眼角、鼻翼三点连成一条直线，如图2-13的③；当眼睛平视前方时，眉峰应位于黑眼球外边缘的垂直线与眉毛的交汇处，一般在眉头至眉尾的2/3处，如图2-13中的②；眉峰的宽度为眉头的1/2。

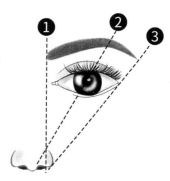
图2-13 标准眉形示意图

　　我们在画眉毛时动作要轻，力度要均匀，通过描画时笔画的疏密来控制颜色的深浅，而不是通过力度的强弱来控制；画完眉毛后要用斜角眉刷或是螺旋眉刷沿眉形将眉毛和描画的颜色充分地融合在一起。描眉时要顺着眉毛的生长方向画，眉峰处颜色稍微深一些，总体呈两头淡、中间深和上面淡、下面深。眉毛要画得有立体感，在眉形上要逐根眉毛描画。

　　眉形的选择要与自己的脸型相符。一般来说，脸型狭长的人适合选择直线眉形，眉梢稍微向下弯曲，显得青春活泼；脸型呈扁状的人要将眉头适当提高，以同整个脸庞平衡。一般情况下，眉形要在眉毛的2/3处有一个转折点。

　　眉毛修饰有以下3种风格。

　　● 圆眉毛：圆眉毛使人看起来更优雅，可以展现女性温柔的一面。在倒三角形脸上画圆眉毛，可以弥补脸型的缺陷。我们在画圆眉毛时，要利用眼影画眉毛的前端，向下画，眉峰部分用眼影增添一下色泽，其他部位要画得再圆一些，眼尾部分则要利用眉笔向下方轻轻修饰一下。

　　● 有棱角的眉毛：有棱角的眉毛可以凸显出人的干练、理智。我们在画有棱角的眉毛时，要在眉毛的2/3处很自然地突出眉峰，末端部分要涂得淡且薄；要使用淡褐色的眼影或染眉膏对眉毛前端进行自然着色，颜色不要过深。在2/3处稍稍下弯的棱角眉毛显得很青春，也很活泼。

　　● 一字形眉毛：脸型较长的人适合画一字形眉毛来掩盖缺陷。可以用咖啡色系的眼影轻轻涂在眉毛上，把眉毛画成一字形，或者用咖啡色系的眉笔从眉毛前端向末端描画，形成一字形，再仔细修饰每一根眉毛。

　　（4）画眼妆。画眼妆主要分为画眼影、画眼线、修饰睫毛这3类修饰行为。

　　① 画眼影。在画眼妆时我们要先画眼影，因为先画眼影可以使眼睛的眼皮显色明显，突出眼睛，使眼睛更加明亮、传神，创造出立体效果，如图2-14所示。

　　眼影有多种画法，如表2-3所示。

图2-14　画眼影

仪容礼仪

表2-3　眼影的画法

| 眼影画法 | 说明 | 适合的情况 |
| --- | --- | --- |
| 平涂法 | 用一种颜色的眼影直接由睫毛根部开始平涂描画 | 适合裸妆、肿眼泡 |
| 渐进晕染法 | 用1~2种颜色或颜色类似的眼影，在平涂法的基础上，选用深色眼影从睫毛根部开始晕染，逐渐向上，颜色减淡，并且不能有明显的分界线 | 适合小眼睛 |
| 横向晕染法 | 用2种或2种以上颜色的眼影向内眼角晕染，将较深的颜色由深到浅晕染至眼睑1/3或2/3的位置 | 适合所有眼睛 |
| 段式法 | 描画眼影时分段着色，前、后段眼影较深，中段最浅 | 适合五官扁平、小眼睛的人 |
| 眼线法 | 在眼尾或睫毛根部以眼线的方式描绘，起到拉长眼部的效果 | 适合所有眼睛 |
| 欧式倒勾法 | 用2种或2种以上颜色的眼影勾勒出眼部的结构，使其产生欧式风格 | 适合眉眼间距远、内双、单眼皮、眼泡不肿的眼睛 |
| 烟熏法 | 选取黑色、灰色、深棕，扩大眼影的面积，包括眼头、眼尾的部位，与浓重的眼线相结合，打造出深邃的效果 | 适合所有眼睛 |

| 眼影画法 | 说明 | 适合的情况 |
| --- | --- | --- |
| 前移法 | 将眼影的重点放在内眼角，以内眼角为中心，向鼻梁、眼窝、眼尾方向晕染。前移式的眼影画法可以起到使面部变得立体，让鼻梁显得更为高挺，拉近两眼间距的作用 | 适合两眼距离偏远的人 |

画眼影可以通过色彩创造出层次感和立体感，让眼睛看起来非常生动，富有魅力。例如三色眼影，我们要按照从浅到深的顺序来画，先用眼影笔蘸取粉红色眼影涂在眼窝内侧，然后把颜色较深的粉红色眼影对着外眼角，从正中心向外涂抹，再把深红色眼影涂在外眼角上，这样可以使眼部轮廓更明显，最后要用指头轻轻抹匀颜色，使三种颜色融合。

②画眼线。画眼线可以使眼睛更生动有神。我们在画眼线时要尽量靠近睫毛处画，上眼线和下眼线都要从内眼角向外眼角方向画，且由深到浅，如图2-15所示，切忌画得太锐利，注意眼角处的上下眼线不要重合。

在画眼线前，我们要先用手指撑住眼皮，露出睫毛根部。用眼线笔贴近睫毛根部画眼线，由内眼角至外眼角来回仔细地描画，在外眼角处适当上扬，稍微向上拉长，这样可以让眼型更完美、更流畅。在画下眼线时，我们要让眼睛向上看，由外眼角向内眼角描画眼线，在距离内眼角1/3处停笔。在画完眼线后，我们可以使用海绵擦头把眼线涂抹一下，使眼线与皮肤自然融合。

③修饰睫毛。修饰睫毛会让眼睛显得更大、更传神，使用的工具一般是睫毛夹、睫毛刷、睫毛液。在涂抹睫毛液之前，如果睫毛太直，我们可以先用睫毛夹把睫毛夹卷，如图2-16所示，在睫毛根部、45度角、90度角的三个位置各夹一次，用力时夹头不能移，这样才能夹出圆润的弧形，否则睫毛弯曲的弧度会比较生硬，看上去非常不自然。

选择好的睫毛液是很重要的，要用不易脱落、防汗、防水的睫毛液。在涂上睫毛时，我们要把下巴微微抬起，用空闲的手轻轻将眼皮向上推，露出睫毛根部，从中间部位开始涂，然后依次是外眼角、内眼角。我们要平拿睫毛刷，在睫毛根部轻轻摆动，逐根地从睫毛根部到梢部小心涂抹，如图2-17所示。在涂下睫毛时，我们要收紧下巴，眼睛从下向上看，垂直拿着睫毛刷，左右摆动睫毛刷的尖端，小心、仔细地涂抹。

图2-15　画眼线

图2-16　夹睫毛

图2-17　刷睫毛

修饰睫毛的另一个重要手段是贴假睫毛。假睫毛的使用已很常见，但并非所有人都能很好地使用它。假睫毛贴不好，在他人面前脱落，会破坏妆容，使自己的形象受损。假睫毛过长，或者与自己的眼型不符都会影响美观度，给人以虚假的感觉。因此，我们在使用假睫毛时要谨慎。

在选择假睫毛时，我们应该根据眼型和真睫毛的长短进行选择，使用前要进行适当裁剪。假睫毛要保证质量，确认其牢固性和安全性。贴假睫毛时不要从眼头一直贴到眼尾，而应在眼头处留一点空隙，这样看起来比较自然。

（5）上腮红。腮红又称胭脂，是指涂敷于面颊颧骨部位，以呈现健康红润气色及突出面部立体感的化妆品，通常使用红色系颜料，也有使用适应修容需求的褐色、蓝色、古铜色和米色等颜料。

图2-18　上腮红

市面上的腮红有胶状、霜状、粉状和液体状等种类，但最被广泛使用的是粉状腮红。

一般来说，上腮红的方法为：先在手背调好需要的腮红颜色，再以向上的手法从面颊刷至太阳穴下鬓角，再从上到下顺着下颌线轻扫，直至均匀（见图2-18）。

上腮红的整体范围是以颧骨为中心，不要低于鼻尖。刷在两颊的腮红可使脸部有生气，但刷于鼻尖以下部位则会使整个面部显得下沉，比较老气。因此，我们在刷腮红时不要刷到接近鼻子的地方，除非脸型太丰满或太宽阔，腮红才可接近鼻子，以达到脸型显得修长的效果。而脸型比较瘦的人，腮红则应刷在两颊较外侧部位，使脸显得宽大一些。

针对不同脸型，上腮红的方法也有所差异，如表2-4所示。

表2-4　不同脸型的上腮红方法

| 脸型 | 方法 |
| --- | --- |
| 长形脸 | 由鼻翼至颧骨向外打圈，刷在面颊较外侧，可向耳边刷，不要低于鼻尖，以横刷为宜 |
| 圆形脸 | 由颧骨至鼻翼向内打圈，靠近鼻侧，不要低于鼻尖，不要刷进发际，面颊应刷高些、长些，用长线条拉刷，直到太阳穴 |
| 方形脸 | 由颧骨顶端向下斜刷，面颊的颜色应刷深些、高些，或刷长 |
| 倒三角形脸 | 颧骨部位用深色腮红拉刷，颧骨下方用浅色腮红横刷，使脸型显得丰满 |
| 正三角形脸 | 面颊刷高些、长些，适合用斜刷法 |
| 菱形脸 | 从耳际稍高处向颧骨方向斜刷，颧骨处的颜色应该深一些 |

（6）涂唇彩或口红。唇彩是唇部用化妆品，直接涂抹于唇上或涂抹于口红上，可以赋予嘴唇光泽，有时会添加少量颜色。唇彩通常有液体或柔软固体的，具有哑光、闪光光泽或金属质感。唇彩与口红的主要区别在于唇彩有透明或半透明覆盖层，其成分中颜料含量较低，如图2-19所示。口红是固体的，质地相对来讲要干、硬一些，滋润度不够，但色彩饱和度高，颜色遮盖力强，用来修饰唇形和唇色是最合适的，如图2-20所示。

图2-19　唇彩　　　　　　　图2-20　口红

口红比较适合成熟女性或妆容稍浓时使用，而唇彩适合年轻女性或在日常生活中化淡妆时使用。在涂唇彩或口红之前，我们要先用唇笔描出唇形，正确的步骤是先描上唇，唇角要描细一些，描出唇峰，描下唇时则省去下唇角。上下唇描好后涂口红或唇彩，从唇两边往中间涂，注意涂抹均匀，不能超过用唇笔描出的唇形。涂完之后要检查牙齿上是否沾有口红或唇彩的痕迹。

另外，由于口红是化妆品，质地比较干、硬，如果直接涂抹会导致唇部肌肤干燥、缺水，所以很多人在涂口红之前先涂唇膏，因为唇膏具有润唇作用，还能隔绝化妆品中的化学物质对唇部肌肤的伤害。

（7）**涂指甲油**。涂指甲油，可以让手指看起来修长好看。正确的涂指甲油步骤包括以下5步。

• 清洁手部和指甲。在涂指甲油之前，我们要做好手部和指甲的清洁。如果指甲上本身有指甲油，要用卸甲水清洗干净。如果指甲表面比较干，没有光泽，可以涂上营养油让指甲吸收一会儿，再用卸甲水轻轻擦掉，这样可以保证指甲油脂平衡，指甲油也就不那么容易脱落了。

• 涂底油。底油可以使指甲油的颜色更持久，并且有助于预防色素沉着，使指甲与指甲油隔开，保护指甲，防止脱色和指甲老化泛黄，同时让指甲表面变得更加平整，为涂指甲油打好基础。涂抹底油要遵循先中间再两侧的顺序，而且在底油干了之后才可涂指甲油。

• 第一次上色。先将指甲油用力摇匀，用刷毛蘸适量指甲油，在瓶口轻轻擦刮，把刷毛调整平顺。在涂整个指甲之前，要先在指甲尖部涂上一笔，以保证指甲油更加持久。在正式涂指甲油时，先从指甲中间涂起，在离指甲边缘大约2毫米地方落刷，一气呵成刷到底。接下来涂两侧，同样从距离指甲边缘2毫米的地方开始，力度轻柔，在涂的过程中逐渐用力，让刷头分开呈扇形，这个方法覆盖区域大，能避免出现重叠的条纹。

• 二次上色。第一次上色涂的指甲油干了以后再涂第二次，这样可以让指甲油的颜色更加饱满。

• 涂亮油。亮油可以让指甲油的色泽更加饱和，并增加指甲油与指甲的黏合力，让指甲油保持的时间更长。亮油只涂一层即可，涂得太厚就会干得很慢，指甲油太厚反而容易掉落。

（8）**喷香水**。喷香水可以遮盖不雅体味，使身体散发出怡人的清香。我们在喷香水之前要选择合适的香水，把香水喷涂在腕部、耳后、颌下、膝后等适当的位置，切勿使用过量，香水的气味要淡雅清新。

**3. 妆后检查**

在化妆之后，我们要花一点时间仔细检查妆容的以下几个方面。

• 左右是否对称：眼睛、眉毛、两腮、嘴唇、鼻子等左右两边形状、长短、大小、弧度是否对称，色彩深浅是否一致。

• 过渡是否自然：脸与脖子、鼻梁与鼻侧、腮红与脸色、眼影及阴影层次等过渡是否自然。

• 整体与局部是否协调：局部是否缺漏、碰坏，妆容是否达到应有效果，整个妆面是否协调统一。

• 整体是否完美：不要把镜子贴近脸部检查妆容，虽然这样会看清细节，但我们与一般人只是在1米之外的距离进行交流。所以我们要在镜子前50厘米处审视自己，对脸部的整体妆容做出正确的判断。

**训练点2：化妆的注意事项**

化妆是一门学问，需要注意的细节有很多，一旦处理不好很容易损害个人形象。另外，很多人对化妆的理解也存在偏差，这对其化妆的效果造成了很大的影响。因此，我们在化妆时有必要注意各种细节，转变之前的错误观念。

化妆的注意事项主要有以下几点。

**1. 肤色并不是越白越好**

很多人认为肤色越白越美，并为此涂脂抹粉，在脸上敷厚厚一层化妆品，就像戴了一个面具，给人油腻和虚假的感觉。而且肤色过白会让人觉得肤色不健康，身体虚弱，失去了健康美和青春美。

在化妆时不要刻意追求皮肤的白皙，而是根据肤色、服装搭配等因素而定，肤色没有优劣之分。在化妆时不要把化妆品涂得太厚，应当浓淡相宜，并应注意修容，涂抹腮红，让脸部有层次感，以免脸部显得惨白。

**2. 及时补妆**

在社交场合，妆容不整的人很难给他人留下良好的印象，甚至会遭到他人的冷落、疏远。在某些特定场合，我们要及时补妆，这样才能保持优雅的姿态和美好的妆容。例如，在宴会、舞会等场合，我们要随时检查自己的妆容，发现妆容有残损要及时补妆。为了能够及时补妆，我们应该准备一个化妆包，把常用的化妆品放到里边，随身携带，方便使用。

如果有客人或朋友在场，补妆应迅速，若补妆时间过长，应避开人群，在人较少、较安静、光线较好的地方补妆。

**3. 化妆要全面**

化妆是对容颜的修饰，是为了使自己看起来更美，但很多人在化妆时犯了顾此失彼的错误，只对脸部的妆容非常在意，而忽视了对脖子、耳朵等部位的修饰。我们不能因为时间少、经验少等原因就粗糙地对待化妆过程。

脖子和耳朵是和脸部紧密相连的部位。一个人要想给他人留下良好的印象，不但要有一张美丽的脸庞，而且要拥有美丽的脖子和耳朵作为映衬。

化妆后的肤色会与原来的肤色产生色差，皮肤的细腻程度也会有所差异。如果这种差异过于明显，被人察觉，除了表明化妆技巧不过关，也说明在礼仪上没有做到位，这就没有达到化妆的目的。在他人看来，化妆的修饰变成了刻意的粉饰，给人虚假、敷衍的感觉。

因此，我们在化妆时要全面，将脖子、耳朵和脸部同等对待，注意易被忽略的细节，防止脖子、耳朵与脸部出现太大的色差。在修饰脖子等部位时，要与衣领的高低进行恰当衔接。

**4. 注意维护指甲油**

涂指甲油可以给双手增添一抹靓丽的色彩，提升自己的整体形象，但指甲油作为外在的人工妆饰，并不是十分牢固，往往过一段时间就会脱落，如果不细心呵护，甚至有可能刚涂上就被刮掉。

我们在平时要特别注意保持指甲油的完好无损。破损的指甲油会让人觉得我们不注重妆容，而且在用手递送物品时，对方会担心卫生问题而拒绝接受。因此，当我们发现指甲油有残损时，要及时修补，而不是放任不管，要用卸甲水清洁干净之后再重新涂抹新的指甲油。在我们刚刚涂抹指甲油后，手指不要碰触其他东西，以免指甲油被划损；另外，涂抹完指甲油之后要注意防护，不要被一些尖锐物品刮坏，使指甲油表面不平整。

仪容礼仪

**小故事大道理**

### 丢失的指甲油残片

礼仪小故事
丢失的指甲油
残片

暑期，张敏在一家酒店兼职，负责为客人上菜。这天，张敏刚从后厨端着当天的第一份菜品出来，就遇到了例行巡查的经理，经理说道："一定要仔细、认真、周到，给客人带来宾至如归的感觉。"张敏立马回复"是"。

经理看了一眼张敏端着的菜品，突然说道："你的指甲油怎么缺了一块儿，不会掉到菜品里面了吧？"张敏闻言一看自己的双手，发现左手一根手指上的指甲油确实缺了一大块儿。为了防止将有指甲油残片的菜品端给客人，经理马上做出反应，让张敏暂停工作，并从张敏手上接过菜返回后厨，请厨师重新做了一份。

晚上下班，经理留下张敏，生气地批评道："幸好今天那份菜没有被送到客人餐桌上，否则就是严重的饮食安全事故，明天你不用来了。"张敏只能离开酒店，结束了这份兼职工作。

**名师点拨**

指甲油中含有很多化学物质，若不注重维护，很容易脱落，给他人留下不卫生的印象，影响他人的心情。故事中的张敏不注意指甲的保养和指甲油的维护，最终导致自己丢了工作。

### 5. 化妆要依据场合而定

我们要根据场合和环境来确定妆容，在不同的场合应选择不同的妆容，例如，职业妆和宴会妆就有很大的差别。

在工作环境中，人们都在严肃、认真地工作，探讨的是工作细节问题，注意力高度集中。在这样的环境里，如果职员以宴会妆出场，或者浓妆艳抹，就会与周围的环境和氛围形成强烈反差，吸引同事们的目光，转移人们的话题方向。领导会觉得该职员不重视公司的规定，有损公司的形象；有些同事会觉得该职员过分张扬，从而与其产生距离；客户会觉得公司管理不严格、风气不正，对公司的印象会变差。在职场，妆容不宜过于浓艳，色彩不宜太出挑，应凸显干练的特点。

在宴会上，人们大多在进行娱乐休闲活动，要进行社交和展现自我。如果某人以职业妆出现在宴会上，其他人会觉得这个人过于死板，不懂得生活，如果是与朋友一起参加宴会，还会降低朋友的魅力值，宴会主人会觉得这个人不重视宴会。于是，这个人就会被当作异类孤立起来，无法真正地融入宴会活动中。宴会妆容应稍显隆重，符合宴会的环境，展现人的优雅、雍容。

### 训练点3：根据脸型设计妆容

适合自己的才是最好的，妆容也是如此，要想给自己的妆容加分，我们有必要了解自己的脸型，然后根据自己的脸型选择合适的妆容。

#### 1. 椭圆形脸

椭圆形脸是公认的理想脸型，我们在化妆时要注意保持其自然形状，不用通过化妆改变脸型。椭圆形脸的妆容设计要点如下。

- 在涂腮红时，应涂在颧骨的最高处，再向上、向外涂抹晕染。

- 在涂唇彩或口红时，除了嘴唇唇形有缺陷外，要尽量涂成自然的样子，不宜修饰过多。
- 在修饰眉毛时，要按照眼睛的轮廓修成正弧形，眉头与内眼角对齐，眉尾可以稍微超出外眼角。

### 2. 长形脸

长形脸的人在化妆时要增加脸部的宽度，减弱纵长的感觉，使之显得圆润丰满。长形脸的妆容设计要点如下。

- 在涂腮红时，要离鼻子稍微远一些，想在视觉上拉宽面部，可沿着颧骨的最高处与太阳穴下方所构成的曲线部位向外、向上抹开。
- 在涂抹唇彩时，要依自己的唇形涂成自然的样子，不宜修饰过多。
- 在涂粉底时，要在双颊和额头部位涂浅色调的粉底，形成光影，使双颊和额头部位显得丰满一些。
- 眉毛要修成自然的弧形，不能有棱角，也不可过于弯曲，眉毛的位置不能太高，眉尾切忌高翘。

### 3. 圆形脸

给圆形脸化妆要减弱圆润感，在视觉上拉长脸型，突出眼睛、鼻子、嘴唇等部位的魅力。圆形脸的妆容设计要点如下。

- 眉毛可修成自然的弧度，不可平直和翘角，也不可太弯。
- 在画腮红时，要用直线条增加脸部的修长感，由颧骨以斜线的画法向下颌处涂抹。
- 在涂唇彩或口红时，上唇画成阔而浅的弓形，不能涂成圆形小嘴。
- 在涂粉底时，要使用暗色调粉底，在两颊处打造阴影，使脸看起来瘦一些。

### 4. 方形脸

方形脸的人在化妆时要设法掩盖面部缺陷，增加面部柔和感。方形脸的妆容设计要点如下。

- 在涂粉底时，要在宽大的两腮和额头的两边用深色粉底形成阴影，减弱面部的方正感。
- 在画腮红时，要把腮红涂抹得与眼部平行，不要涂在颧骨最突出的部位，可以在颧骨稍下方涂抹，并向外涂开。
- 眉毛要修得稍微宽一些，眉形稍微弯曲，不要有角。
- 在涂抹唇彩时，要涂得丰满一些，强调柔和感。

### 5. 正三角形脸

正三角形脸的人在化妆时要将脸的下半部的宽阔感减弱，把脸型变为椭圆状。正三角形脸的妆容设计要点如下。

- 在涂粉底时，要在两腮处使用深色粉底，以掩盖这个部位宽大的缺点，而在狭小的额头和下巴等部位涂上白色粉底，使其突出和饱满。
- 眉毛要保持自然状态，不要太平直或太弯曲。
- 在画腮红时，要由外眼角处开始，向下涂抹，在视觉上拉宽脸的上半部分。
- 在涂唇彩时，要使唇角稍微向上翘起，把唇形描得丰满一些，唇形可适当外扩，但下嘴唇不能画成圆形。

### 6. 倒三角形脸

倒三角形脸的人化妆的基本方法与正三角形脸的人相似，只是修饰部分正好相反。倒三角形脸的妆容设计要点如下。

- 在画腮红时，应把腮红涂在颧骨最突出的部位，然后向上、向外涂开。
- 在涂唇彩时，应用稍亮一些的唇彩加强柔和感，唇形要稍微宽厚一些。
- 在涂粉底时，要用深色调的粉底涂在过宽的额头两侧，而用较浅的粉底涂抹在两腮及下巴处，形成掩饰上部、突出下部的效果。
- 修眉毛时应顺着眼部轮廓修成自然的眉形，眉尾不可上翘，要从眉心到眉尾、由深渐浅地描眉。

### 7. 菱形脸

菱形脸的人在化妆时要减弱脸中部的宽度感，使面部轮廓显得饱满。菱形脸的妆容设计要点如下。

- 在画腮红时，颧骨和颧弓高凸的部位不宜使用鲜红色，可使用阴影色，要衔接自然，减弱骨骼棱角的生硬感。
- 在涂粉底时，可用提亮色涂在太阳穴和颧骨以下的凹陷部位。
- 眉毛要修得平直略长，眉形的弧度不要过大。

# 专题三 个人内在修养

一个人只有内外兼修才能真正塑造良好的个人形象，如果只有外部的形象塑造，但内在修养不够，整个人散发出来的气质是无法打动人心的，也就谈不上个人魅力，反而会让人觉得虚假。个人内在修养重点在于打造气质美，培养并突出自身鲜明的个性。

## 训练点1：用精、气、神打造气质美

中医认为精、气、神是人体生命活动的根本，人的一切外在气质都是精、气、神的外在显现。

一个人的气质对其精神面貌会产生很大的影响。气质是人的个性心理特征之一，它是指在人的认识、情感、言语、行动中，心理活动发生时力量的强弱、变化的快慢和均衡程度等稳定的动力特征，主要表现在情绪体验的快慢、强弱、表现的隐显以及动作的灵敏或迟钝方面。

气质在社会上所表现的是一个人从内到外的一种人格魅力的升华。人格魅力包括很多方面，例如修养、品德、举止行为、待人接物、说话的感觉等，表现为高雅、高洁、恬静、温文尔雅、豪放大气、不拘小节等。因此，气质并不是自己说出来的，而是长久的内在修养以及文化修养的一种结合，是持之以恒的结果。具体来说，气质美表现在以下几个方面。

### 1. 丰富的内心世界

气质美首先表现在内心世界的丰富，而理想是内心世界的一个重要方面。理想是人生的追求和目标，能够给人带来不竭的动力，一个人如果没有理想，内心就会空虚贫乏，是无法表现出气质美的。

### 2. 品德

品德是气质美的又一个重要方面，一个人要为人诚恳、心地善良、胸襟开阔，并具有一定的文化水平和素养。

### 3. 行为举止

气质美还表现在行为举止上，人的举手投足、走路步态、待人接物的风度都可以展现出气质。在初步交往时，人与人之间互相打量，之所以会产生良好的印象，除了言谈之外，就是行为举止的作用了。在与人交往时，人要热情而不轻浮，大方而不造作。

### 4. 性格

气质美还表现在性格上。因此，人们要有涵养，不要无端发怒，要有忍让、宽容之心，懂得体贴人。当然，温柔并非沉默，更不是逆来顺受、毫无主见。相反，开朗的性格往往透露出天真烂漫，更能表现内心情感，而富有感情的人更能引起他人的共鸣。

### 5. 兴趣高雅

高雅的兴趣也是气质美的一种表现。爱好文学并有一定的表达能力，欣赏音乐并有较好的乐感，喜欢美术并有基本的色彩感等。具有高雅兴趣的人，在兴趣爱好的熏陶下，可以在潜移默化中享受生活的馈赠，接受艺术的陶冶，培养良好的性格。

一个精、气、神十足的人总会散发出无穷的魅力。人们会通过某人的外在表现、行动与思想而对此人产生喜欢的感情，即魅力本身是一种感情。感情是相互的，如果一个人的感情特征是积极的、友善的、温和的、宽容的，那么这个人在他人眼中的魅力会增加，反之就会成为一个不受欢迎的人。

仪容礼仪

---

## 视点链接

气质是可以后天培养的，通过以下几种方法，持之以恒，人的气质可以得到很大的提升。

（1）读书。自古有一句话"腹有诗书气自华"，是指读的书多了，气质也会逐渐升华。读书可以开阔眼界、提高见识、充实思想，达到养心、静心的效果。读好书就是与许多高尚的灵魂对话，多接触好的思想，自己的思想自然也不会差。坚持每日读书，积少成多，由量变到质变，我们的气质也会逐渐提升。

（2）听音乐。多听音乐，可以培养出一种艺术与审美的气质，在潜移默化中改变一个人的心境。相由心生，境由心转，经常听高亢、激情的歌曲，人的内心也会充满激情；经常听舒缓、古典的音乐，可以陶冶人的情操，安心宁神，气质变得随和而淡雅。因此，我们要有选择性地听音乐。

（3）运动。身体健康与否和精神状态好不好是息息相关的，经常运动、锻炼身体，保持身体健康，精气神十足，自然气质出众。

---

## 训练点2：用鲜明个性提升魅力值

一个人的个性在很大程度上会影响其人际交往。如果一个人拥有令人愉悦的个性，那么他的魅力值会大增。当然，人的情感和表现是复杂的，并非所有性格都是令人愉悦的，人们一般不喜欢消极的、极端化的性格特征，对敌意的、报复性的性格特征更是感到厌恶。人们一般喜欢富有热情、积极向上、友善温和、宽容大度、富有感染力等性格特征。因此，只要我们可以培养出被大部分人喜欢的正面性格特征，就可以在他人面前提升个人的魅力值。

一般来说，令人愉悦的个性主要包括以下几个方面的特征。

思政讲堂
职业道德贵在
养成

### 1. 充满热忱

很多人之所以失败，是因为他们缺乏热忱，缺乏对人、事、物的热情关注，甚至没有争取成功的动力。每个人都要培养自己对人、事，以及学习新事物的热忱，这样做除了有利于自己成功，还能激发并带动其他人，从而提升自己的形象和魅力值。

### 2. 亲切随和

一个威严的人固然会让人敬畏，但亲切随和的人会更容易让人喜欢，而在社会上，得到别人的喜欢远比获得别人的敬畏更有价值。亲切随和的人一般更能广交朋友，更容易获得他人的好感和认同。

亲切随和表现出来的是平等和尊重，这是礼仪的基本原则。如果一个人总是不尊重别人，以强者自居，就很难与他人真正建立良好的关系。

### 3. 温和谦恭

温和谦恭的人一般极富涵养，对人和事物有着全面的看法。他们不骄不躁、心平气和，在任何复杂的问题面前都能保持清醒的头脑，不被负面情绪支配，即使遇到恶意的攻击也可以心态平和，以友好的姿态面对，并让自己"有则改之，无则加勉"，不断提高自己的修养。

### 4. 富有感染力

一个人的个性富有感染力，是指他善于用自己的行动和语言打动别人，给别人留下深刻的印象。因此，我们要努力培养自己的感染力，了解大部分人所关心的事物，细心地观察每个人的态度与感受。

在日常生活中，一个人的感染力更多来自情感方面。因此，一个富有感染力的人，也应当是一个具有道德影响力的人、一个正直善良的人、一个对他人的痛苦具有同情心的人。

---

## 视点链接

兴趣爱好是人的潜意识最好的流露，兴趣爱好完全发自人的内心，所以最能暴露出一个人内心的真实世界。有的人可能没有意识到自己的兴趣爱好，不妨运用以下方法来找到自己的兴趣爱好。

（1）记录每日时间分配。我们可以记录自己每一天的时间分配，看自己除了工作之外都做了哪些事，每件事花了多长时间。自己投入时间最多的事情可能就是爱好。即使爱好是看电视、刷短视频，也可以针对情节、人物、画面做进一步的分析，或写成文章发表，或自己动手拍短视频，假以时日自己的视频编辑能力和写作能力会得到提升。

（2）从需求入手建立兴趣爱好。我们可以从自己的需求入手，做一件事去满足自己的需求，坚持下去，这件事慢慢会成为自己的兴趣爱好。例如想要减肥，就可以运动和做健康早餐，随着正反馈（打卡被点赞、身材变得更好）的增加，运动或做健康早餐就会成为兴趣爱好。

（3）加入兴趣爱好团体。我们可以看看周围的人在做什么，然后加入一个小团体，这样有助于坚持做一件事，把它发展成为兴趣爱好。

---

## 回顾·思考·讨论·应用

### 一、单元知识要点

**发型修饰：** 发型的总体要求和类型，脸型与发型，身材与发型，服装搭配与发型，正式场合的发型选择。妆容修饰：化妆的原则，化妆的程序，化妆的注意事项，脸型与妆容。个人内在修养。

## 二、判断题

1. 男士和女士的发型都要干净、利落。（　　）

2. 长形脸被认为是标准脸型。（　　）

3. 为了在他人面前展现良好的个人形象，我们要在工作中化浓妆。（　　）

4. 我们要在化妆之后检查妆容，发现不合理的地方及时修正。（　　）

5. 长形脸的人在化妆时要在视觉上增加脸部的宽度。（　　）

## 三、选择题

1. 下列关于社交场合男士和女士发型要求的描述，错误的是（　　）。

    A. 男士和女士的发型总体要求是不同的

    B. 男士发型应显得成熟、稳重

    C. 女士发型应整洁，不能留长发

    D. 女士发型不能挡住眼睛

2. 在做发型时，下列不适合两侧头发蓬松的脸型是（　　）。

    A. 正三角形脸　　　　B. 倒三角形脸　　　　C. 圆形脸　　　　D. 长形脸

3. 下列适合留长发的身材类型是（　　）。

    A. 身材矮胖者　　　　B. 身材高瘦者　　　　C. 身材矮小者　　　　D. 身材高胖者

4. 下列化妆程序中，最先开始的是（　　）。

    A. 清洁肌肤　　　　B. 涂抹乳液　　　　C. 画眼线　　　　D. 喷香水

5. 下列在化妆时不用改变脸型的是（　　）。

    A. 椭圆形脸　　　　B. 圆形脸　　　　C. 长形脸　　　　D. 方形脸

## 四、问答题

1. 长形脸和方形脸的人要选择什么样的发型？在化妆时应如何做？

2. 简述化妆的原则。

3. 令人愉悦的个性有哪些特征？

## 五、讨论题

1. 请大家畅所欲言，讨论男生在社交活动中需不需要化妆。

2. 在与人交往时，发型、妆容重要还是精气神重要？它们之间的关系是怎样的？

## 六、实践与应用

**任务　仪容形象设计展示会**

实践内容：举办仪容形象设计展示会，同学们要综合运用仪容设计的知识和技巧，提升个人仪容设计的基本技能。教师和同学们要准备以下物品——化妆盒、棉球、粉底液、腮红、眼影、眉笔、唇彩、香水等。

实践要点：

（1）将全班学生分组，两两一组，要求其根据所学仪容礼仪知识，扬长避短地展现出最合适的妆容。

（2）用数码相机或手机进行拍摄，由学生互评，要求对面部化妆、发型设计方面进行重点评价。

（3）由教师进行总结评价，重点评价各组存在的共性问题。

（4）由全班评出"最佳表现"妆容。

仪容礼仪

# 第三单元
# 着装礼仪

　　着装是一个人仪表中非常重要的部分，是基于自身阅历修养、审美情趣、身材特点，根据不同的时间、场合、目的，力所能及地对所穿的服装进行精心的选择、搭配和组合。在正式场合中，注重个人着装的人能够体现仪表美，增加交际魅力，给人留下良好的印象，使人愿意与其深入交往。同时，注意着装也是每个事业成功者的基本素养。

**课前思考**

1　你每天穿的衣服都有哪些款式？互相之间是否搭配？

2　在出席正式场合时，你是怎样搭配西装或套裙的？

3　你觉得佩戴饰物时要注意哪些事项？

### 自信心严重受挫的记者

王瑞娟是一名记者，入职杂志社不久，领导便安排她去采访一位民营企业的总经理。在采访之前，王瑞娟查阅了很多关于这位总经理的资料。在这个过程中，她了解到这位总经理对时尚非常敏感，对着装搭配有着极高的要求。王瑞娟心想，这位总经理是一位时尚女性，和她见面时自己的穿着肯定不能太落伍了。

其实，王瑞娟并不太懂得着装搭配，平时选择服装都是以舒适为主。为了在这次专访中不因着装失礼，王瑞娟翻看了很多介绍时尚穿搭的杂志。她在杂志上看到一个穿着吊带装的女孩，觉得那个造型非常适合自己，就决定采访那天按照那个风格穿衣。

采访当天，王瑞娟上身穿了一件紧身衣，看起来很可爱，虽然她的腿略显粗壮，但她仍然穿了一条热裤，并梳了一个十分流行的发髻，然后兴冲冲地直奔采访目的地。当王瑞娟向公司前台人员说明了自己的身份和来意时，她明显看到前台人员眼里流露出了不屑。王瑞娟再三说明身份，并拿出工作证，前台人员这才勉强把她带进办公室。

来到总经理的办公室，王瑞娟看到的是一位身材高挑、举止优雅、穿着得体的女性，王瑞娟觉得她的穿着让人感觉十分舒服。而此时，王瑞娟觉得自己穿得就像一个小丑，内心的兴奋和自信全部消失了。

由于采访纲要准备充分，所以整个采访过程还算比较顺利。采访结束前，王瑞娟问总经理是如何在日常生活中理解和诠释时尚、品位和魅力的。总经理回答："女人的品位和魅力来自内心，没有内涵的女人是无法散发个人魅力的，也无法凸显自己的品位。时尚不等于名牌、昂贵和时髦，它是一种适合与得体。"

总经理说完这句话，微笑地看着王瑞娟。此时，王瑞娟低头看着自己的穿着，感觉自己已经无法直视总经理，所以采访一结束，便逃也似地离开了她的办公室。

**请分析：案例中记者的穿着存在哪些问题？你觉得王瑞娟在采访时应该如何进行着装搭配？**

# 专题一　着装搭配规范

着装除了要考虑个人的喜好以外，还要符合社会的一般审美规范和基本原则，并通过和谐得体的穿着来展示自己的修养，以在社交活动中获得对方的好感和认可。

## 解析点1：着装的协调美

着装礼仪的一个重要表现是服饰协调，这是展现美感、高雅，彰显气质所要考虑的重要环节，符合人的审美要求，蕴含着一定的艺术特征。服饰协调是指一个人的穿着与其年龄、体形、职业、所处的场合等相吻合，表现出一种和谐的美感。

着装的协调美主要体现在以下几个方面。

### 1. 与年龄相协调

不管是年轻人、中年人还是老年人，在社交活动中都要注重着装礼仪，穿与自身年龄相协调的服装。年轻人应穿稍微鲜艳、活泼、休闲一些的服装，以展现年轻人的朝气蓬勃和青春之美；中年人和老年人的穿着要注重庄重、雅致和整洁，以体现自身的成熟和稳重。

### 2. 与体形相协调

在现实生活中，人们的体形不一，或高或矮，或胖或瘦。如果人们可以根据自己的体形选择合适的服装，就可以做到扬长避短，实现服装与体形的协调美。

（1）体形较胖者。体形较胖者应当穿冷色调、小花型、质地较软的服装。粗呢、厚毛料、宽条绒等材质的服装会在视觉上增大面积，使身材肥胖的人看起来更胖，给人一种笨重感。大花型的面料有扩张的效果，而暖色调的颜色也有扩张感，这都不适合体形较胖者。

（2）身材矮小者。身材矮小者适合穿单色服装，鞋子与袜子最好也与服装保持相近的颜色。如果身材矮小者喜爱有花纹的服装，可选择清雅小型花纹，衣领样式为方领或V字领，裤子最好是简单的传统西裤，上衣要稍微短一些，这样可以在视觉上拉长腿。

身材矮小的女士可以穿高跟鞋和颜色略深的丝袜，使双腿看上去较长，但不适合穿下摆有花纹的裙子。

（3）身材较高者。身材较高者穿的上衣要适当加长，搭配低圆领、宽大蓬松的袖子或宽大的裙子、衬衣，在视觉上给人以比较矮的感觉。衣服的颜色最好是深色、单色或柔和的颜色。

（4）身材较瘦者。身材较瘦者要选择色彩鲜明、大花型、带有方格或横格且质地不太软的服装，这样可以给人宽阔、健壮的感觉。切忌穿紧身衣裤，也不要穿深色衣服。

### 3. 与职业相协调

不同的职业有不同的穿着要求。例如，教师一般要穿得庄重一些，不要打扮得妖艳、随意，衣着款式不要过于怪异；医生的穿着要显得稳重和富有经验，一般不宜过于时髦，以免给人轻浮的感觉；青少年学生穿着要朴实、大方、整洁，不要过于成人化；演员、艺术家则可以根据职业特点，穿着适当时尚一些。

### 4. 与环境相协调

每个人的穿着都要与所处的环境相协调：在办公场所，穿着要整洁、庄重一些；外出旅游时，穿着要轻便、宽松、舒适，以方便运动；平时在家，穿着可以随意一些，但若客人拜访，就要穿戴整齐。如果有人拜访，自己还穿着睡衣、胡子拉碴或者睡眼惺忪、头发散乱，就会显得很失礼。

### 5. 着装整体相协调

着装要考虑整体的协调性，用同色系或类似色搭配，以表现稳重，或者用暗色调配色，通过对比来表现个性。切忌服装的线条不搭配，例如有条纹的外衣搭配有条纹的衬衫，再搭配斜条纹的领带，形象就不太好。服装的质感要相搭，若质感冲突就会显得很不协调，例如毛呢上衣搭配轻柔的裙子，会很不协调。切忌款式搭配不当，例如外衣是传统的，领带却很新潮，会让人觉得不伦不类。

## 解析点2：着装的色彩美

服装给人的第一印象是色彩，人们经常根据配色的优劣来选择服装，或评价穿着者的穿搭技巧。因此，服装配色是衣着美的重要一环，也是服饰礼仪的重要内容。服装色彩搭配得当会使人显得端庄优雅，气质不凡；搭配不当会使人显得不伦不类，甚至可笑至极。每个人都要学会巧妙地利用服装色彩搭配来得体地装饰自己，在此之前要掌握服装配色的一般原理。

**1. 色彩的特性和象征意义**

色彩具有三大特性：冷暖、轻重和缩扩。

能够让人产生温暖、热烈、兴奋等感觉的色彩是暖色，例如红色、黄色等；让人有寒冷、克制、平静等感觉的色彩是冷色，例如绿色、蓝色、黑色等。

明度是指色彩的明暗程度，而不同明度的色彩会给人轻重不同的感觉。浅色的明度较高，会让人产生轻快的感觉；深色的明度较低，会使人产生垂感。一般来说，人们平日的着装在色彩明度上要讲究上浅下深或上深下浅。

由于光波的长短不同、人体晶状体的调节作用以及背景的衬托，色彩会给人收缩或扩张的感觉。一般来说，冷色或深色属于收缩色，暖色或浅色属于扩张色。穿收缩色的服装会使人显得苗条，穿扩张色的服装会使人显得丰满，这两类颜色都可以使人在形体方面扬长避短，但使用不当会放大形体上的缺点。

不同的色彩具有不同的象征意义，如表3-1所示。

表3-1 色彩的象征意义

| 色彩 | 象征 | 效果 |
|---|---|---|
| 红色 | 兴奋、热情、快乐 | 给人以十分强烈的刺激作用，显示着浪漫、活泼与热烈。因此，红色的服装更显朝气和青春活力 |
| 黄色 | 华贵、明快 | 它是一种过渡色，能使兴奋的人更兴奋，活跃的人更活跃 |
| 蓝色 | 宁静、智慧、深远 | 它是一种比较柔和的颜色，使人联想到天空和海洋，给人以高远、深邃的感觉 |
| 橙色 | 活力与温暖 | 它是一种明快、富丽的色彩，使人联想到阳光 |
| 绿色 | 生命与和平 | 它是一种清爽、宁静的色彩，能使人联想到青春、活力与朝气 |
| 黑色 | 深刻、沉着、庄重和高雅 | 它是一种庄重、肃穆的色彩，能使人们产生凝重、威严等感觉 |
| 紫色 | 高贵、财富 | 它是一种华贵的色彩，给人以富丽堂皇、高雅脱俗的感觉 |
| 白色 | 纯洁、高尚、坦荡 | 它是一种纯净、祥和、朴实的色彩，给人以明快、无华的感觉 |
| 灰色 | 朴实、庄重、大方和可靠 | 它是一种平和的色彩，给人以平易近人、脱俗、大方的感觉 |

**2. 服装配色的方法**

服装配色的方法主要有以下4种。

（1）同种色相配。同种色相配是指把同一色相、明度相近的色彩，按照深浅不同的程度搭配，以创造出层次感与和谐感。例如，一套衣服的整体颜色是灰色，若上下身的颜色完全一样，没有层次，会显得非常老套，毫无生气。最好是让颜色有一个深浅的梯度变化，如衬衫选用浅灰色，上衣外套选用深灰色，裤子或裙子选用中灰色，这样搭配可以给人端庄、沉静、稳重的感觉。需要注意的是，同种色搭配时，色与色之间的明度差异要适当，明度相差太小，两种颜色容易混淆，明度相差太大，对比太强烈，容易割裂整体，最好要呈现出深、中、浅3个层次的变化。

（2）邻近色相配。邻近色相配是指利用色谱上邻近的颜色进行搭配，例如橙色配黄色、黄色配绿色、白色配灰色等。邻近色搭配的变化较多，颜色丰富，而且仍能获得协调统一的整体效果，但在搭配时要注意使相似的颜色过渡顺畅，不要给人突兀的感觉；要遵守服饰的三色原则，颜色不能过多，以免给人杂乱的感觉。

（3）对比色相配。对比色是指在色相环中相隔120°到180°的两种颜色，例如红与绿、红与蓝等。对比色相配可以使色彩产生强烈的反差，突出个性，极易产生青春、时尚的感觉。对比色相配要注意搭配得当，否则会破坏整体的统一感。

（4）主辅色相配。主辅色相配首先要确定整套服装的色彩基调，或暖色或冷色，然后选择一种颜色作为主色，一般占全身面积的60%以上，主色服装通常包括套装、风衣、大衣、裤子、裙子等。辅色与主色相搭，辅色服装通常包括单件上衣、外套、衬衫等。另外，配饰要使用点缀色，占全身面积的5%～15%，通常包括丝巾、鞋子、包、饰品等。

在使用主辅色相配时，我们要考虑到颜色的主辅关系，切忌喧宾夺主。主辅色之间要形成鲜明但不刺眼的效果，辅色的位置安排要考虑到自己的肤色、体形等，以扬长避短。

### 3. 体形与服装色彩

人的体形有高矮、胖瘦之分，穿着是否美观与此也有很大关系。服装上的色彩可以修饰体形，更好地展现人的精神风貌。因此，我们要对自己的体形特征有一个客观认知，慎重选择服装色彩，穿着得体。

● 体形较胖者适合选用收缩感较强的深色、冷色调，这样可以使自己看起来苗条一些。若穿浅色调的衣服，脸上的阴影很淡，人就显得更胖了。但是，肌肤细腻、体态丰腴的女性可以使用亮而暖的色调。

● 体形瘦削者适合选用富有膨胀、扩张感的浅色和暖色调，这样可以使身体显得丰满一些。切忌选用清冷的蓝绿色调或高明度的暖色调，否则会显得单薄、透明、弱不禁风。

● 臀部过大的体形适合选用明色调的上装和暗色调的下装，形成上下对比的效果，突出上装。

● 腿短的人所穿的上装的色彩要比下装更华丽、鲜艳，或者选择统一色调的套装，以在视觉上拉伸腿的长度。

● 正常体形的人在选择服装色彩时拥有更多的自由，亮而暖的色彩显得俏丽多姿，暗色调、冷色调也可以搭配得冷峻迷人。选用流行色可以增强时尚感，但要考虑场合，服装颜色要适合自己的肤色，同时要讲究色彩与款式、饰物搭配协调，注意上下装色彩的组合搭配。

——| 即时演练 |——

请几位同学分别上台展示自己的上衣、裤子和鞋袜的搭配，并简要说明搭配理由，其他同学点评其色彩搭配是否合理。

## 解析点3：着装的场合性

我们要根据场合选择相应的着装，通过适宜的穿着、打扮给他人留下良好的印象，以便于社交活动的顺利展开。

### 1. 喜庆欢乐的场合

喜庆欢乐的场合包括生日宴会、婚礼聚会、各种庆祝会等。在这种场合的穿着要与人们的高兴、快乐和兴奋等情绪相协调。

女士的服装色彩可以鲜艳一些，以烘托活跃、欢乐的气氛，过于深沉、古板的色彩或款式就不太适合。但女主人的着装不宜太华丽或太暴露，以免给人不庄重的印象，穿得稍微素雅一些会让客人感到舒服自然。女士可以根据季节和自身的特点选择服装款式，但也要注意，在比较正式的喜庆场合不要穿得过于怪异。

男士的服装虽然不能像女士的那么鲜艳，但白色、浅色西装以及花色、醒目的领带都可以穿戴，以展现自己轻松、愉快的心情。

### 2. 隆重庄严的场合

隆重庄严的场合主要包括开幕式、闭幕式、签字仪式、重要会议、会见活动、新闻发布会等。这种场合是正式场合，人们在这种场合要特别注意自己的形象和仪表，不能穿得太随便。

男士要西装革履，所穿的服装要整齐、洁净，打理得一丝不苟；女士在穿着上不要花里胡哨、松松垮垮、过于随便，而要穿套装或较为素雅、端庄的连衣裙。

### 3. 华丽高雅的场合

华丽高雅的场合主要是在晚上举办的正式社交活动，例如正式宴会、舞会、音乐会等。在这种场合，女士可以把自己打扮得漂亮一些，穿连衣长裙、套裙，质地要好，色彩最好为单色，但可以有花边装饰，用胸针、项链、耳环、坤包等点缀，简洁的式样更能展现脱俗美。而男士可以穿深色西装，打理好发型，擦亮皮鞋。

### 4. 悲伤肃穆的场合

悲伤肃穆的场合主要包括吊唁活动和葬礼等。在这种场合，人们的心情沉重、悲伤，为了表示对亡故者的哀悼和尊重，同时表示对亡故者亲属的慰问，着装应严肃、庄重，穿素色服装，与肃穆、悲哀的气氛相协调。男士可以穿黑色或深色西装配白衬衣、黑领带；女士不涂口红，不戴装饰品，不用鲜艳的花手绢，全身服装是深色或素色。

---

**情景还原解析**

在"情景还原"板块中，记者王瑞娟的穿着是一件紧身衣、一条热裤，梳一个流行的发髻，丝毫没有掩饰自己腿型的缺陷。这一身穿着虽然显得可爱，但不够端庄、严肃，与采访这样的正式场合是不协调的，不能向采访对象展现自己的专业性，所以就无法获得对方的认可。王瑞娟应穿西装套裙，用简洁、大气的打扮彰显自己的专业性。

---

# 专题二　正装着装礼仪

正装是社交场合的重要穿着，不仅能表现出个人的品位和气质，还充分体现了自尊与尊重对方，体现了自身修养特别是礼仪修养。

## 解析点1：正装的选择

要想通过正装来增加个人魅力，我们就要选择适合自己的正装。男士和女士在选择正装时，要考虑的地方有所不同。

**1. 男士正装的选择**

男士正装的选择可以从面料、颜色、大小这3方面来考虑。

（1）面料。男士西装（见图3-1）的面料五花八门，在正式场合，西装的面料应力求高档。一般情况下，毛料是西装面料的首选，还可以选择含毛比例较高的混纺面料，这两种面料的垂坠感较好，比较挺括，显得儒雅、有档次。在日常场合，西装的面料不必过于讲究，但必须保证熨烫挺括。

（2）颜色。在正式场合穿的西装适合选择深蓝色、深灰色、黑灰色等较为稳重的颜色，这些颜色不仅可以彰显男士的端庄、儒雅，还可以衬托面色。在休闲场合穿的西装可以是单色的，也可以是多色的，可以有条纹或格子图案，适合的颜色有灰蓝、浅蓝、绿色、紫色、白色等。

（3）大小。西装的大小要合适，男士在选择西装时可以先试穿，除了确定肩宽、胸围、腰围、臀围等合身之外，还要确保西装上装和西裤的长度适宜。西装上装的标准长度是：当男士穿上西装，以标准的站姿站好，两腿并拢，腰背挺直，双臂自然下垂，西装上装的长度要刚好与手的虎口位置齐平。而西裤的长度则是裤边刚好落在皮鞋的鞋面上，切忌穿成九分裤或裤边在脚踝处弯折。

**2. 女士正装的选择**

西装套裙（见图3-2）是女士正装，这种服装能够很好地体现女性的魅力，展现女性的美感和飘逸的风采。在职场等正式场合，职业穿着代表着一个企业、一个组织的形象，所以着装要大方、简洁、素雅，而套裙以其严整的形式和多变但不杂乱的颜色、新颖但不怪异的款式成为职业女性常选择的工作装。

图3-1　男士西装

图3-2　西装套裙

套裙的选择要从面料、颜色、图案、装饰、尺寸、款式等方面来考虑。

（1）面料。在面料方面，女士套裙的选择余地比男士西装大得多，要选择纯天然质地且质量上乘的面料，且上衣、裙子和马甲要使用同一面料。面料的特征是平整、滑润、光洁、柔软、挺括、弹性好、手感好，不起皱、不起毛、不起球。因此，套裙可选择纯毛面料，例如薄花呢、人字呢、华达呢、凡尔丁、法兰绒等。

（2）颜色。套裙的颜色应以冷色调为主，要求清新、淡雅，以体现着装者的典雅、端庄、稳重等气质。套裙颜色以黑色、藏青色、灰褐色、灰色和暗红色为宜。套裙可上浅下深、下浅上深，但全身的颜色不应超过3种，以免显得杂乱无章。切忌选择红色、黄色、淡紫色的套裙，这些颜色过于抢眼。

（3）图案。套裙上最好没有图案，若有图案，应讲究朴素、简洁，可以选择格子、圆点、条纹等图案，切忌选择带有动物、植物、卡通形象等元素的图案。按照规定，女士在正式商务场合穿的套裙应不带任何图案。

（4）装饰。套裙不宜添加太多装饰，否则会给人琐碎、杂乱、俗气的感觉，有失稳重。另外，套裙上不要有贴布、刺绣、花边、金线、彩条、亮片、珍珠、皮革、流苏等装饰，有这些装饰的套裙不适合在正式场合穿。

（5）尺寸。套裙的上衣不能过长，裙子不能过短，裙子的下摆要超过膝盖最好到达小腿肚，这是标准、理想的裙长。另外，紧身上衣较为正式，宽松上衣看着更时髦。

（6）款式。套裙的款式有很多种，每一种款式都有修饰身材的作用，如表3-2所示。

表3-2　套裙款式、结构及作用

| 款式 | 结构 | 作用 |
|---|---|---|
| H型套裙 | 上衣较宽松，裙子多为筒式 | 显得优雅、含蓄，适合身材较胖者 |
| X型套裙 | 上衣为紧身式，裙子多为喇叭式 | 突出女士纤细的腰部，使其看上去婀娜多姿，魅力无穷 |
| A型套裙 | 上衣为紧身式，裙子为宽松式 | 适当地遮掩下半身的缺陷，适合上半身苗条但臀部大或腿粗的女士 |
| Y型套裙 | 上衣为宽松式，裙子多为紧身式，并以筒式为主 | 遮掩上半身的缺陷，使上半身较胖而下半身苗条的女士看上去亭亭玉立、端庄大方 |

### 解析点2：配套服饰与鞋袜的选择

男士和女士配套服饰与鞋袜的选择也有所差异。

**1. 男士配套服饰与鞋袜的选择**

男士配套服饰主要包括衬衫和领带。不管是衬衫、领带还是鞋袜，都会影响个人形象，因此男士要注重配套服饰和鞋袜的选择，根据自身条件选择适合自己的服饰鞋袜，打造出个人魅力。

（1）衬衫。一件好的衬衫应该符合两个标准，一是尺寸合适，二是面料舒适。

①尺寸合适。尺寸是否合适决定了一件衬衫穿上身的效果。一件衬衫是否合身涉及多个方面，包括领围、肩宽、胸围、腰围、袖长和衣长，每个方面都有基础的判断标准。

• 领围。领围太大会导致衬衫的衣领不够挺括；领围太小会影响颈部的舒适度。合适的领围应该是系上纽扣之后可以塞进两个手指的大小。脖子细长者切忌领口太大，否则会给人赢弱之感。不系领带穿西装时，衬衫领口处的一粒纽扣不能扣上，而门襟上的纽扣要扣全，否则就会显得过于随便，缺乏修养。

• 肩宽。很多人容易忽视衬衫的肩宽，衬衫的肩宽是否合适，要看衬衫的肩线位置。只要不影响舒适性，衬衫的肩宽稍微小一些并无不妥。

● 胸围和腰围。有些人追求舒适度，选择非常宽松的衬衫，导致穿上身不挺括；而有些人追求修身效果，刻意选择紧绷的衬衫，但看起来身上都是勒痕，也不好看。合适的胸围和腰围应当追求平衡、舒适和立体性，在系上所有纽扣之后衬衫依然很平整。当然，身材较胖的人在判断衬衫的腰围和胸围是否合适的时候应当坐着试试看，以免人坐下以后赘肉挤压撑开衬衫的门襟。

● 袖长。袖子的标准长度是手臂自然下垂状态下，解开纽扣时袖口在虎口往上2厘米的位置。在手臂自然下垂状态下，袖口处一般会产生堆积，这多出来的量是为了方便胳膊活动的，如果袖子长度刚刚好，胳膊在活动时，袖子的长度会变得更短。有些人通过抬起胳膊的方式来判断衬衫袖长，这种方式也不太恰当，因为抬胳膊的动作势必会缩短袖长，如果按照抬胳膊的标准判断袖长，那么在双臂自然下垂状态下，袖口处的堆积感会更强。

● 衣长。衬衫一般会塞进裤子里，为了防止在活动时或坐下来时衬衫下摆露出来，衣长一般要到裆部的位置，但也不能过长，否则下摆堆积在一起，会影响裤子的美观。

②面料舒适。衬衫的面料主要有以下几种，人们在具体选择时要依据特定的需求来做决定。

● 纯棉面料。纯棉面料是指以棉花为原料生产的面料，其亲肤性好，穿起来柔软贴身，而且棉花的含水量在8%～10%，可以吸收多余的汗液，吸湿性良好。纯棉面料舒适耐穿，但抗皱性较差，针对这个问题，市场上出现了免烫衬衫，通过高规格的免烫技术处理，在保留了纯棉面料柔软亲肤特性的同时，增加了衬衫的抗皱能力，抗皱效果可达3.5级以上，可以减少打理时间。

● 亚麻面料。亚麻具有良好的透气性、吸湿性，能吸收自身重量20倍以上的水分，松散的织物纤维可以更好地散发身体热量，保持皮肤干爽，所以用亚麻面料制作而成的衬衫非常适合夏天穿。

● 桑蚕丝面料。桑蚕丝是天然的动物蛋白质纤维，它是熟蚕结茧时所分泌的丝液经过冷却凝固而形成的。用桑蚕丝面料制成的衬衫质地柔软光滑，手感柔和，具有美丽的光泽感，富有个性而气质高贵，且吸湿透气、凉爽降温，适合夏天穿着，风格较休闲。不过，桑蚕丝面料的衬衫打理起来颇为麻烦，不可机洗，不可揉搓过重，要定期保养。

● 混纺面料。混纺即混纺化纤织物，是化学纤维与其他棉毛、丝、麻等天然纤维混合纺纱织成的纺织产品。例如，棉氨混纺面料添加了氨纶成分，使其更具弹性；棉麻混纺面料综合了棉的柔软和麻的清凉，改善麻料易皱的特点，使其更平整。

（2）领带。领带的选择要考虑以下几个方面。

①面料。领带的面料以真丝、羊毛、涤丝为宜，不要佩戴由棉、麻、绒、皮革等材料制作而成的领带。

②色彩。理想的领带颜色有蓝色、灰色、棕色、黑色、紫红色等，在正式场合，不要佩戴多于三种颜色的领带，也不要佩戴浅色领带。

通常情况下，暖色调的领带给人以热情、温暖的感觉；冷色调的领带表现庄严和冷静；亮色的领带显得人活泼、有朝气；暗色的领带显得严肃；黑色的领带多在吊唁、慰问亡故者家属、参加葬礼等场合佩戴。

领带的颜色和年纪也有关系。一般来说，年纪大一些的中老年男士应选择颜色较深的领带，以示稳重，而年轻男士的领带颜色可以稍微鲜亮一些，例如大红色、天蓝色。

③图案。适合在正式场合佩戴的领带主要是单色、无图案的领带，或是以条纹、圆点、方格等规则的几何形状为主要图案的领带。斜条纹的领带给人正直、权威、稳重、理性的印象，适合在谈

判、推销、演讲、开会、主持会议等场合使用；方格和圆点的领带给人中规中矩、按部就班的印象，适合在初次约会见面或会见上司和长辈时使用；不规则图案的领带，如抽象画、几何图形、花鸟虫鱼等图案，给人有创意、有个性、有朝气和时尚的印象，最好是在非正式酒会或者在下班后的约会、朋友聚餐时使用。

　　④款式。领带有尖头和平头之分，下端为尖头的领带显得较为传统和正式；下端为平头的领带显得时髦而随意。

　　⑤宽度。领带的宽度要讲究视觉比例的平衡，要根据西服驳领宽度来选择。驳领的驳头越宽就越显得庄重，越窄就越显得时尚、年轻，搭配的领带宽度最好与驳头宽度相近，如图3-3所示。

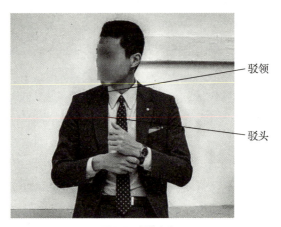

　　　　驳领

　　　　驳头

图3-3　领带宽度

　　（3）**鞋子**。鞋子被西方国家称作"脚部时装"，其在整体着装中具有重要作用，一双得体的鞋子可以为全身的服装增光添彩，映衬出服装的整体美。

　　男士适合穿黑色或深咖啡色皮鞋，而黑色皮鞋可以与任何颜色的西装搭配，例如黑色、灰色、藏青色西装；深咖啡色皮鞋最好与咖啡色西装搭配。白色或灰色的皮鞋要与白色西装或休闲服装相搭配，适合在休闲娱乐的场合穿，不适合正式场合。

　　在材质方面，真皮皮鞋是正式场合的最佳选择，真皮皮鞋不仅吸汗，而且曲张度良好，能够为脚部提供足够的呼吸空间，使人穿起来舒适、自在，更加有质感。翻毛皮、磨砂皮一类的鞋子，则与商务氛围不契合，最好不要在商务场合穿。

### ◎ 视点链接

　　在鞋子的护理上，我们要注意以下细节。

　　（1）鞋内无味。皮鞋要勤换，最好有几双鞋可以轮流穿，这样既可以减少对鞋子的损伤，也可以减少鞋内异味。

　　（2）及时维修、换新。如果皮鞋的鞋面、鞋跟已经出现磨损，请马上将其送到专业人士那里进行修补，千万别以为别人不会注意到鞋子的缺陷；其实看不到鞋子污垢、磨损的人只有我们自己，其他人看得一清二楚。

　　（4）**袜子**。与皮鞋配套的袜子应选择棉毛袜，袜子的颜色应当与西装或皮鞋的颜色一致，如没有颜色一致的袜子，至少应穿深色袜子；袜子上可以带条纹、方格图案，但图案不能太显眼；在正式场合中，穿白色的袜子或者颜色鲜艳的彩色袜子，以及尼龙袜、丝光袜等都是不合适的；袜子应该是中长筒的，袜口到脚踝以上，避免坐下时露出小腿的皮肤或浓重的腿毛，有失庄重。

#### 2. 女士配套服饰与鞋袜的选择

对于女士来说，套裙的穿着固然重要，但配套服饰和鞋袜也是不可忽视的，恰当的配套服饰和鞋袜不仅可以体现女士的形体美，还能提升女士的气质，彰显女士的魅力与内涵。

（1）衬衫。女士要选择与套裙配套的衬衫。从面料上来说，衬衫要轻薄、柔软，适合的面料有真丝、麻纱、府绸、涤棉等；从颜色上来说，衬衫颜色要雅致、端庄，衬托出女性的柔美，白色是基本色，除此之外，其他各式各样的颜色，只要不是过于鲜艳，并与套裙颜色不互相排斥，均可选用，但还是以单色为宜；从图案上来说，衬衫上可以有简单、规则的图案，例如条纹、圆点，但不能有不规则的图案，例如卡通形象、植物、动物等。

（2）内衣。与套裙配套的内衣应当柔软贴身，并起到展现女性线条美的作用，但内衣的轮廓不能显露出来，最好选择肉色或浅色。

（3）衬裙。衬裙的颜色多为单色，例如白色、肉色等，但应与套裙的颜色相协调，要么彼此一致，要么外深内浅；衬裙的款式应当线条简洁，穿着合身，不宜出现任何图案。

（4）鞋子。男士鞋子的高度只有平底、内增高两种，而女士鞋子可按高度分为中跟鞋、高跟鞋和平底或坡跟鞋。

- 中跟鞋。中跟鞋是职场的最佳选择。中跟鞋一般是船形、粗跟造型，鞋子的高度在 3～5 厘米。中跟鞋的颜色应该是灰色、黑色、咖啡色、白色等，这样的颜色与任何颜色都能搭配。

- 高跟鞋。高跟鞋的高度在 5～9 厘米，可以让女性的身材显得更苗条、更挺拔，因为穿上高跟鞋人们会不自觉地挺胸、收腹，但由于鞋跟偏细、高度过高，人们在走路时很累，还容易扭伤。因此，如果只是在某一小段时间内需要穿高跟鞋，不妨准备一双合脚的平底鞋，在会见重要客户或到某些重要场合时再换上高跟鞋。

- 平底或坡跟鞋。这类鞋子穿起来省力，适合出差、旅行、周末游玩或者工作以外的放松时刻，若在正式场合穿这类鞋子会削弱气势，与环境不搭。

（5）袜子。袜子要选择丝袜、长筒袜或者连裤袜，袜子的颜色应为单色，最好是选择肉色，或者选择与肤色相接近的浅灰色、浅棕色。袜子要保持完好无损，不可有破洞、挂丝和缝补的痕迹，因此女士要在办公室或工作地点准备一两双袜子，以便在袜子被钩破时换用。

袜子上的图案不可过多，网眼、镂空袜子会给人肤浅的感觉，所以不适合搭配套裙。

袜子的大小要合适，不能出现走路时往下掉的情况。不能出现"三截腿"，"三截腿"是指穿短裙的时候，穿长筒袜，袜子和裙子中间露一段腿肚子，结果导致裙子一截，袜子一截，腿肚子一截，这种穿法容易使腿显得又粗又短，有损形象。

如果女士的腿形修长，可以穿透明丝袜，以充分展示腿部的魅力；如果女士的腿较细，可以穿浅色丝袜，以掩盖缺陷；如果女士的腿较粗，可以穿深色的袜子，以修饰腿形。

## 训练点 1：西装的正确穿法

西装是一种国际性服装，一套合体的西装可以使着装者显得潇洒、精神、风度翩翩。西装的正确穿法具体体现在以下几点。

**1. 选对款式**

西装的款式按照件数可以分为单件上装和套装。单件上装即简装，是指一件与裤子不配套的西装上衣，只适用于非正式场合。而在正式场合所穿的西装应当是套装，西装套装分为两件套和三件套。

两件套包括一件上衣和一条裤子，上衣和裤子的面料和颜色要一致。三件套是指两件套再加上一件同色、同料的马甲。按照传统观点，三件套的西装比两件套的西装显得更正式、更庄重。

**2. 穿好衬衫**

衬衫的领子要挺括，不能翻在西装外，也不能有污垢和油渍。衬衫的下摆要扎进裤腰里，系好衣领和袖口的纽扣。衬衫的袖子要稍微比西装的袖子长1厘米左右，领子要比西装领子高1~1.5厘米，以显示衣着的层次，同时也能保持西装袖口的清洁。

西装的标准穿法是在西装里面直接穿衬衫，而衬衫与西装之间不能穿棉毛背心、内衣等。在西装上衣之内原则上不能穿毛衫，但在寒冷的冬季可以穿轻薄的"V"领毛衫，这样不会把领带遮住。毛衫颜色可以是单色或者是深色，颜色、图案不能过于鲜艳、繁杂。毛衫要轻薄，可以是纯羊毛或羊绒材质，这样又轻又保暖，不影响西装的外形。

**3. 系好领带**

西装脖领间的"V"字区是很醒目的，领带应处在这个区域的中心，领结要饱满，与衬衫的领口紧凑地吻合，领带的长度以系好后下端正好触及皮带扣上端为标准。领带夹一般夹在衬衫第三粒与第四粒扣子间。西装系好纽扣后，领带夹不能外露。

**4. 系好纽扣**

西装的纽扣有单排与双排之分。

• 双排扣的西装：纽扣要全部系上，以表示庄重。

• 单排两粒扣的西装：纽扣全部不扣表示随意和轻松；扣上面一粒扣表示郑重；全扣上会看起来土气。

• 单排三粒扣的西装：纽扣全部不扣表示随意和轻松；只扣中间一粒扣表示正统；扣上面两粒扣表示郑重；全部扣上会看起来土气。

另外，男士西装纽扣有"站时系扣，坐时解扣"的说法。男士在站立的时候要把西装纽扣扣好，这样在讲话、比手势的时候西装不会随着肢体动作胡乱移动，整体线条看起来更显干净、利落。在入座时，男士应解开纽扣，让西装随着身体的弧度自然服帖地垂下，线条看起来比较流畅，不会产生束缚的感觉，从而舒适地坐在座位上。

**5. 使用帕饰**

西装的胸袋又叫手帕兜，可以用来插上装饰性的手帕，也可空着。使用的手帕要根据不同的场合折叠成不同形状，以便插在胸袋内。

**6. 用好口袋**

西装上衣两侧的口袋只做装饰用，一般不放置物品，否则会使西装上衣变形；西装上衣左胸袋只放置装饰性的手帕。票夹、身份证等物品可放在上衣内侧衣袋里。西装的裤子口袋也不能放置物品，为的是保持臀位合适，裤形美观。

### 7. 穿好皮鞋

穿西装时要搭配皮鞋，不能穿运动鞋、布鞋或凉鞋，而且西装的裤子要盖住皮鞋的鞋面。皮鞋要上油擦亮，其颜色要与西装相配；皮鞋要搭配合适的袜子，袜子的颜色应为深色，在西装与皮鞋之间起到过渡作用。

### 8. 保持西装整洁

西装要保持干净、整洁，不要有污渍、破洞、线头外露，否则非常影响整体形象；要保持西装的挺括，在穿西装之前最好熨烫平整；在穿西装时不要挽起袖子或卷起裤腿。

### 9. 其他注意事项

男士在穿西装时，有三大禁忌。

- 不拆除西装袖口上的商品标签。袖口上添加商品标签以后，人们可以通过袖口了解商品信息，避免了因翻弄造成西装变形，影响西装的美观和价值，因此在设计上只是用针线虚缝几针，便于买家拆除。按照国际惯例，穿西装要求不能见到袖口标签，因此人们在买到西装之后要尽早拆除标签。

- 重要涉外场合穿夹克打领带。夹克一般属于休闲装，和领带这种正装搭配，显得不协调。但是，也有一些情况是允许这样穿的：一是穿制服式夹克，打领带可以表示正规和统一；二是一些领导在参加内部活动时，为了显得平易近人，也会这样穿。

- 乱穿袜子。穿西装和皮鞋时，袜子的颜色要和西裤的颜色或者鞋子的颜色保持一致，若没有颜色一致的袜子，深色袜子也可以，但不能穿浅色的或颜色鲜艳的袜子，否则会显得不伦不类。袜子的材质应为纯棉或毛质，不要穿尼龙袜或丝袜，因为这两种材质的袜子不吸湿、不透气，容易产生异味，影响个人的整体形象，妨碍社交。

---

#### 视点链接

　　三色原则：西装上装、领带、西裤、衬衫、皮包等全身上下所有的颜色不能超过3种，3种是指3种不同的色系。

　　三一定律：男士在重要场合穿西装时，身上的皮带、皮包和鞋子应选择同一颜色。

---

## 训练点2：领带的搭配和系法

领带是西装的"灵魂"，领带的佩戴充分体现了着装者的丰富内涵，为男士独特而深沉的内心世界做了最好的形象注解。因此，越来越多的人开始注重领带的佩戴礼仪。前面我们已经学习了领带的选择方法，接下来学习领带的搭配和系法。

### 1. 领带的搭配

领带并不是随意佩戴就可以，需要与衬衫、西装等保持协调，给人以整体的美感。

领带的图案和颜色有很多种，但最常见和最实用的领带款式是完全没有图案或花纹的单色领带，可以与任何款式的西装或衬衫搭配。且有些款式的衬衫和西装只能搭配单色领带，例如灰色西装，适合搭配浅蓝色或暗红色的领带。一套质量上乘、价格不菲的西装与单色领带相搭配，可以更加强调西装华美的面料和精巧的剪裁。

领带的颜色不能太浅，因为如果西装和衬衫的颜色是浅色，就不容易产生对比效果；如果衬衫和西装的颜色是深色，整体上又会显得太轻浮。深色西装可以配颜色较华丽的领带，这时的衬衫应该是单色的。浅色西装，如果衬衫的色调深、花纹多，领带颜色也可以相应素雅一些。当然，领带也有流行的款式，例如圆点式、斜条式、方格式、花卉式、涡旋式等，人们可根据实际情况选择。

最重要的一点是领带颜色与西装、衬衣要互相搭配，达成和谐统一的效果。例如，宝蓝色的底色搭配纯白的圆点图案的领带，应配白色的衬衣，因为衬衣的白色更能映衬领带上的白色，西装则可选择与领带底色一致的宝蓝色。如果衬衫的图案比较不规则，领带上的图案就不要太规则，因为领带上的图案会破坏整体的图案秩序。

**2. 领带的系法**

在系领带时，人们一般要将衬衣的衣领扣好，把领带套在衣领外，并把宽的一片领带稍微压在领角下，抽拉另一端，使领带夹在衣领中间，不必把衣领翻立起来。系好领带以后，领带的两端要自然下垂，上面是宽的一片领带，下面是窄的一片领带，宽领带一定要略长于窄领带。宽领带也不要长太多，否则领带尖头压住裤腰甚至垂到裤腰之下，更显得不雅。系好的领带要保证干净、结构工整，若脏污、损坏或歪斜松垮，会显得邋遢、过于随意。系领带能够展现人的精神状态、尊严和责任。

领带夹主要用于将领带固定在衬衫上，不能只是简单地用领带夹夹着领带，或是将其夹在西装上衣的衣领上。领带夹的正确位置应是在衬衫从上往下数的第四颗纽扣上方。西装上衣的纽扣扣好后，领带夹是不应被看见的。如果使用领带链，应把领带链挂在第三颗纽扣上，这样领带链垂下时正好也是在第四颗纽扣的位置。除经常做大幅度的动作，或者用领带夹作为企业标志时用领带夹外，其他情况最好不用领带夹。

领结是系领带最重要的部分，各种不同的系法可以得到不同大小、形状的领结，可以根据衬衫领子的角度选择喜欢的领带系法。

领带的常用系法主要有以下几种。

（1）平结。平结是最常用、最经典的领带系法，风格简约、非常方便，适合窄领衬衫。平结的系法如图3-4所示。

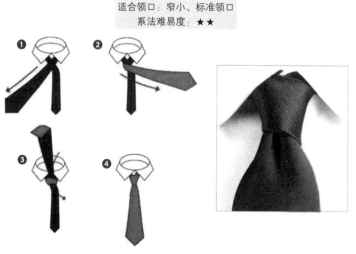

适合领口：窄小、标准领口
系法难易度：★★

图3-4 平结的系法

（2）半温莎结。半温莎结是一种比较浪漫的领带系法，近似正三角形的领型比平结系出的斜三角形更庄重，适合大多数衬衫。如果是休闲穿搭，可以选用粗厚材质的领带系半温莎结，凸显随性与不羁。半温莎结的系法如图3-5所示。

（3）温莎结。温莎结是一个形状对称、尺寸较大的领带结，适合宽衣领衬衫及商务场合，是一种比较浪漫的领带系法。温莎结的系法如图3-6所示。但是，这种系法不适合搭配狭窄衣领的衬衫，如果使用厚的领带，系出来的温莎结将会太大。

适合领口：标准、稍宽、中型领口

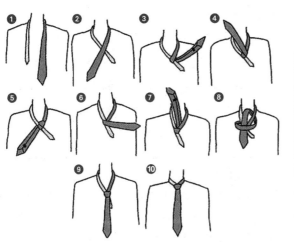 

图3-5　半温莎结的系法

适合领口：宽角领口

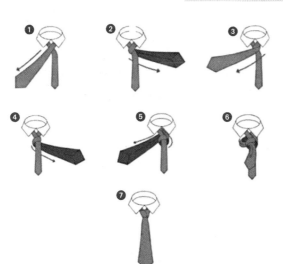 

图3-6　温莎结的系法

———— **即时演练** ————

　学生两人一组，互相练习系领带，每个人至少要使用两种系法。

**小故事大道理**

### 失去职位，只因为一条领带

礼仪小故事
失去职位，只
因为一条领带

着装礼仪

赵黎收到了某家大型企业的面试通知，这让他十分高兴。参加面试那天，赵黎穿上了专门为参加面试购买的西装，系上了与西装相配的领带，穿上了皮鞋，神采奕奕地来到面试地点。

所有参加面试的人被集中安排在一间会议室里。面对这么多竞争对手，赵黎突然感到非常紧张，甚至觉得呼吸有点困难，于是他松了松领带，并解开了衬衣最上面的一粒纽扣，好让自己呼吸得更顺畅一些。很快，赵黎听到面试官在叫自己的姓名，他深吸了一口气进入面试室。

面对面试官的提问，赵黎有条不紊地回答。很快面试结束了，面试官对赵黎说道："这些问题你回答得还不错，我觉得虽然你不可能仅仅由于系了一条领带就得到一个职位，但我可以肯定，不好好系领带会让你失去一个职位。"听了面试官的话，赵黎意识到自己未被录取，此时他才想起刚才进来得匆忙，忘了把松开的领带系好，这让他追悔莫及。

**名师点拨**

规范着装是一个职场人士职业素养的一种折射，在某种程度上代表着个人形象和公司形象，因此着装要一丝不苟。故事中的这个男生领带松垮，衬衣纽扣没有扣上，这都是着装不规范的表现，会让面试官觉得这个人对面试不够重视，很可能这个人对待工作也会非常随意。

# 专题三　饰物佩戴礼仪

除了男士的西服套装和女士的套裙以外，佩戴得体的饰物既美观又不过分张扬，既稳重又不显得呆板，可以达到锦上添花、提升气质的效果。在社交活动中，饰物是一种无声的语言，可以展现佩戴者的知识、阅历和审美品位。人们在社交活动中佩戴饰物时要遵守礼仪规则，这样才能充分发挥饰物应有的作用。

## 解析点：饰物佩戴的原则

佩戴的饰物可以起到画龙点睛的装饰作用，要想保证饰物充分发挥装饰作用，佩戴者要遵循饰物佩戴的原则。

### 1. 符合身份

佩戴的饰物要符合本人的身份，与性别、年龄、职业、工作环境保持大体一致。例如，医务工作者、服务员、厨师等不宜佩戴首饰，而上班时，闪闪发光的手链、奇形怪状的戒指与身处的工作环境也很不搭。一般情况下，女士可以戴两种或两种以上的首饰，而男士只宜佩戴结婚戒指。

### 2. 整体协调

佩戴的饰物要尽量与服装协调。饰物应视为服装整体中的一个部分，应兼顾服装的质地、色彩、款式，并努力使之与服装风格相互搭配。例如，一般穿领口较低的露肩服装要佩戴项链，而竖领上装则不应再搭配项链。如果穿工作装，以佩戴金银饰物为宜。

### 3. 以少为好

佩戴饰物的数量不与自身气质呈正比。佩戴饰物在数量上的原则是以少为佳，其上限一般为三，也就是在总量上不能超过3种，必要时可以一件首饰也不戴。如果既佩戴了戒指、项链，又佩戴了胸针、耳钉，甚至再戴上一对手镯，饰物彼此之间就不易协调，反而给人烦琐、凌乱和俗气的感觉。

### 4. 色彩协调

佩戴的饰物要力求同色，如果同时佩戴两件或两件以上的饰物，要保证色彩一致。若佩戴的饰物五彩斑斓，会显得十分滑稽。

### 5. 与季节相搭配

佩戴的饰物要与当前季节相搭配，季节不同，所佩戴的饰物也应不同。例如，金色、深色的饰物适合在秋冬季节佩戴，银色、鲜艳颜色的饰物适合在春夏季节佩戴。

### 6. 保持庄重

有的人习惯佩戴一些夸张但实际上没有太大价值的工艺饰物，但在较为正式的场合，最好选择一些精致的饰物，以展示自己庄重、高雅的一面。

 **小故事大道理**

#### 时尚新潮的销售代表

刘惠大学毕业后在一家公司担任销售代表，平时她非常讲究穿衣打扮，喜欢穿一些新潮的服装。有一次，刘惠要去本市的一家老牌企业洽谈业务，这个业务对公司很重要，为了给对方留下好印象，刘惠精心打扮：穿一身流行的韩版服装，左手戴了一枚造型独特的戒指，右手戴了一只时尚的手镯，脖子上戴着一条闪闪发亮的白金项链，耳朵上戴着一副新潮的耳坠，整个人看起来时尚又新潮。

礼仪小故事
时尚新潮的销售代表

负责接待她的是一位50多岁的中年人。中年人看到刘惠的穿着打扮，对她说了一句："看来刘小姐是一位非常追求时尚的人啊！"刘惠听了，觉得自己的穿着打扮受到了肯定，高兴地说道："谢谢您的夸奖，我也觉得我非常有时尚品位，这身打扮可是我花了好长时间准备的。"

中年人没有再说什么，双方开始正式洽谈。在洽谈过程中，刘惠佩戴的手镯总是不小心碰到桌面，发出"咚咚"的声音，而当她站起身向对方递送材料时，手上的戒指又不小心勾住了中年人的衣袖。

在整个洽谈过程中，刘惠佩戴的饰物频频给她制造麻烦，导致洽谈结果很不理想。

**名师点拨**

员工代表公司，所以员工的个人形象也就代表了公司形象。作为公司的销售代表，着装要严谨、庄重，给人以专业性强的感觉；佩戴的饰物要少而精，符合自己的身份，与整体相协调。而故事中的销售代表把很多配饰堆积在身上，显得俗气、烦琐甚至滑稽，给对方留下了不好的印象，也影响了业务的进展。

## 训练点：饰物的选择与佩戴

要想让饰物佩戴得体，提升人的气质和美感，达到锦上添花的效果，人们就要选择合适的饰物，正确地佩戴饰物。常见的饰物主要有戒指、项链、耳环、眼镜、手镯或手链、胸针、丝巾、腰带等。

### 1. 戒指

戒指是具有特定含义的饰物，有金、银、宝石等不同质地，形状也千差万别，有方形、圆形、镂空雕花等。在选择戒指时，人们要根据自己的手型来做决定：手指短粗者不适合戴方形、宽阔的戒指，最好选择椭圆形、梨形的戒指，可使粗短的手指显得较为修长；手指纤细者可选择形状饱满的戒指，例如圆形、心形的戒指等。

一般女性的戒指以镶宝石、翡翠或镂空雕花居多，而男性的戒指相对比较简洁一些。从造型上讲，老年人戴的戒指应古朴庄重，年轻人可以佩戴小巧玲珑、比较艺术化的戒指。而从事医疗、餐饮、食品销售等服务行业的工作人员就不适合佩戴戒指。

一般来说，中指和食指适合戴较小且富有个性的戒指；无名指和小指适合戴华丽、正统造型的戒指。人们一般将戒指戴在左手上，数量不多于两个。戒指的佩戴已经形成了约定俗成的意义：戴在食指上表示单身或正在寻找恋爱对象；戴在中指上表示正在恋爱中；戴在无名指上表示已经订婚或结婚；戴在小指上表示单身或终身不嫁不娶。

若女士戴着薄纱手套，戴戒指时要把戒指戴在手套里面，只有新娘才能把戒指戴在手套外面。在和别人谈话时，不要抚弄自己的戒指，否则会给对方留下心不在焉、有意展示自己戒指的印象。

### 2. 项链

佩戴项链是现代人追求时尚、表达个性的方式，项链种类繁多，搭配得当对服装有很好的修饰作用，佩戴得体可以使人展现出端庄的韵味。

从质地来分，项链分为4种，如表3-3所示。

表3-3 项链的分类

| 分类 | 说明 |
| --- | --- |
| 铂金项链 | 以简洁、清丽、秀逸为主，款式均衬托出女性的纤巧、雅洁、灵慧。铂金项链简单的造型易于和各类服装搭配，无论是雍容华贵的晚礼服，还是休闲随意的T恤、牛仔服，纯净、璀璨的铂金项链都是整套服装的点睛之笔 |
| 金银项链 | 金项链有24K、18K和14K等，含金量与K数呈正比；银项链一般有92.5%的含银量。金银项链适合正式的社交场合 |
| 珠宝项链 | 这种项链的材质主要为钻石、珍珠、玛瑙、翡翠等，由于是天然形成的材料，所以佩戴起来润滑舒适，使人显得富丽端庄 |

续表

| 分类 | 说明 |
|------|------|
| 仿制项链 | 指用现代材料制成的项链。例如，在金属或塑料制成的项链上镀上一层金或钛，或者采用多色有机玻璃仿制珠宝项链。这种项链多是用夸张的手法表现美丽、时尚，价格较低，迎合了现代年轻人爱美、喜欢变化的心态，但不适合在社交场合佩戴 |

　　从长度来分，项链可以分为4种：短项链长约40厘米，适合搭配低领上衣；中长项链长约50厘米，可广泛使用；长项链长约60厘米，适合在社交场合使用；特长项链长约70厘米，适合用于隆重的社交场合。

　　人们在选择项链时首先要考虑自己的经济实力，然后根据自己的年龄、体型、脸型、脖子的长度和衣服的颜色选择合适的项链。

　　年轻女士佩戴项链主要是为了增添青春美，所以适合佩戴较为纤细的无宝石金项链，使整个人显得更苗条和秀气。中老年女士佩戴项链除了增强体态美之外，更是为了彰显雍容华贵的气质，所以适合佩戴较粗的项链。由于短项链可以在视觉上造成脸变宽、脖子变粗的感觉，所以脸和脖子稍微长一些的女士应佩戴短项链；方形脸、脖子短的女士应佩戴稍长的项链；肤色白皙的女士既可以佩戴浅色宝石项链，也可以佩戴颜色较深的宝石项链，与肤色形成鲜明对比，更衬托出肤色的白皙；身材修长、体态轻盈的女士可以佩戴宝石颗粒小、长度稍长的项链；体态丰腴的女士适合佩戴颜色较浅、颗粒较大的宝石项链。

　　有的项链下端会带有某种形状的挂件，即链坠。链坠的选择应力求和项链在整体上保持协调一致，在正式场合不要选择有过于怪异的图形、文字的链坠，也不要同时选用两个以上的链坠。

　　短项链（见图3-7）适合颈部细长的女士佩戴，并搭配"V"字领上衣；中长项链（见图3-8）适合搭配领口较宽大的上衣，尽量不要挂在领口边，否则会显得很土气；长项链（见图3-9）适合佩戴在衣服外边，搭配款式简单的长套裙、长裤或长裙等。

图3-7　短项链

图3-8　中长项链

图3-9　长项链

　　如果女士对项链的颜色、质地、造型等各个要素没有一个正确的认识，项链的装饰效果可能很难达到，甚至适得其反。一般来说，金项链应为足赤金，给人华贵、富丽的感觉；珍珠项链要保持白润光洁，给人高雅的感觉。如果金项链过于莹亮，珍珠项链白里透黄、白中见斑，就完全破坏了项链的装饰美化作用，甚至给人镀金、矫饰的感觉。

　　玛瑙、珐琅等材质的项链大多颜色深沉、古朴、典雅，与亮色的服装相搭配，可以产生很好的对比效果，但如果和服装的颜色过于接近，就让人很难分辨，失去项链的装饰功能。

从项链的造型来看，细小的金项链与无领连衣裙相搭配会更显清秀，而挂在厚实的高领衣服外会给人清贫寒酸的感觉。

### 视点链接

足赤金是我国对最高金位的黄金首饰材料的传统叫法。足赤金并不是纯黄金，一般而言，足赤金含有1%的杂质。

### 3. 耳环

耳环也叫耳坠，是女性耳垂的饰物，用来掩盖耳部的缺点，或者让人注意到美丽的耳朵。耳环的佩戴要注意和脸型、肤色、衣着相搭配。

（1）脸型。根据脸型选择合适的耳环，要注意以下方面。

• 圆形脸不适合佩戴圆形耳环，因为耳环的小圆形与脸的大圆形组合在一起，会加强圆的特征，更突出脸部的缺点。圆形脸可以搭配尖形的耳环，拉长脸部轮廓。

• 方形脸也不适合佩戴圆形耳环，因为方形和圆形并列在一起，在对比之下，方形会更显棱角。方形脸可以佩戴贴耳式耳环，耳环的形状、色彩、光亮度形成的扩张感，可以使下巴的棱角感有所减弱。

• 长形脸不适合佩戴细长型耳环和长坠耳环，因为其造型和垂下来的线条会突出长形脸的特征。长形脸适合佩戴大耳环、贴耳式耳环、短坠耳环，从而改变长形脸的轮廓。

• 正三角形脸的额头窄短，下巴宽大，适合佩戴星点状的贴耳式耳环，使头顶部的发型更加生动，并减弱下颌部的宽大感。

• 菱形脸的前额窄小，下巴尖瘦，颧骨宽大，不适合佩戴贴耳式耳环、无坠式大耳环，因为这两种类型的耳环会使颧骨显得更宽。菱形脸可佩戴造型圆润、色泽柔和的耳环，最好有吊坠。耳垂部的小圆和耳坠的大圆可以减弱颧骨大和下巴尖的感觉。

（2）身材。身材瘦小、纤细的人应佩戴小巧、秀气的耳环，若佩戴大耳环会让整个人看起来头重脚轻；身材高大、脸型宽人的人应佩戴大耳环，以衬托大方的气质。

（3）肤色。皮肤较黑的人适合佩戴钻石、玉质的耳环，要避免红色、绿色等鲜艳的颜色。皮肤白皙的人可以选择的颜色很多，例如淡粉色、朱红色、浅蓝色、金色等。

（4）色彩。耳环的色彩选择应首先考虑与服装色彩相协调。一般来说，纯白色的耳环和金银耳环可搭配任何衣服，而鲜艳色彩的耳环则需与服装色彩相一致或接近。

耳环虽小，却戴在一个明显而重要的位置上，它的色彩造型对于人的面部形象、气质风采的影响较之其他饰品反而更大，可谓画龙点睛。耳环在一般情况下仅为女性所用，并且讲究成对使用，即每只耳朵均佩戴一只，不宜在一只耳朵上同时戴多只耳环。

若无特殊要求，不要同时戴链形耳环、项链与胸针，三者皆集中于胸部附近，若同时佩戴，容易显得过分张扬，且繁杂、凌乱。

### 4. 眼镜

眼镜本是为视力有缺陷的人生活方便而发明的一种实用品，而在现在的商务活动和社交活动中，眼镜的适用范围已被大大扩展，有了装饰的功能。一款搭配得当的眼镜可以极大地增加人的风度。

在选择眼镜时，人们要根据自己的身体情况做出决定。

- 长形脸的人适合佩戴阔边而略方的眼镜架，以使脸显得短一些。
- 脸较短的人应选用无色透明边框的眼镜架，以使脸显得长一些。
- 圆形脸的人适合选用有棱角的方形眼镜架，不能选择圆形眼镜架，否则就好像大圆圈上画了两个小圆圈，十分滑稽。
- 脸型过大或过小的人选择的眼镜架要适中。男性的脸部轮廓较粗犷，棱角分明，适合佩戴宽边、大镜架的眼镜。
- 皮肤较黑的人应选用颜色较为明亮的眼镜架；皮肤白皙的人则可选择浅色眼镜架；皮肤较黄的人适合选用暖色调眼镜架。
- 塌鼻梁的人应戴高鼻托的眼镜，高鼻梁的人则适合戴低鼻托的眼镜。
- 瞳孔间距较宽的人适合选用深色大镜架；瞳孔间距较窄的人则应选择中间有镜桥的透明浅色眼镜架。

### 5. 手镯或手链

手镯有传统的金手镯、银手镯、翡翠手镯、珐琅手镯等。手链多用金、银及镀金、包金编花丝制成，比手镯更为纤细精巧，主要有表式手链、花式手链、多用式手链等。

思政讲堂
职业认同

戴手镯可以只戴一只，通常应戴在左手；也可以同时戴两只，一只手戴一个或都戴在左手。手镯和手链一般只佩戴一种，戴手镯时不应同时戴手链。手镯的佩戴要根据手臂的形状而定，手臂较粗短的人应佩戴细小的手镯；手臂细长的人佩戴宽粗的款式，或者多佩戴几只细小的手镯来加强效果。

一般来说，一只手上不能同时佩戴两个或两个以上的手镯或手链，因为它们之间会发出并不悦耳的碰撞声。如果非要戴三个手镯，以达到不同凡响、标新立异的目的，要把手镯都戴在左手上，造成强烈的不平衡感，而这种不平衡要通过与服装的搭配达成和谐，以免过于标新立异破坏手镯的装饰美。如果一个人戴着手镯、耳环等饰物，一般可以省去项链，或只戴短项链，以免三者互相影响，削弱整体的美感；另外，手镯、耳环和项链应为相同的款式，给人一种和谐美。

### 6. 胸针

胸针是男女都可以佩戴的胸前饰物。

（1）男士胸针。胸针的质地、颜色、佩戴的位置要考虑和服装配套与和谐。一般来说，穿西装时，可以选择大一些的胸针，材质要好，色彩要纯正。穿衬衫或薄羊毛衫时，可以佩戴款式新颖别致、小巧玲珑的胸针。

男士在穿西装时，要把胸针别在左侧领上；穿无领上衣时，要把胸针别在左侧胸前。若发型偏左，胸针要别在右侧胸前；若发型偏右，胸针就要别在左侧胸前。胸针要别在衬衫从上往下数第一粒纽扣和第二粒纽扣之间的平行位置上。但是，若在工作中佩戴了身份牌或徽章，就不适合再佩戴胸针。在不同的场合，佩戴的胸针也不同，在正式场合佩戴的胸针材质以贵金属、宝石为宜；在休闲场合佩戴的胸针以轻盈小巧的胸针为宜；在聚会场合，为了张扬个性，可佩戴前卫、夸张的胸针。

（2）女士胸针。女士在选择佩戴的胸针时可以参考以下几点。

着
装
礼
仪

- 与脸型协调。长形脸适合搭配圆形胸针，圆形脸适合搭配长方形胸针，方形脸适合搭配圆形胸针。

- 与服装协调。如果身穿西装、大衣或者比较正式的衣服，应选择大一些的、材质出色的胸针；如果身穿衬衫和薄羊毛衫，胸针最好选择别致、精巧的类型。在夏季，如果衣服较薄，最好佩戴非金属的、小巧的胸针；冬季时，可以佩戴金属胸针。

- 与年龄协调。年纪较大的女性最好佩戴嵌有珠宝而富有价值感的胸针，可以衬托出一种高雅、持重的气质；年轻的女孩则不宜戴得珠光宝气，应选择式样活泼的胸针，如戴贵重的胸针，反而易显得老气。

### 7. 丝巾

丝巾是女性常用的装饰品，利用飘逸柔美的丝巾作为点缀，可以提高个人的穿衣品位，让自己的穿着更有韵味。

女士在选择丝巾时要重点考虑其颜色、图案、材质。

（1）颜色。丝巾可以调节脸部的气色，例如，红色丝巾可以映衬得面颊红润。丝巾的颜色选择得当，可以突出整体的打扮。

丝巾的颜色要与服装有鲜明的对比，例如，服装是深色的，丝巾应为浅色；服装颜色为冷色调，丝巾的颜色应为暖色调；服装的颜色为单色，丝巾应为鲜艳的颜色。如果脸色偏黄，就不适合选择深红色、绿色、蓝色、黄色的丝巾；脸色偏黑，就不适合选择白色、有鲜艳大红色图案的丝巾。

（2）图案。衣服和丝巾上都有印花时，搭配的花色要有主、次之分。如果衣服和丝巾上的印花有很强的方向性，则丝巾的印花应避免和衣服的印花重复出现，并避免和衣服的条纹、格子处于同一方向。简单条纹或格子的衣服比较适合无方向性的印花丝巾。

印花衣服可以搭配单色丝巾。人们可挑选衣服印花上的某一个颜色作为丝巾色，或者选择衣服上最明显的一个颜色作为对比色来挑选适合的丝巾。当单色衣服搭配印花丝巾时，丝巾上至少要有一个颜色和衣服的颜色相同。

（3）材质。丝巾因材质、编织方法、织线种类不同，织成后的花纹也各不相同，这些都决定了丝巾的手感、质感、重量和张力。不同材质的丝巾还有不同的保养方法，所以女士在挑选丝巾前要掌握一些丝巾材质的知识。

丝巾的材质如表3-4所示。

表3-4　丝巾的材质

| 材质 | 说明 |
| --- | --- |
| 丝绸丝巾 | 富有光泽，带有自然的褶皱，看起来很漂亮，且富有垂感，适合在正式场合佩戴 |
| 棉丝巾 | 透气、吸汗，适合在春夏季节佩戴，多用于休闲场合 |
| 毛丝巾 | 保暖性强，多用于秋冬季节 |
| 麻丝巾 | 适用于盛夏时节，佩戴后感觉清爽，适合与夏装搭配 |
| 化纤丝巾 | 有很多类型，要根据特定场合选择适合的丝巾，例如有防晒用的UV化学纤维丝巾 |

在佩戴丝巾时，女士要根据自己的脸型选择不同的丝巾佩戴方式。

- 圆形脸。圆形脸的人脸部较丰润，要想让脸部看起来瘦一些，可以将丝巾下垂部分尽量拉长，强调纵向感，并注意保持从头到脚的纵向线条的完整性。在系花结时，要避免在颈部重叠围系过分横向和层次质感太强的花结，如图3-10所示。

　　• 方形脸。方形脸容易给人缺乏温柔的感觉，因此在系丝巾时要尽量做到颈部周围干净利索，在胸前打出层次感强的花结，再配以线条简洁的上装，彰显高贵的气质。

　　• 倒三角形脸。倒三角形脸给人一种严厉的感觉，可利用丝巾让颈部充满层次感，系一个华贵的花结。注意减少丝巾围绕的次数，使下垂的三角部分自然展开，避免围得太紧。

　　• 长形脸。左右展开的横向系法可以展现出颈部的朦胧飘逸感，减弱脸部较长的感觉。还可将丝巾拧成略粗的棒状，系成蝴蝶结，但不要围得太紧，尽量让丝巾自然下垂，以渲染出朦胧的感觉，如图3-11所示。

图3-10　圆形脸丝巾系法

图3-11　长形脸丝巾系法（仅展示丝巾形态，非对应脸型）

着装礼仪

### 8. 腰带

　　腰带本是用来固定裤子的实用品，但如今其实用性功能正在逐步减弱，而作为配饰的装饰性功能越来越强。

　　腰带分为男士腰带和女士腰带。

　　（1）男士腰带。男士腰带材质一般比较单一，多为皮革的，且没有太多装饰。一般在穿西装时系腰带，而在穿运动装、休闲服装时不用系腰带。在只穿衬衫，并把衬衫扎到裤子里时，也要系腰带。

　　男士腰带的颜色一般是黑色、栗色、棕色等，配以钢质、金质或银质的皮带扣，简单大方，宽度在2.5～3.5厘米，长度要比腰围长，其式样尽量不要过于新奇，也不要配上巨大的皮带扣。在与西装搭配时，腰带的颜色要与皮鞋、皮包的颜色一致。考虑到腰带的装饰性，男士不要在腰带上挂过多物品，在正式场合尽量不要挂任何物品。

　　腰带不能系得很松，挂在腹部以下，让人担心它随时会掉下来，这样系腰带的男人很难获得别人的信任；腰带也不能系得太紧，否则会显得很小气，给人以不稳重的感觉，并且会危害身体健康。

　　有的人为了方便，在腰带上打了一连串的孔眼，破坏了整体效果，非常不美观。皮带扣的图案要尽量庄重雅致，这样可以使男士显得儒雅、成熟、有修养。

　　（2）女士腰带。女士腰带的材质多种多样，有皮革的、编织物的、其他纺织品的，款式也多种多样。系腰带的位置恰恰是人体的黄金比例分割线，同样一身衣服，系上一条腰带，感觉立刻会不一样，腰带会将女性的窈窕曲线和婉约情怀淋漓尽致地体现出来。

在选择并使用腰带时，女士要注意以下几个方面。

● 腰带与服装协调搭配：穿西装套裙时，一般要选择皮革的、纺织的或花样较少的腰带，以便与服装的端庄风格相搭配；暗色的服装最好不要配浅色的腰带，除非出于修正形体的需要。

● 腰带要与体型搭配：若个子过于瘦高，可以使用较为显眼的腰带形成横线，增加横向宽度；若上身长、下身短，可以把腰带提高到较为合适的上下身比例线上，以形成较好的视觉效果；若身体过于矮胖，就不要使用大的、花样多的腰带，也不要使用宽腰带，而应使用跟衣服同色系的窄腰带。

● 腰带要和社交场合协调：在职业场合，不要使用装饰性元素太多的腰带，而要显得干净、利落一些；参加晚宴、舞会时，可以选择华丽一些的腰带。

无论男女，在系腰带时都要注意，出门前要检查一下腰带系得是否合适，有没有异常，因为在公共场合或别人面前动腰带是不合适的。在进餐的时候更不要当众调整腰带，这样既不礼貌，也不雅观；如果发现腰带有问题，可以起身到洗手间去整理。

 **小故事大道理**

### 变换装扮获得认可

赵欣是一位财税专家，有着良好的学历背景和业务能力，她提出的财税方案经常受到公司领导的表扬，帮助公司在业内赢得了良好的口碑。但是，当赵欣单独面对客户为其提供税务解决方案时，却总是遭到客户的质疑，因为客户觉得她就是一个刚入职场的大学生，没有足够的经验和能力，这让赵欣非常沮丧。

赵欣向一个学服装设计的朋友倾诉，朋友听后指出了她存在的问题："你的业务能力毋庸置疑，但是你的着装却有很大的问题，你的穿着打扮与你所从事的工作完全不相搭。你的外表本来就显得小巧、可爱，你还很喜欢穿偏幼稚风的服装，这会让人感觉你很幼稚，就是一个刚毕业、初入职场的大学生，客户认为你根本就没有经验，自然对你提出的建议缺少安全感、信任感。"

朋友接着说道："你应该转变着装搭配，你可以用深色的套装和对比色的上衣、丝巾和镶边帽子做搭配，还可以戴上黑边的眼镜，这样能够营造干练、专业的气场。"后来，与客户见面的时候，赵欣按照朋友的建议变换了着装，客户对她的态度有了很大的转变。

#### 名师点拨

在职场中，人们要给对方留下专业的印象，从而增强产品、服务的说服力，除了自身掌握的知识和能力以外，还要在服装和配饰穿戴上彰显专业素质，给人稳重、可靠的感觉。故事中的赵欣虽然是一个有着良好专业能力的人，但因为服装、饰物佩戴等方面不符合自己的身份，使客户产生了质疑，影响了工作。这说明服装穿搭和饰物佩戴不但要照顾个人喜好，而且要符合本人的身份，与自己的性别、年龄、职业、工作环境保持一致。

## 回顾·思考·讨论·应用

### 一、单元知识要点

着装搭配规范：着装的协调美、色彩美和场合性。正装着装礼仪：正装的选择、配套服饰和鞋袜的选择、西装的穿法、领带的搭配和系法。饰物佩戴礼仪：饰物佩戴的原则、饰物的选择与佩戴。

### 二、判断题

1. 体形较胖的人适合穿暖色调的服装。（　　）

2. 演员、艺术家的服装可以适当时尚一些。（　　）

3. 套裙的颜色应以冷色调为主，要求清新、淡雅。（　　）

4. 两件套的西装比三件套的西装显得更正式。（　　）

5. 领带颜色与西装、衬衣要互相搭配，形成和谐统一的效果。（　　）

### 三、选择题

1. 下列色彩中属于暖色的是（　　）。

    A. 黄色　　　　　　　　B. 蓝色　　　　　　　　C. 绿色　　　　　　　　D. 黑色

2. 适合掩饰下半身体型缺陷的套裙款式是（　　）。

    A. H形套裙　　　　　　B. X形套裙　　　　　　C. A形套裙　　　　　　D. Y形套裙

3. 关于西装口袋的使用，下列说法正确的是（　　）。

    A. 上衣两侧的口袋可以放置物品　　　　　　B. 上衣左胸袋只放置装饰性的手帕

    C. 上衣内侧衣袋里不可放置身份证　　　　　　D. 西装裤子口袋可以放置物品

4. 领带的最常用系法是（　　）。

    A. 平结　　　　　　　　B. 交叉结　　　　　　　C. 双环结　　　　　　　D. 温莎结

5. 不适合戴贴耳式耳环的脸型是（　　）。

    A. 菱形脸　　　　　　　B. 正三角形脸　　　　　　C. 长形脸　　　　　　　D. 方形脸

### 四、问答题

1. 简述服装配色的方法。

2. 男士在穿西装时有哪些禁忌？

3. 简述饰物佩戴的原则。

### 五、讨论题

1. 请互相观察，看一下大家佩戴的饰物都有哪些，有没有佩戴不符合礼仪的地方。

2. 你是否遇到过自己或者他人着装不符合场合的情况？人们对这一情况的反应如何？

### 六、实践与应用

**任务　个人着装训练**

实践内容：角色扮演，展示不同场合的着装，讲解并演示着装礼仪。教师和同学们要为该实训准备以下物品——领带、衬衫、西装、套裙、鞋袜、饰物、数码摄像机或手机等。

实践要点：

（1）将学生分成小组，每组五六人，每组设计在不同场合（如正式场合、休闲场合等）的服饰穿戴与搭配。

（2）每组学生进行角色扮演，演示服饰的穿戴与搭配，用数码摄像机或者手机记录整个演示过程，然后回放录像，学生进行自我评价，找出不合规范之处。

（3）教师总结并点评学生在训练中存在的个性和共性问题，全班学生评选出最佳表现组。

着装礼仪

# 第四单元
## 行为举止礼仪

**4**

在人际交往中，一个人的举止和行为所提供的信息往往大大超过语言所提供的，在面对面交往中，信息只有35%是通过语言传达的，其他是通过非语言传递的。人们可以通过对方的非语言行为了解其真实意图和想法，更好地体会到对方"只可意会不可言传"的信息。因此，若想使自己表现得更真诚，同时提升个人形象，我们就要遵守行为举止礼仪，理解他人的行为举止。

**课前思考**

① 在日常交往中，在坐、站、行走时应该注意什么？

② 与人交流时，是否需要目光接触？

③ 微笑在人际交往中有什么作用？你体会到微笑给你交际带来的好处了吗？

## 微笑的力量

今天是赵楠成为空姐后第一次飞航班，飞机马上就要起飞。这时，一位男士要求赵楠给他倒杯白开水吃药。赵楠礼貌地说道："先生，为了安全起见，等飞机起飞之后平稳飞行时，我再把水给您送过来，好吗？"15分钟后，飞机进入平稳飞行状态。突然，赵楠听到服务铃急促地响了起来，她这才想起，因为过于忙碌，自己竟然忘记给刚才那位男士送水了。

赵楠急匆匆地走到客舱，发现确实是刚才那位男士按响的服务铃。她赶忙将水倒好，微笑着小心翼翼地送过去："先生，实在是对不起，由于我的失误和疏忽，耽误了您吃药，还请您见谅。"男士指了指手表，非常不满地说："你是怎么回事？说好飞机平稳后送水过来，都什么时候了，这就是你们的服务态度？"赵楠端着水杯，耐心地向男士解释，但是不管她怎么说，男士都认为她是在找借口。

为了弥补自己的过失，在接下来的飞行中，赵楠时常特意走到这位男士面前，微笑着询问他是否需要白开水，或者是否需要其他帮助，但这位男士对赵楠的态度一直不太友善。

在飞机快要降落时，男士让赵楠将留言本给他，赵楠意识到他这是要投诉。此时，赵楠觉得很委屈，虽然自己有些失误，但是她已经道歉了，而且一直在弥补过失，这位男士还这样揪着不放，不免有些不近人情。即便如此，赵楠仍然面带微笑将留言本递了过去，态度谦恭地说："先生，我再次向您表达我诚挚的歉意，因为我的失误耽误了您吃药。"那位男士看了看她，欲言又止，然后接过留言本奋笔疾书。

等到飞机降落后，乘客们陆续离开了机舱，赵楠忐忑地打开了留言本。看完之后，她又惊又喜，原来刚才那位男士并没有投诉，而是写了一封感情真挚的表扬信："在这个行程中，你所表现出来的诚挚歉意让我深感欣慰，尤其是你脸上始终挂着的笑容深深地打动了我，最终让我改变了主意，将投诉信写成了感谢信。谢谢你的微笑，它让我感觉到了人与人之间的温暖。你们航空公司的服务很周到，空姐的素质也很高，我还会继续乘坐你们的航班。"

**请分析：案例中空姐的做法有哪些值得称道的地方？**

# 专题一 仪态礼仪

仪态主要是指一个人的行为举止和体态，它是一种无声的语言，不仅可以反映一个人的外表，而且可以反映一个人的精神气质和品格，同时表现出与他人交往的诚意，进而直接影响他人对其的评价与印象。即使一个人相貌一般，但若举止优雅、落落大方，也能给人留下良好的印象，获得他人的好感。若一个人相貌非常好，但行为举止冰冷生硬、懒散懈怠、矫揉造作，也不会给人留下好印象。

因此，我们要在交往中让自己的言谈举止符合仪态礼仪的规范，使自己成为举止优雅得体的人。

## 解析点：仪态礼仪的原则

仪态礼仪的原则主要体现在以下两个方面。

### 1. 仪态端庄

仪态端庄是指神情、举止、姿态和风度等端正、庄重。一个人是否美，并不能只看相貌是否漂亮，有的人尽管长得漂亮，穿着也很时髦，但是站没站相、坐没坐相、举止扭怩、表情呆板、谈吐不雅，让人觉得整体不协调，也很难感受到美。

仪态端庄体现在以下3点。

● 动作轻。避免莽撞或发出很大的声响，以免惊扰别人。

● 动作稳。动作稳一方面是指动作速度稳定，不忽快忽慢，以免给人紧张、慌乱的感觉；另一方面是指稳定的状态可以保持一段时间，例如，在长时间的会谈中，若长久地保持同一个坐姿会很难受，因此要偶尔换一下姿势，但切不可频繁改变姿势，那样也不雅观。

● 动作正。动作要大方、端正、舒展，不歪斜、不弯腰驼背、不扭怩。

### 2. 举止有度

举止有度体现在关心有度、距离有度、动作有度等方面。

● 关心有度。在关心对方时，不能给对方带来压力，更不能影响对方的自由。例如，在陪同客人参观游览时，主人不要紧紧跟随，形影不离，使客人觉得自己一点儿个人空间都没有，这样会使客人感到尴尬和不便。

● 距离有度。在与人交往时，不要和对方距离太近，否则对方会有被冒犯的感觉；但距离太远又会让对方觉得自己被冷落，所以与对方相距一个手臂或两人握手的间距比较合适，这是人际交往的常规距离。

● 动作有度。在与人交往时，动作不要过于随意，以免引起他人误会或者失敬于人。例如拍对方肩膀，抚摸对方的头和脸等，这些比较亲密的动作不要出现。

## 训练点1：站姿挺拔如松

站立是人的一种基本的举止状态，其姿态可以反映出一个人的精神状态。"站如松"是对站姿的基本要求，不管男女，在站立时都要挺拔如松。

### 1. 站姿的基本动作要领

标准的站姿（见图4-1）要做到以下6点。

● 头正。两眼平视前方，嘴巴微闭，颈部挺直，下颌微收，面带微笑，表情自然。

● 肩平。两肩微微放松，稍向下沉，人有向上的感觉。

● 挺躯。挺胸、收腹、立腰，挺直躯干。

● 垂臂。两臂自然下垂在身体两侧，中指对准裤缝贴拢，两手放松。

● 并腿。双腿直立并拢，大腿和膝盖都要并拢。

● 靠脚。双脚相靠并拢。

图4-1　标准站姿

### 2. 站姿类型

除了标准站姿以外，主要的站姿类型有以下2种。

（1）"V"字形站姿。"V"字形站姿是男士、女士均适用的站姿，是在标准站姿的基础上脚跟靠拢，双手贴于腹部，脚尖分开呈45°～60°，呈"V"字形，如图4-2所示。

（2）分腿式站姿。男士和女士的分腿式站姿略有不同，男士的分腿式站姿是指在标准站姿的基础上，两脚左右分开，与肩同宽，手或交叉放于腹部，或交叉放于臀部，如图4-3所示。在做这个动作时，男士不要后仰，且一般要把右手搭在左手上。

女士的分腿式站姿则是左脚在前，将左脚跟靠在右脚弓处，两脚呈"丁"字形，而双手自然并拢，右手搭在左手上，轻贴于腹部，如图4-4所示。身体重心或放在两脚上，或放在一只脚上，可通过移动身体重心来缓解长久站立导致的疲劳。另外，这种站姿还可以掩饰腿部不直的缺陷，使腿部看起来更加纤细。

图4-2　"V"字形站姿　　　　图4-3　男士分腿式站姿　　　　图4-4　女士分腿式站姿

### 3. 站姿禁忌

我们在站立时，不要出现以下不良站姿。

（1）身躯歪斜。站姿的基本要求是身躯挺直，若在站立时身躯明显歪斜，会破坏人体的线条美，给人颓废、萎靡不振、散漫的感觉。

（2）弯腰驼背。弯腰驼背除了有腰部弯曲、背部弓起等姿态外，还伴有颈部弯曲、腹部挺出、臀部撅起等不雅体态，让人感觉身体不健康、无精打采。

（3）脚位不当。不当脚位主要有"人"字形脚位和踩踏式脚位。"人"字形脚位是指站立时两脚的脚尖靠在一起，脚跟却大幅度地分开，这种脚位也叫"内八字"。

踩踏式脚位是指站立时为了更舒适一些，一只脚站在地上，另一只脚踩在鞋帮上或跨在椅面上。这种脚位让人感觉十分粗鲁，没有教养。

（4）手位不当。手位不当的主要表现有：手插在衣服口袋内，双手抱在胸前或脑后，双手托住下巴或支在某处，以及持有私人物品。

（5）倚靠趴伏。在正式场合中，人在站立时不要随便趴在某个地方，或者倚靠在某处左顾右盼，这样显得十分散漫，极不雅观。

（6）腿位不当。人在站立时一般要双腿并拢或双腿稍微分开，分开的距离最远不能超过本人的肩宽，若双腿分开的距离过远，或者双腿扭在一起、双腿弯曲，都十分不雅观。

（7）摆弄物件。人在站立时不要因为无聊或紧张而去做一些小动作，例如摆弄手机、衣角、头发和咬指甲等，这会给他人留下拘谨、缺乏自信和教养的印象。

思政讲堂
坚毅品格与爱国主义

**4. 站姿训练**

在训练自己的站姿时，人们要注意的要点包括：找到身体重心的位置，保持身体直立，重心平稳，自然调整站立的姿势；明确双脚之间的距离，并与手的位置协调一致，使整个身体协调、自然；在挺胸、收腹、立腰、收臀时，身体重心要上移，让躯体挺拔、向上；面部表情要自然、放松，心情愉悦，精神饱满，散发出活力，展现出极强的感染力。

站姿的训练方式主要有以下5种。

（1）顶书训练。训练者要把书本放在头顶。为了防止书本掉落，训练者的头、躯体自然会保持平衡。这种训练方法可以纠正低头、仰头、歪头、晃头和左顾右盼的小动作。

（2）背靠背训练。这个训练要求两人一组来完成。两个人背靠背站立，两人的头、肩部、臀部、小腿和脚跟紧靠，然后在两人的肩部和小腿处各放一张卡片，要求卡片不能掉落。这个训练可以使训练者的后脑勺、肩部、小腿、脚跟保持在一条直线上，塑造挺直的背影。

（3）对镜训练。训练者面对镜子，通过观察镜子中的自己的站姿和整体形象，看自己是否歪头、斜肩、含胸、驼背、弯腿等，若发现有以上问题要及时调整。

（4）贴墙训练。贴墙训练适合在室内进行，具体的动作是顶书训练和背靠背训练的结合：先找一面干净的墙壁，且墙边没有踢脚线；接着脸部朝外，背靠墙站立，后脑勺、双肩、臀部、小腿和脚跟都贴着墙壁，同时双腿并拢，双手自然下垂；最后在头顶放一本书，要保证书在整个过程中不会掉下来。以此训练整个身体保持端正。

（5）双腿夹纸训练。这种训练方法不限场地，人们在任何时候、任何地方都可以练习。具体的训练方法为：先保持标准站姿，然后在两膝之间放一张白纸，要求纸张在人站立的整个过程中不能掉落。这一训练方法更适合女士。

## 训练点2：坐姿端正沉稳

坐姿是仪态的重要表现之一，良好的坐姿不仅有利于健康，还可以塑造自信、友好、诚挚、热情、沉着、稳重、文雅的个人形象，展示自己的高雅庄重和尊敬他人的良好风范。"坐如钟"是对坐姿的基本要求，也就是说，人坐着要像一座钟一样端正。

**1. 坐姿的动作要领**

坐姿的动作可以分解为入座时、入座后和离座时三个状态下的动作。

（1）入座时。入座分为侧身入座和正对座椅入座。在侧身入座时，人们一般应从座位的左侧入座，这样做既出于礼貌，也方便就座。如果女士穿着套裙，要稍微拢一下裙边再入座。

在正对座椅入座时，人们要直接走到座位前面向座椅，转身后站稳，右脚向后撤半步，用小腿确定座椅位置，轻而稳地坐下，再收回左脚与右脚并拢。不管是侧身入座还是正对座椅入座，都要减慢速度，放轻动作，尽量不要把座椅弄响，以免噪声扰人。

在入座时一般应坐椅面的2/3，不要坐满或只坐很少一部分。

（2）入座后。入座后的坐姿可以分为4种：垂直式坐姿、标准式坐姿、曲直式坐姿和斜放式坐姿。

● 垂直式坐姿。这种坐姿适用于最正式的场合，男士和女士都适用。这种坐姿要求入座者的上身与大腿、大腿和小腿均呈直角，小腿与地面垂直，双膝双脚并拢，双手自然地放在双腿上，如图4-5所示。

• 标准式坐姿。这种坐姿的主要要求与垂直式坐姿相同，只是男士双膝应稍微分开一些，相距一拳的距离，双脚略分开一脚的距离，如图4-6所示；女士要双膝靠紧，两脚保持小"丁"字步，如图4-7所示。

• 曲直式坐姿。这种坐姿适用于女士，要求在垂直式坐姿的基础上向前伸出一条腿，另一条腿向后，双脚的前脚掌着地，前后脚保持在同一条直线上，同时双手交叉置于腿上，如图4-8所示。

• 斜放式坐姿。这种坐姿适用于女士，要求在垂直式坐姿的基础上双脚同时向右侧或左侧斜放，与地面大概呈45°。这一坐姿可以脚踝交叉，但脚尖不可翘起，如图4-9所示。

图4-5　垂直式坐姿

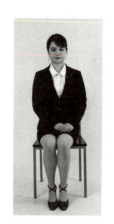

图4-6　男士标准式坐姿　　图4-7　女士标准式坐姿　　图4-8　曲直式坐姿　　图4-9　斜放式坐姿

（3）离座时。在准备离座时，若身旁有人，应当用语言或动作向其示意后，再起身离座，若突然起立会使周边的人受到惊扰。起身离座时要动作轻缓，以免碰到座位或把物品碰倒。完全起身之后，要先采用标准站姿，站定之后方可离开，否则会显得过于匆忙，有失稳重。从左侧入座，在离座时也要从左侧离开，即右脚向后收半步，轻稳起立，站稳后从左侧离开，这才是符合礼节的做法。

## 视点链接

人在入座时，不同的心境、不同的个性，其动作的大小、快慢、轻重各不相同。

一般来说，同自己熟悉要好的亲友会面时，性格开朗的人入座时动作幅度大，速度快；同初次交往的人见面，见到尊长时，个性文静的人入座时动作小而轻缓。不拘小节的人入座时动作大而猛；性格谨慎的人入座时动作小而迟缓。

与人交谈时，坐得靠后或坐得靠前可以反映不同的心理状态和待人态度。坐得靠后表现出一定的心理优势或充满自信；坐得靠前表现出尊重和谦虚，但过分靠前就有自卑和献媚之嫌。

### 2. 不同场合中的坐姿

谈判和会谈的场合一般比较严肃，人们要正襟危坐，但不要过于僵硬，上半身要保持直立，但不要把重心都落在臀部，双手放在桌上或腿上都可以，双脚的摆放与标准坐姿相同。

在倾听他人的教导和指点时，若对方是长者、贵宾或领导，坐姿除了端正以外，还要坐在座椅、沙发的前半部或边缘，身体稍向前倾，以表现出谦虚、尊敬、重视对方的态度。

在较轻松、随意的非正式场合，人们就可以坐得轻松、自然一些，适当放松全身的肌肉，并适时变换坐姿，防止身体疲劳。

### 3. 坐姿禁忌

如果坐姿中出现以下行为表现，就违背了坐姿的礼仪规范。

（1）**动作幅度过大**。在入座或离座时，如果动作幅度过大，节奏太快，动作不稳，很容易给人留下做事急躁的不良印象，甚至可能会因为忙乱而不小心碰到桌椅、发出声响，给人留下负面印象。

（2）**坐姿不端正**。在入座后，有的人上身放松，在座椅上半坐半躺，或者完全瘫坐在座椅上，给人十分慵懒、颓废、无精打采的感觉；有的人上身不停晃动，左右歪斜或前仰后合，让人感觉十分不沉稳、不稳重，或让人觉得紧张、轻浮；有的人双手撑着座椅扶手，似起似坐，或手在腿脚部位又挠又摸，频繁地整理衣裤，不断地调整姿势、挪动座椅，十分不稳重，让人觉得素质不高。

（3）**手臂位置不恰当**。双臂应摆放在双腿上或放在座椅扶手上，以表现出优雅的姿态。把手放在双腿之间、双手抱着腿、手插在口袋中、摆弄物件、把手放在桌下、双肘支在桌面、把手放在臀下，都是不符合礼仪规范的做法。

（4）**双腿姿态不规范**。有的人为了自己舒服，在坐下后把双腿伸得很长，影响了别人走路，让人感觉很没有礼貌。双腿之间的距离太远，很不稳重。跷二郎腿，并用双手按住膝盖不停晃动脚尖，会给人傲慢无礼的感觉。有的人把腿放在桌子上或椅子上，或者把双腿置于高处，这样的行为十分不雅观。

（5）**脚位不规范**。脚位不规范的表现有：双脚没有平放在地面上，脚尖翘起，使鞋底在别人面前一览无余；脚踩踏其他物体。以上行为都会给人留下轻浮、粗俗的印象。

## 训练点3：走姿从容稳健

走姿，又称行姿，是站姿的延续动作，可以展示人的动态美，不管是在日常生活中，还是在公共场合中，走姿都是非常吸引人注意的体态语言，可以展现一个人的风度和魅力。"行如风"就是对走姿的基本要求，也就是说，人在行走时要如风一般轻快。

### 1. 走姿的动作要领

走姿的基本要求是上身直立不动，双肩相平不摇晃，双臂自然摆动，双腿直立不僵硬，从容、平稳地走出直线。具体来说，走姿的动作要领如下。

（1）**方向明确**。人在行走时要保持明确的行进方向，以脚尖正对前方，就像在一条直线上行走，给人稳重之感。另外，人在行走时双目要向前平视，微收下颌，面容平和自然，不左顾右盼，不回头张望，也不盯住路人打量，这样才能确保行走的直线不发生偏移。

（2）**步幅适当**。步幅是指人在行进时脚步的距离，走一步后，两脚中心的距离就是步幅。步幅的大小因人而异，一般而言，男士的步幅大约为25厘米，女士的步幅在20厘米左右。当然，步幅也与所穿的服装有关，例如，女士穿裙装，尤其是旗袍、套裙，并穿高跟鞋，步幅就要小一些，穿长裤时步幅可以适当大一些。

行为举止礼仪

（3）注意步态。步态是指行走的基本姿态，性别不同，行走的姿态也有所区别。男士的步伐矫健、稳重、刚毅、洒脱、豪迈，步伐频率为每分钟100步；女士步伐轻盈，步伐频率为每分钟90步。

（4）协调身体重心。人在行走时身体要向前倾，重心落在前脚掌上，而身体重心要随着脚步的移动不断向前转移，切忌让身体重心停留在脚跟。

（5）注意节奏。在人行走时应当全脚掌着地，膝盖和脚腕不要过于僵直，而是富有弹性，双臂要在保持平稳的同时自然、轻松地摆动，手臂前摆时，手不要超过衣扣垂直线，肘关节微屈，掌心向内，让步伐因为有韵律、节奏感而显得优美。

### 2. 不同场合中的走姿

在不同的场合和环境中，人的走姿也应与之相协调。

- 参加喜庆活动时，步伐应轻盈、欢快、有跳跃感，反映出自己的喜悦之情。
- 参加凭吊活动时，步伐应缓慢、沉重、有忧伤感，反映出自己的悲伤情绪。
- 参观展览时，由于环境静谧，不宜出声，所以脚步应轻柔。
- 在室内拜访他人时，脚步应轻而稳。
- 走进会场、迎向宾客时，步伐要稳健、大方、充满热情。
- 在单位各部门之间往来时，步伐要快而稳，体现较高的工作效率和干练。
- 在环境拥挤时，保持精神饱满，步态轻盈，行走的步幅和速度要适中，手臂的摆动幅度不宜过大，对面有人时要有礼貌地让路。
- 在进出电梯时，应遵循"先出后进"的原则，在进电梯时应侧身而行，以免碰撞或踩踏他人，在进入电梯后尽量靠里站。

### 3. 走姿禁忌

如果人在行走时出现以下行为，就违背了走姿的礼仪规范。

（1）横冲直撞。在人多的环境中行走时，有的人乱冲乱闯，甚至碰撞到他人的身体，这是一种极其失礼的行为。在人多路窄的环境中，人们要讲究先来后到，对他人礼让三分，让他人先行。

（2）连蹦带跳。人们要每时每刻注意自己的风度，不要让情绪过于表面化，否则一旦激动起来，在走路时就会出现上蹦下跳、连蹦带跳的失态情况。

（3）制造噪声。人在行走时要尽量轻手轻脚，不在脚落地时过分用力；在比较安静的场合中尽量不穿带有金属鞋跟或钉有金属鞋掌的鞋子；穿的鞋子要合脚，否则走动时会发出"啪嗒啪嗒"的噪声。

（4）步态不雅。很多人在走路时步态不雅，或走成"八字步"，或走成"鸭子步"，步履蹒跚，腿伸不直，脚尖先着地，让走路的人看起来老态龙钟、有气无力，或者给人十分放肆和矫揉造作的感觉。还有的人在走路时撑腰背手，把双手插入口袋，边吃东西边走路，与人勾肩搭背，这些都是不雅之举。

（5）弯腰驼背。人在走路时若弯腰驼背，低头无神，会给人特别压抑、无精打采的感觉。

（6）手臂摆动幅度过大。手臂在人的行进过程中可以起到辅助作用，前后摆动的幅度要适中，不能过大。大幅度的摆臂动作会让人觉得不够稳重。

### 4. 走姿训练

要想练出良好的走姿，我们可以做以下训练。

（1）双肩双臂摆动训练。该训练要求身体直立，以身体为轴，双臂前后自然摆动；摆动的幅度要适当；双肩不要过于僵硬，双臂不要左右摆动。

（2）步伐训练。先在地上画一条直线，训练者可沿着直线走，及时检查自己的步位和步幅是否正确，纠正"外八字"和"内八字"和步幅过大或过小的毛病。

（3）步态训练。训练者在训练时最好配上节奏感较强的音乐，并掌握好步伐的速度和间歇时间。训练者在走路时要保持身体平衡，双臂对称摆动，动作协调。女士在走路时要走"一"字步，男士走"二"字步，也就是说，女士要两只脚走一条直线，男士沿两条直线行走。女士在走直线时，两膝要轻轻摩擦，否则走路时会变成"鸭子腿"，尤其是上楼梯时，形状会更明显。

（4）顶书训练。训练者将书本置于头顶，在行走时保持头正、颈直、目不斜视，从而纠正走路摇头晃脑、东张西望的毛病。

 **小故事大道理**

**被误会的面试者**

杨辉到一家公司面试，但由于不清楚具体的面试地点，一进公司大门他就左瞧右看、东张西望，向前走几步，然后觉得方向不对，又往回走。就这样来回走了几分钟，很快门口的保安注意到了他。保安觉得他鬼鬼祟祟的，要赶他走。杨辉忙说："我是来参加面试的。"

礼仪小故事
被误会的面试者

保安怀疑地看着他，然后和人事部打了电话，最终确认杨辉的确是来参加面试的，这才让他进入公司，并给他指明了正确的路线。不过，在此之后杨辉的情绪因此受到影响，在面试中也没发挥好。

**名师点拨**

人在走路时要昂首挺胸、目不斜视，给人以潇洒自若之感。而低头前行、脚步拖沓、目光游移不定，容易让人反感，甚至产生提防心理，所以不易获得他人信任。其实，杨辉可直接到门卫处询问去人事部的路线，一来可以直接表明身份，二来提高面试的效率，同时也不会因为寻找正确路线而影响到自己的正常走姿。

## 训练点4：蹲姿优雅美观

蹲姿是由站姿或走姿变化而来的，是人体静态美与动态美的结合。当人们俯身捡拾物品、整理鞋带时，就应采用蹲姿。采用蹲姿的时间不宜过久，且要动作美观，姿势优雅，举止从容。

### 1. 蹲姿的基本动作要领

在采取蹲姿时，人要一只脚在前，一只脚在后，双腿向下蹲，前脚脚掌全着地，小腿基本垂直于地面，上身向前微倾，同时后脚脚跟提起，前脚掌着地，臀部向下。这种蹲姿也叫高低式蹲姿，如图4-10所示。

若要捡拾物品，应移至物品左侧蹲下，物品在哪一侧就将哪一侧的腿放低，用同一侧的手去捡拾物品，另一侧的手放在膝盖上；当前面有人时，要侧身直腰下蹲再弯腰捡拾物品；蹲姿起身时，要先直起腰，然后让头部、上身处在一条直线上，再站起来。男士在下蹲时双腿之间可以不用靠紧，但距离要适当；女士在穿着套裙下蹲时要注意夹紧双腿，不要撅起臀部，以防走光。

**2. 蹲姿的类型**

蹲姿主要有以下3种类型。

（1）交叉式蹲姿。采用交叉式蹲姿时，人在下蹲时要一只脚在前，一只脚在后，前脚的脚掌着地；后腿的膝盖从前腿下方伸出，前脚跟抬起，脚掌着地。双腿要紧靠交叉，交叉时前腿在上，后腿在下，合力支撑身体；臀部向下，上身微向前倾，如图4-11所示。

图4-10 基本蹲姿　　　　　　　　　图4-11 交叉式蹲姿

交叉式蹲姿比较适合女士，尤其是女士在穿裙装时，交叉式蹲姿可以很好地避免走光。

（2）半蹲式蹲姿。半蹲式蹲姿一般在行进中临时采用，基本特征是身体半立半蹲，具体要求为：下蹲时上身稍微弯下，臀部向下；双膝略微弯曲；身体重心要放在一条腿上。半蹲式蹲姿主要由男士采用。

（3）半跪式蹲姿。半跪式蹲姿又称单跪式蹲姿，是一种非正式蹲姿，一般是在下蹲时间较长或为了用力方便时采用。半跪式蹲姿的基本特征是双腿一蹲一跪，具体要求为：下蹲之后，其中一条腿改为单膝着地，臀部坐在脚跟上，脚尖着地；另一条腿全脚掌着地，小腿垂直于地面；双膝应同时向外，双腿应尽力靠拢。

**3. 蹲姿禁忌**

人在下蹲时不要出现以下不良行为表现。

（1）突然下蹲。人在下蹲时不要速度过快，且应与他人保持一段距离。尤其是与他人同时下蹲时，要注意双方之间的距离，以防迎头相撞。

（2）正对他人下蹲。人在下蹲时要采用侧蹲式，用身体侧面对着有人的方向。正对他人下蹲或者以背部对着他人下蹲是不礼貌的行为。

（3）动作忸怩。下蹲时要自然、得体、大方，不要遮遮掩掩、动作忸怩。

（4）身体前倾幅度大。下蹲时上身要保持端正，身体不要完全向前倾，只是略前倾即可。若身体向前倾斜幅度过大，会给人不稳重的感觉。

（5）露出内衣。有的人在下蹲之前没有整理好自己的衣服，再加上腰背不挺直，导致弯腰时内衣露出来，十分不雅观。因此，人们要时刻查看自己的服装，把里边的衣服整理好，并在下蹲之前再次检查一下。

（6）**滥用蹲姿**。有的人在工作中随意采用蹲姿，例如蹲在椅子上或蹲在地上休息。这些都是不妥当的行为，给人没有教养、散漫无纪律的印象。

## 训练点 5：手势规范有礼

手势是人们在交往过程中不可缺少的动作，是表现力非常强的一种肢体语言，其表达的含义很丰富，表达的感情也很微妙、复杂。生动形象的有声语言配合准确的手势，可以使人际交往更有感染力、说服力和影响力。

### 1. 手势的类型

手势一般可以分为 4 种类型，如图 4-12 所示。

（1）**情意性手势**。情意性手势主要用于表达带有强烈感情色彩的内容，其表现方式极为丰富，感染力极强。例如，在说"我非常爱她"时，用双手捂住胸口，以示真诚。

（2）**象征性手势**。象征性手势是指用生动的手势表示约定俗成的抽象概念。它在不同的民族或地域代表不同的含义，因此了解象征性手势是非常必要的。

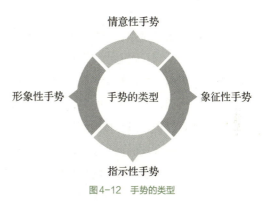

图 4-12　手势的类型

（3）**指示性手势**。指示性手势主要用于指示具体的事物或数量，其特点是动作简单，表达专一，一般不带感情色彩。例如，表示某个方向时可以用手指一下，能更快地为别人指明方向。

（4）**形象性手势**。形象性手势的主要作用是模拟事物的形状，以引起对方的联想，给人一种具体、明确的印象。例如，在说到高山时手向上伸；讲到大海时手平伸外展。

### 2. 常用的手势

下面介绍生活中常用的一些手势及其动作要领。

（1）**横摆式手势**。横摆式手势主要用于表示"请进""请"等，基本动作要领为：五指并拢，手掌自然伸直，手心向上，胳膊肘稍微弯曲，手腕低于肘部。

在做这一手势时，要在标准站姿的基础上将手从身体的一侧提到小腹前，以肘为轴，轻缓地向一旁摆出，到腰部并与身体正面呈 45° 角时停止，此时上臂与前臂之间的夹角在 90°～120°，如图 4-13 所示。与此同时，头部和上身要向伸出手的一侧微微倾斜，另一只手下垂或背在身后，面带微笑地注视对方，目光亲切、柔和，并说出"请""您请""您这边请"等礼貌用语。

思政讲堂
和而不同，美美与共

（2）**前摆式手势**。如果右手拿着物品或扶着门，要向他人做出向里"请"的手势时，可以使用前摆式手势，其动作要领为：五指并拢，手掌伸直，从身体的左侧由下向上抬起左臂，以肩关节为轴，手臂稍微弯曲，到腰部再由身前向右摆去，到距离身体 15 厘米时停止，同时面带微笑地注视对方，如图 4-14 所示。

（3）**斜摆式手势**。斜摆式手势主要用于请客人落座，做这一手势时，手要先从身体的一侧抬起，到高于腰部后再向下摆去，使手臂向下呈一条直线，同时面带微笑并点头示意。

图4-13 横摆式手势

图4-14 前摆式手势

行为举止礼仪

（4）鼓掌时的手势。鼓掌一般用于表示欢迎、祝贺、赞同或致谢。在鼓掌时，人们一般将左手抬到胸前，左手掌心向上，四指并拢，虎口张开，用右手拍打左手，如图4-15所示。

鼓掌可以分为三种程度，一是礼貌性地表示，一般动作不大，声音较轻；二是因激动而鼓掌，一般动作比较大，声音也很响亮，掌声热烈；三是狂热地鼓掌，表示心情难以抑制。

鼓掌要看时机，只有把握好鼓掌的时机，在正确的时机鼓掌才能准确表达意图；人在鼓掌时一般不用语言来配合，否则会显得很没有教养；鼓掌的时候不要戴手套；不可左掌向上拍击右掌，也不可右掌向左，左掌向右，两掌互相拍击。鼓掌时间要长短合适，以5~8秒为宜。

（5）告别时的手势。人在告别时要站直身体，切勿摇晃和走动。手臂要向上伸，不要伸得过低或过分弯曲；掌心向外，指尖朝上，用单一手臂向左右挥动，切忌上下摇动或举而不动；要正视对方，不要东张西望或目光游移；待距离较远时，可适当加大手的挥动幅度，如图4-16所示。

图4-15 鼓掌

图4-16 告别手势

（6）递送物品时的手势。递送物品要用双手，如图4-17所示；若不方便用双手，可以用右手，如图4-18所示。用左手递送物品是不礼貌的行为。在递送物品时，我们最好能够直接把物品交到对方手中，若双方距离很远，要主动走近对方，并为对方留出便于接取物品的空间，以防对方无从下手；在递送物品时最好面对对方，将带有文字的物品递送给对方时，要将物品的正面朝向对方；在把剪刀等带尖带刃的、易于伤人的物品递送给他人时，不要将尖、刃指向对方，应当使尖、刃指向自己或朝向其他方向。

图4-17　双手递送物品

图4-18　右手递送物品

（7）接取物品时的手势。在接取对方递送的物品时，我们要目视对方，而不是只顾着注视物品；在接取物品时最好用双手或右手，不能用左手；最好起身接取物品，并主动走近对方，如图4-19所示。

（8）举手致意时的手势。举手致意适用于繁忙而无法向对方问候时。这时要身体直立，面带微笑地面向对方，掌心向外，五指并拢，指尖朝上，手臂可弯曲也可伸直，如图4-20所示。

图4-19　接取物品

图4-20　举手致意

### 3. 手势的注意事项

在使用手势的过程中，我们要注意以下事项，以防错误地使用手势。

（1）适当使用手势。手势在人际交往中主要是为了增强说话者的语言感染力，辅助沟通和交流，所以在一定条件下可以使用手势，但手势不能过多，动作不宜过大，不能出现指手画脚、手舞足蹈等出格的手势动作。

（2）正确指向别人。在指向别人时，切忌用手指指着他人，也不要用拇指指着自己的鼻尖，这样做是很没有礼貌的。在谈到自己时，可以用手掌轻按自己的左胸，这样会显得端庄、大方；指向他人时，应当手指并拢，掌心向上。掌心向上有诚恳、尊重他人的含义，而掌心向下意味着不够坦率、缺乏诚意。

（3）不要乱用手势。在做手势时要注意各国不同的习惯，不可以乱用手势。例如，竖起拇指在中国代表夸奖，但在尼日利亚就有骂人的意思，在与该国的人交往时就不能使用这个手势。

（4）杜绝不良手势。在与人交往时要杜绝不良手势，包括不卫生的手势和不稳重的手势，例如搔头皮、掏耳朵、抠鼻孔、剔牙、挠痒、摸脚、抱腿、咬指甲、摆弄衣角等。

---

┌─────────── 即时演练 ───────────┐

　　两人一组，在镜子前调整体态，保持良好的站姿；练习常用手势，包括引领他人、招呼他人、挥手告别、指引方向、展示物品，递接物品（剪刀、文件）、鼓掌等，并互相纠正。

└─────────────────────────────┘

# 专题二　面部表情礼仪

　　表情是表现在面部或姿态上的思想感情。在体态语言中，面部表情的表现力是极为丰富的。心理学家曾总结过一个公式：感情的表达＝言语（7%）＋声音（38%）＋表情（55%）。由此可见，面部表情在人际交往中有着非常重要的作用。

## 训练点1：目光交流

　　眼睛具有反映深层心理的特殊功能。眼神与谈话之间有一种同步效应，真实地反映说话者的真正含义。因此，人们要重视眼神的价值，在人际交往中要与他人进行目光接触，这不仅是一种礼貌，而且维持着双方的联系，使双方的谈话在目光接触中持续。

### 1. 目光的位置

　　在与人交谈时，要注视对方，但目光的范围要在上至对方额头、下至对方上衣第二粒纽扣和左右两肩所形成的方框内。在不同的场合，对于不同的人物关系，目光所注视的范围也不同。目光的类型一般可以分为公务目光、社交目光和亲密目光3种，如表4-1所示。

表4-1　目光的类型

| 目光类型 | 位置 | 表示 | 应用场合 |
| --- | --- | --- | --- |
| 公务目光 | 以双眼为底线、额头的发际线为顶点的三角形区域，具体选择对方的额头作为目光注视的点 | 表示严肃、认真、公事公办 | 正式的公务活动，比如洽谈、磋商等 |
| 社交目光 | 以双眼为底线、唇部为顶点的倒三角形区域，可以选择鼻尖作为目光注视的点 | 给人平等、轻松的感觉，可以营造良好的社交气氛 | 一般用于舞会、茶会、酒会等社交场合 |
| 亲密目光 | 在眼睛与胸部之间 | 表示亲近、友善、爱恋 | 多用于关系密切的亲人、恋人、家庭成员之间 |

### 2. 目光注视的方式

　　注视他人有多种方式，其中常见的有以下几种。

　　● 直视。直接地注视交往对象，表示认真、尊重，适用于各种情况。若与对方目光接触，表明自己大方、坦诚，或是关注对方。

　　● 凝视。直视的一种特殊情况，即全神贯注地进行注视，多用于表示专注、恭敬。

　　● 盯视。目不转睛、长时间地凝视某人的某一个部位，表示出神或挑衅，会让人感觉不舒服。

　　● 扫视。视线快速转移，注视时上下左右反复打量，表示好奇、吃惊。扫视不可多用，对异性尤其应禁用。

• 环视。有节奏地注视不同的人员或事物，表示认真、重视，适用于同时与多人进行沟通的情景。

### 3. 目光注视的时间

据研究发现，人们在交谈时，视线接触对方脸部的时间占全部谈话时间的30%～60%，其中，注视对方的时间占全部相处时间的30%～50%时，一般是在谈话中不时地注视对方，以表示友好；注视对方的时间占全部相处时间的60%时，是在谈话中常常把目光投向对方，以表示重视。

若目光经常游离，注视对方的时间占全部相处时间的比例小于30%，就意味着轻视对方或过于紧张、心不在焉，便很难获得对方的接受和信任；若注视对方的时间占全部相处时间的比例大于60%，就意味着存在敌意，或有挑衅的倾向；如果该比例达到90%以上，就说明对对方的兴趣远远超过了其所讲的内容，这一般出现在爱人、恋人以及亲子之间，只有感情特别深才会用这么专注的眼神。

### 4. 目光注视的角度

在注视他人时，目光的角度是反映己方与对方亲疏远近的一个重要信号。目光注视他人的角度主要有以下几种。

（1）平视。平视是指视线呈水平状态，也叫正视，常用于普通场合，与身份、地位相等的人沟通时，如朋友、同事等，表达互相尊重、平等交流的态度。

（2）侧视。侧视是平视的一种特殊情况，要位于交往对象的一侧，面向对方并平视对方，若不面向对方，而是采取斜视，是一种失礼的行为。

（3）仰视。仰视是指仰面向上看，一般表达对某人的敬慕、敬仰和尊重，适用于面对尊长时。

（4）俯视。俯视是指从高处往下看，这种注视方式可以表示长辈对晚辈的宽容、怜爱和上司对下属的威严。俯视还会给人轻视、傲慢的感觉。

### 5. 目光交流的正确做法

在与交往对象进行目光交流时，我们应把握好以下几点。

（1）找准目光的位置。在与交往对象交流时，我们要关注对方的眼睛，这既是出于礼貌，又能从对方的眼睛里获取其内心信息，但切忌直勾勾地盯着对方的眼睛看，这容易让对方有一种被监视的感觉。在看对方时，我们最好看着对方的眼睛周围，例如眼皮、眉毛、鼻梁等，这样对方既能知道自己被关注，也不会因为我们的过分热情而感到尴尬。同时，我们可以在说完一句话后把目光移到对方的眼睛上，提示对方轮到他讲话了，这样谈话就可以自然地进行下去。

（2）控制目光交流的时长。在一对一交流中，保持眼神上的交流固然是好事，但如果长时间盯着对方看，会让对方感到不自在，从而想要尽快结束谈话。为了避免这种情况出现，我们最好每隔5秒就打断一下眼神上的交流，向旁边或向上看，就好像想起什么事情一样，但切忌眼睛向下看，这一动作会让对方误解为我们想要结束这场谈话。

（3）正确地与多人交谈。在同时与一群人交谈时，眼神的交流就变得更重要了。我们要从听众的反应中了解哪些话需要做出调整，哪些话题是冷门的、大家不愿意多谈的，所以我们不能只盯着一个人看，否则别人会以为我们不愿意与他们讲话。我们要尝试在说每一句话的开始把目光投向不同的人，以便照顾到所有人的情绪，使他们对谈话持续保持兴趣。

（4）适当转移视线。在某些特殊时刻，我们要懂得及时转移视线，以防止出现尴尬局面。例如，当双方都沉默不语时，我们要把目光转移，以免因为一时没有话题而加剧尴尬或不安；当对方说错话或显得很拘谨时，也不要正视对方，以免让对方误以为我们是在讽刺和嘲笑。

（5）倾听时运用"三角形法则"。当我们在倾听他人讲话时，不要直直地盯着对方，否则对方会很窘迫，无法继续说下去。这时我们可以运用"三角形法则"，不仅可以一直关注对方，而且不会使对方产生被冒犯的感觉。具体做法为：在倾听时先看着对方的一只眼睛，过5秒之后转移视线到另一只眼睛上，再过5秒，转移视线到嘴，视线就这样在两只眼睛与嘴之间保持三角形的移动轨迹。如果我们认可对方的观点，应恰当地说一些如"嗯""对"等词语，使对方感受到我们在认真倾听，从而对我们留下良好的印象。

**小故事大道理**

### 用眼神赢得面试的"胜利者"

刘旺辉是一家公司的人事部门经理，在一次对外招聘中，他面试了两个同样出色的应聘人员，两个人在笔试阶段分列第一名和第二名。在其他人看来，笔试成绩第一的女生有更大的胜算，但刘旺辉毫不犹豫地选择了笔试成绩第二的女生。

礼仪小故事
用眼神赢得面试的"胜利者"

这个决定不但让同事感到吃惊，而且让笔试第一的女生有些气愤，她难以置信，问道："我想知道，为什么我没有通过面试？我哪里做得不好？"

刘旺辉微笑着对她说："我觉得你这个人不仅十分聪明，学历方面也无可挑剔，笔试成绩也非常好。但是，我们招聘人才并不只是看这几点。这么说吧，你在面试中的表现并不是那么好。在你参加面试的整个过程中，你说的话不多，在你陈述你的工作经历时，我丝毫没有感受到你从之前的工作经历中学到了什么，你对这份工作有什么期待。我没有感觉到你的真诚，因为你并没有和我进行眼神上的交流。

"而另一位女生不但学历和能力很出色，在整个面试过程中她一直在和我们进行积极的眼神交流，我从她的眼神中看到了诚恳。她的眼神好像在说，她希望加入我们这个大家庭，期望自己在这个岗位上做出一番成就，而我愿意相信她。"

**名师点拨**

不与他人进行眼神交流一种情况是示弱，表明气场弱于对方，所以低头或把目光盯着某个地方；另外一种情况是极度傲慢，不把对方看在眼里，满不在乎，在此种情况下，这个人往往会左顾右盼。故事中的应聘者不与面试官眼神交流，不管属于以上哪一种情况，都会给面试官留下不良的印象，面试官会觉得应聘者不真诚或心虚。

## 训练点2：微笑暖人心

人的笑分为很多种，包括微笑、轻笑、狂笑、羞怯的笑、爽朗的笑、开怀大笑、苦笑、嘲笑等，其中微笑是最美的。微笑可以与语言、动作相互配合，表现友善、诚信、谦恭、和谐、融洽等美好的情感因素，反映人的自信、涵养与和睦的人际关系以及健康的心理。

微笑是一种温馨、亲切的表情，可以有效缩短沟通双方的距离，给对方留下美好的心理感受，从而形成融洽的交往氛围。

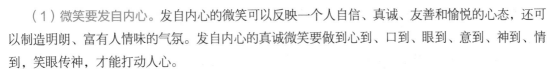

思政讲堂
和谐、良好的
人际关系

### 1. 微笑的要求

微笑的基本要领为：先放松自己的面部肌肉，摆出"一"字的口形，然后使自己的嘴角微微向上翘起，让嘴唇略显弧形，下嘴唇与上嘴唇并拢到不露齿的程度。

在做好基本要领的同时，我们还要注意以下几点。

（1）微笑要发自内心。发自内心的微笑可以反映一个人自信、真诚、友善和愉悦的心态，还可以制造明朗、富有人情味的气氛。发自内心的真诚微笑要做到心到、口到、眼到、意到、神到、情到，笑眼传神，才能打动人心。

微笑要与美好的语言相结合，声情并茂，以发挥出微笑应有的功能；同时，微笑要与仪表、举止相结合，形成完整、统一、和谐的美。

（2）微笑要得体适度。微笑不是随心所欲、不加节制的，其基本特征是不露齿、不出声，既不故意掩盖笑意，影响表情的美感，又不咧嘴大笑，只有得体和适度的微笑才能充分表达友善、融洽等美好的情感。

（3）微笑要注意整体协调。微笑是人的面部各部位的综合运动，如果忽视其整体的协调配合，微笑会变得很不自然。通常，一个人在微笑时应当目光柔和、发亮，双眼略微睁大，眉头自然舒展，眉毛微微向上扬起，但要避免耸动自己的鼻子和耳朵。

（4）微笑要看场合。在以下场合或情境中，我们不适合微笑：特别严肃的场合，如凭吊；别人说错话、做错事时；别人遭受重大的打击，心情悲伤或痛苦时。

在以下场合或情境中，我们可以适当运用微笑：别人与自己争执时，适当微笑可以缓解对方的压迫势头，还可以为寻求应对方法赢得时间；遇到一些不便回答或不好回答的问题时，微笑沉默便是最好的应对方式。

### 2. 微笑的禁忌

在社交场合中，以下笑容通常会让人感到明显的敌意和抗拒，所以我们在与人交往时要尽量避免出现这种笑容。

（1）抿住嘴唇笑。如果在微笑时将双唇紧闭，嘴角向后拉伸形成直线，就意味着心中有不愿意与他人分享的秘密，不想和对方交流。

（2）歪脸笑。歪脸笑是指脸的一边肌肉收缩，但另一边展示出看似在微笑的表情。如果在社交过程中遇到自己不喜欢但又不得不应对的人时，人会下意识露出这样的笑容，但自己很难察觉，这种表情会让对方觉得我们是在假装聆听，而实际上在挖苦和讽刺他们。

（3）一直微笑。与人初次交往时，我们可能会通过微笑来打破交流的坚冰，传递自己的友好，但如果双方针对某个话题展开热烈的交谈，而该话题与幽默相关性不大，这时就不再适合一味地微笑了，而是需要变得严肃一些，否则对方不仅不会觉得我们对他的话感兴趣，还会心生疑惑："他到底在笑什么？我是不是哪里说错了？"

### 3. 微笑训练

很多人在微笑时面部表情控制不当，虽然传达的是喜悦、友善的信息，但给人的印象是一言难尽的。我们可以平时多加练习，合理控制自己的微笑表情。

（1）咬筷子练习。站在镜子前，将一只筷子放在嘴边，用牙齿轻轻咬住不放，在镜子中观察自己的面部和嘴角的形状，看嘴角是否已经高于筷子，并最大限度地让嘴角上扬。保持嘴角的状态，拿下筷子，这时便是微笑的基本脸型。

（2）含笑练习。微笑不只是把嘴角上扬，而应当发自内心，让自己的眼睛也流露出笑意。我们可以用手或一张纸遮住鼻子和嘴巴，只露出眼睛，练习眼角微微上提，眉头舒展，做到"眉开眼笑"。

（3）手势微笑练习法。手势微笑练习法是指用手和脸部的配合来练习微笑，步骤如下。

①将两手拇指和食指伸出来，其余手指并拢弯曲，食指指尖对接，放在嘴前15～20厘米处。

②让两手食指指尖缓慢、匀速分别向左右移动，拉开5～10厘米的距离。

③嘴唇随着食指的移动同步加大唇角的展开幅度，形成美丽的微笑。

④让微笑停留数秒，两手食指指尖缓慢、匀速向中间靠拢，直到两根食指相接。

⑤唇角随着食指移动同步缓缓收回。

重复以上步骤多次，掌握缓缓收住微笑的节奏，切忌突然停止微笑。

 **小故事大道理**

### 别让微笑成为"面具"

在一次公司宴会上，主管为张月姣引见了合作公司的采购部经理杨益。在与杨益交谈的过程中，张月姣始终面带微笑，努力表现出友好的一面，但杨益好像越来越没有交谈的兴致，和张月姣交谈了十几分钟，杨益就找了一个上洗手间的借口离开了。

等到张月姣再想和杨益攀谈时，杨益就好像有意躲着她一样。张月姣很奇怪，但也不禁松了一口气，因为在和杨益交谈的过程中，她的脸快要笑僵了。她觉得这样也好，正好可以放松一下。宴会后的第二天，主管把张月姣叫到办公室，对她说："如果微笑不恰当，也会让人很烦恼。"

原来，宴会那天，主管一直在注意张月姣的行为，他发现张月姣总是在刻意地微笑，但这对于久经商场的人来说，只不过是一个过于明显的"面具"。

#### 名师点拨

微笑具有让人放松戒备、消除敌意的积极作用，但微笑要真诚，虚伪的笑容是毫无诚意的，只会让对方感到敷衍或奉承，并使对方提高警惕。故事中的张月姣在宴会中一直保持着佯装的微笑，脸都快笑僵了，这种不自然的微笑很容易被对方识破，双方便很难建立信任感。

#### 情景还原解析

微笑有一种力量，它能消除人与人之间的隔阂，甚至能化解仇恨。千万不要吝啬自己的微笑，因为一个微笑足以温暖一颗心，这就是微笑的力量。在"情景还原"板块中，张楠的工作疏忽让男士非常恼怒，张楠通过微笑沟通和良好的服务弥补过失，用微笑融化了那位男士的心，使他把投诉信写成了表扬信。张楠并没有因为觉得委屈而和那男士争辩，而是保持微笑，用真诚和致歉消除了那位男士心中的"疙瘩"。

## 回顾·思考·讨论·应用

### 一、单元知识要点

仪态礼仪：仪态礼仪的原则、站姿、坐姿、走姿、蹲姿、手势。面部表情礼仪：目光、微笑。

### 二、判断题

1. "V" 字形站姿是在标准站姿的基础上脚跟靠拢，双手贴于腹部，脚尖分开呈 45°～60°，呈 "V" 字形，只适用于女士。（　）

2. 女士的分腿式站姿是指在标准站姿的基础上，两脚左右分开，与肩同宽，手或交叉放于腹部，或交叉放于臀部。（　）

3. 曲直式坐姿和斜放式坐姿适用于女士。（　）

4. 横摆式手势属于指示性手势。（　）

5. 在与人交谈时，要长时间与对方保持视线接触。（　）

### 三、选择题

1. 下列不属于不良站姿的是（　）。

　A. 腹部挺出　　　　　B. 手托下巴　　　　　C. "人" 字形脚位　　　D. 上身挺直

2. 下列场合中，步伐要快而稳的是（　）。

　A. 参加凭吊活动　　　B. 参观展览　　　　　C. 各部门之间往来　　D. 进出电梯

3. 关于递送物品时的做法，下列说法正确的是（　）。

　A. 可以用左手　　　　　　　　　　　　　B. 让尖、刃指向对方

　C. 让物品正面面对对方　　　　　　　　　D. 距离很远时把物品抛给对方

4. 下列场合适合使用社交目光的是（　）。

　A. 茶会　　　　　　　B. 洽谈　　　　　　　C. 恋人约会　　　　　D. 磋商

5. 下列微笑符合要求的是（　）。

　A. 眉头舒展，眼神含笑　　　　　　　　　B. 抿住嘴唇笑

　C. 歪脸笑　　　　　　　　　　　　　　　D. 一直微笑

### 四、问答题

1. 简述仪态礼仪的原则。

2. 在不同的场合中，人的走姿有哪些不同之处？

3. 在目光交流时，应注意哪些方面？

### 五、讨论题

1. 学习了仪态礼仪后，你觉得自己在哪种姿态上最容易犯错？应如何改正？

2. 结合实际或案例来分析微笑的力量。

### 六、实践与应用

**任务　眼神训练**

实践内容：个人练习，借助镜子、音频、视频等道具练习眼神。准备的道具包括镜子、音乐播

放器材、歌曲音频、影像资料等。

实践要点：

（1）睁大眼睛训练：练习睁大眼睛，以增强眼部周围肌肉的力量。

（2）转动眼球训练：头部保持稳定，眼球分别进行顺时针和逆时针360°转动，以增强眼球的灵活性。

（3）目光集中训练：在距离眼睛3米左右的位置放置某物体，眼睛先看物体的完整外形，然后逐步缩小范围，只看物体的某一部分，再到某一点，最后从局部扩大范围，直到看整体外形。这个训练可以提高眼神的明亮度。

（4）观察影像资料：通过观看影像资料，观察和体会演员、主持人等用眼神表达情感的方法。

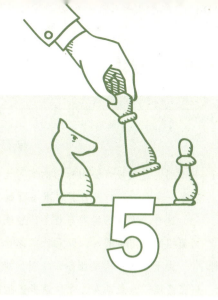

# 第五单元
# 会面礼仪

会面礼仪是日常社交礼仪中常用的一种礼仪。人与人之间交往都要用到会面礼仪，掌握会面礼仪，可以给交往对象留下良好的印象。尤其是初次见面时，良好的行为举止可以给人留下深刻的第一印象，有利于以后的人际交往，有利于建立稳定、和谐的社交关系。

**课前思考**

① 你在日常生活中是如何称呼别人的？

② 请回忆自己应聘求职时的场景，还记得自己是如何做自我介绍的吗？

③ 与人见面时，你是如何向他人致意的？

④ 在遇到想要结识的人时，要如何递送名片、接受名片和索要名片？

### 情景还原

**坐在座位上握手的实习生**

　　刘友是某投资公司新招的实习生。上班第一天，刘友早早地来到公司，将自己的办公桌整理了一遍之后，打开计算机准备开始工作。

　　这时，人事部经理与业务部经理一起走了过来。人事部经理向双方介绍道："张志，这是公司新招的实习生刘友，以后就归你管了。刘友，这是业务部经理张志，以后你就跟着张经理。"

　　由于是第一次见业务部经理，刘友有点紧张，他坐在座位上谦恭地伸出手与张志握手："你好张经理，我是刘友，今后请多多指教。"张志脸色有点不好："嗯，你就是刘友啊……"

　　人事部经理见状连忙说："坐在凳子上和领导握手，这像什么话！"刘友脸一红，连忙站了起来，向两位经理道歉。

　　请分析：在与人握手时，我们要遵守哪些礼仪规范？

# 专题一　称呼礼仪

　　称呼是人们在日常交际活动中采用的称谓语，恰当的称呼可以拉近交谈者之间的距离，并体现一个人的修养，而不恰当的称呼会让人反感或误会，甚至使关系破裂。因此，在与人交往的过程中，我们要掌握称呼的基本规律和通行做法，并注意各国之间的差别。

### 解析点：得体称呼讲技巧

　　所有恰当称呼的共同点是尊重他人和礼貌待人，在具体称呼时，我们要注意以下几点。

**1. 记住对方姓名**

　　姓名不仅是自己与他人区别的标志，还凝聚着父母对子女的期望，因此每个人都很重视自己的姓名，也希望别人可以记住并尊重它。当自己的姓名被别人叫到时，人们会认为自己受到尊重，内心愉悦，于是对称呼自己的人怀有亲切感。

　　要想记住对方的姓名，我们要在与对方初次相识、对方介绍自己时聚精会神，在对方说出自己的姓名时仔细听，并记住对方的独特之处，与其姓名联系起来，然后在交流时至少说2~3次对方的姓名，以巩固记忆。

**2. 符合对方身份**

　　称呼应符合对方的年龄、性别、身份、职业等具体情况。对年长者的称呼要热情、谦恭、尊重；对同辈人的称呼要诚恳、自然、亲切、坦诚；对年轻人的称呼要谦和，表达出喜爱和关心；对较高职务或职称人员应以其职务或职称来称呼。

　　在称呼男士时，如果第一次和对方见面，不知道他的具体职务和姓名，或者感觉没必要称呼对方的职务，我们可以统称对方为"先生"。称呼女士更应谨慎，因为有些女士虽然已婚，但仍期望表现出独立的一面，愿意听到别人称呼她"女士"，因此在称呼对方之前要调查清楚，以免误事。如果有人在一旁做介绍，我们应按照介绍人使用的称呼，不要自作聪明地更改称呼。

### 3. 讲究顺序

如果与多人打招呼，要注意称呼的顺序，一般以先长后幼、先女后男、先生疏后熟识为宜。

### 4. 称呼时加重语气

我们在称呼别人时不要一带而过，而要加重语气，在说完称呼以后停顿一下再谈其他事情，这样可以更好地引起对方的注意，使对方认真听下去。若在称呼对方时声音很轻、语速很快，有一种一带而过的感觉，对方会听不清楚，这样就很难得到对方的关注。

### 5. 不忽略对熟人的称呼

在与他人的关系变得十分熟悉以后，我们也不要忽略了对对方的称呼，尤其是在有第三人在场的情况下。每个人都需要被尊重，越是关系好就越要彼此尊重。如果熟悉以后就变得随便，直接用"哎""喂"等称呼，极不礼貌，会令对方难以接受。

 **小故事大道理**

会面礼仪

#### 别乱喊"小"字

经过几年的努力工作，彭程逐渐从公司的普通员工升职为区域经理。一次，公司安排彭程接待一位来公司做培训和调研的高级培训师王铮。

白天，彭程陪同王铮一行人走访市场，晚上又陪同他们用餐。在用餐期间，和王铮聊了几句以后，彭程便开始和王铮及其同事称兄道弟。当彭程得知王铮比自己小几岁以后，为了拉近关系，彭程便开始称呼王铮为"小王"。

王铮听了觉得不舒服，便说道："不好意思，我需要赶紧回去整理一下调研材料。"

彭程说："小王，时间还早，那么着急干什么？"

王铮更加不舒服了，于是对彭程说："小彭，咱们是第一次见面，也不是很熟悉，但我必须负责地跟你说句话，即使是你们总经理和我一起吃饭，也会很尊敬地称我一声'王老师'或'王经理'，告辞！"

说完，王铮就带着其他同事离开，留下呆若木鸡的彭程。

#### 名师点拨

在公开场合称呼别人时要正式、郑重，称呼要规范，不能为了彰显亲近之意就随意称呼对方，即便是关系非常亲近之人。故事中的彭程自认为年龄大就随意称呼对方为"小王"，还觉得称呼亲切，殊不知这个称呼冒犯了对方，会使对方觉得彭程在表达自我优越感。彭程应该尊称王铮为"王老师""王经理"。

### 6. 叫错姓名应抚慰对方

如果我们在与人交往的过程中叫错了别人的姓名，我们要意识到，这样的尴尬行为并非蓄意冒犯。但因为对方会产生反感，这种情况下应适当抚慰他们，用比较贴切的措辞获得比较好的道歉效果，例如"不好意思，我总是记不住人名，但我对我们之前的谈话内容记忆犹新""对不起，您让我想起了……""抱歉，我的记忆力下降了"。

### 7. 避免错误的称呼

错误的称呼有以下几种情况。

（1）误读。误读就是念错对方的姓名，由于很多汉字是多音字，同一个字有多种读法，作为姓氏时的读音往往与平常的读音不同，很容易使人误读。例如，区作为姓氏时读作ōu，朴作为姓氏时读作piáo，仇作为姓氏时读作qiú，单作为姓氏时读作shàn等。因此，遇到没有把握的字要谦虚地向对方请教，不要凭自己的感觉贸然称呼对方。

（2）误会。如果我们对别人的年龄、辈分、婚姻情况、职务等信息做出错误的判断，就很容易造成误会，引起对方不满。例如，有的女士明明未婚，我们称呼她为"太太""夫人"，这就造成了误会。因此，我们不要想当然地去称呼，要先摸清情况再选择合适的称呼。

（3）以绰号称呼别人。我们不能自作主张地为他人起绰号，并随意使用绰号来称呼他人，这是非常没有礼貌、没有修养的行为，例如称呼瘦弱的人为"竹竿"等。

（4）称呼不通用。有一些称呼是具有地域限制的，仅适用于某一区域，在其他地区使用往往难以有效沟通。有的称呼具有国家性，仅适用于本国，在国外使用无法有效沟通。例如，中国人把自己的配偶称为"爱人"，而有些国家则将"爱人"理解为"情人"；中国人称呼年纪大的人为"老人家"，在西方国家人们不喜欢承认自己老了。

（5）姓氏与职务的搭配有歧义。我们要注意交往对象的姓氏与职称或职务的读音相搭配，例如"傅""贾"等姓氏，如我们称呼某教授为"傅教授"，会被外人误以为他是"副教授"，"贾主任"与"假主任"的读音相同。对于这类称呼我们可以省略姓氏，直接称呼对方的职称或职务——"教授""主任"。

## 训练点：工作中的称呼要正式

在工作中，人们彼此之间的称呼要庄重、正式、规范。工作中的称呼主要分为以下3类。

### 1. 职务性称呼

以交往对象的职务相称，以示身份有别并表达敬意，是工作场合人际交往中最为常见的称呼。在实践中，职务性称呼又可以具体分为以下4种情况。

- 以对方的职务相称。例如"主管""经理""校长"等。
- 在职务前加其姓氏。例如"张经理""曾校长""周主任"等，这种称呼适用于一般的工作场合。
- 在职务前加上姓名。例如"李荣涛董事长""林友月经理"等，这种称呼多见于极为正式的场合。
- 同泛尊称一起使用。例如"主管先生""店长女士"等。

### 2. 职称性称呼

如果交往对象拥有中高级技术职称和受尊重的学术性职称，我们要在工作中使用职称性称呼，尤其是在需要强调对方的技术水准的场合。职称性称呼可以分为以下3种情况。

- 仅以对方的职称相称。例如"总工程师""律师"等。
- 在职称前加上姓氏。例如"王教授""杨律师"等。
- 在职称前加上姓名。例如"王伟正研究员""刘娟律师"等，常见于十分正式的场合。

### 3. 行业性称呼

如果我们不了解交往对象的具体职务、职称，有时不妨直接以其所在行业的职业性称呼或约定俗成的称呼相称。

- 以职业性称呼相称。例如称教育机构的员工为"老师"，称医生为"大夫"，称驾驶员为"司机"等。
- 以约定俗成的称呼相称。例如，对公司职员，人们一般按照其性别不同分别称呼"女士""先生"。

---

 **小故事大道理**

#### 在职场上能叫领导"老师"吗

尤明娟在一家研究型公司工作，公司里有很多高级研究员和工程师。在这里工作的人作风都非常严谨，所以不苟言笑成了公司里所有员工的共同标签。

礼仪小故事
在职场上能叫
领导"老师"吗

尤明娟来到公司半个月，除了参加相应的岗位培训，没有见过几位领导。平时见得少，再加上管理者多，所以尤明娟一直没有弄清楚几位领导的姓名和职务，也不知道应该如何称呼各位领导。

有一次，尤明娟刚走出办公室就看到迎面而来的一个同事，尤明娟模糊地记得这是公司的管理者之一，却记不清他究竟是什么职位。尤明娟假装镇定地走了过去，面对对方脱口而出："老师好！"

对方看了尤明娟一眼，对她点了点头，尤明娟心想："糟了，我是不是不应该称呼他为'老师'，那应该称呼他什么呢？"正当尤明娟犹豫时，对方已经与她擦肩而过了。

尤明娟事后向同事询问才知道，那位领导是公司的一位副总经理，也是一位高级工程师。这让尤明娟很惶恐："我会不会给副总经理留下坏印象？"

#### 名师点拨

在职场中，如果职员知道交往对象的职位，可以直接称呼其职位或姓+职位。但故事中的尤明娟面对的是一种特别情况：一位刚刚走入职场的新人，在面对比自己年龄大、级别高但又不熟悉的同事或领导时，往往因为不知道如何称呼对方而感到困扰。其实，尤明娟称呼对方"老师"并无不妥之处，对方听到这样的称呼只会意识到眼前的这个人是职场新人，还处于对公司的适应期，所以并不会责怪她没有正确称呼自己。

# 专题二　介绍礼仪

介绍被人们称为"交际之桥"，它是人与人之间相互沟通的出发点。一个得体的介绍可以给双方留下良好的印象，使双方产生更多的沟通，加深了解。介绍主要分为两大类，即自我介绍和他人介绍。

会面礼仪

## 训练点1：做一次漂亮的自我介绍

自我介绍是推广自我形象和价值的一种方式。合理地运用自我介绍可以为社交活动的顺利进行助力，反之则可能带来各种不利。

在社交活动中，当我们想要结识某些人或某个人，但又没有介绍人时，我们可以进行自我介绍，但如果有介绍人在场，自我介绍则是不礼貌的行为。

### 1. 自我介绍的类型

按照划分标准的不同，自我介绍有不同的细分类型。

（1）根据场合划分。根据场合不同，自我介绍分为3种类型，如表5-1所示。

表5-1　根据场合划分自我介绍的类型

| 类型 | 场合 | 要求 |
| --- | --- | --- |
| 主动式的自我介绍 | 希望认识自己感兴趣的陌生人，并且在没有他人介绍及引荐时，自己充当介绍人，做自我介绍 | 与对方交谈之前，要先向对方点头致意，得到同意之后方可向对方介绍自己 |
| 被动式的自我介绍 | 他人希望认识自己时使用的自我介绍 | 如果有希望认识自己的人对自己点头致意，这时应主动向对方做自我介绍，表现出大方、热情 |
| 既主动又被动式的自我介绍 | 工作中或求职中需要让他人了解和认识自己时使用的自我介绍 | 除了个人信息以外，还要突出个人特点。注意应实事求是、态度真诚，不可自吹自擂、夸大其词 |

（2）根据需求划分。根据不同需求，自我介绍的内容、形式也不同，一般有以下几种类型。

①应酬式。当介绍对象是早已熟悉或刚接触的人时，应酬式的自我介绍比较适用，这只是为了确认身份而进行的自我介绍，多见于某些公共场合和一般性的社交场合。自我介绍的语言要简单明了，只介绍姓名即可，例如，"您好，我叫徐元"。

②工作式。工作式的自我介绍又叫公务式的自我介绍，主要用于工作，一般包括姓名、工作单位及部门、担任的职务或具体从事的工作等。在工作式的自我介绍中，应完整报出姓名、工作单位及部门，担任的职务或具体从事的工作也应尽量报出，职务低者或者无职务者可以报具体从事的工作。

例如，"您好，我叫岳贯，是××北京分公司的客户经理。""您好，我叫刘辉，在××出版社从事策划编辑工作。"

③交流式。交流式的自我介绍也叫沟通式的自我介绍，在社交活动中，当我们希望对方认识自己、了解自己，能与自己进一步地交流联系时，可以使用交流式的自我介绍。交流式的自我介绍主要包括姓名、工作、籍贯、学历、兴趣爱好以及与对方的熟人关系等，一般根据对方的具体情况选择介绍的内容。

例如，"您好，我叫华悦，是××律师事务所的律师，在上海居住。""您好，我叫李道融，是××电器公司的办公室主任，我和您弟弟是大学同学。"

④礼仪式。礼仪式的自我介绍适用于演出、庆典、讲座、报告、仪式等一些正式而隆重的场合，包括姓名、单位、职务等，还可以加入一些适当的谦辞或敬语。

例如，"各位来宾，大家好！我叫王学英，是××贸易公司的销售经理。我谨代表本公司热烈欢迎大家光临我们的展览会。"

⑤问答式。问答式的自我介绍主要适用于公务交往、应聘和应试等场合，应当有问必答，同时根据情况稍加补充。

例如，面试官问"你好，请问你怎么称呼？"，应聘者回答"您好，我叫柳强"；面试官问"请介绍一下你的基本情况"，应聘者回答："各位面试官好，我叫王博，今年26岁，是上海人，汉族，毕业于××大学工商管理专业，获得管理学学士学位。除了专业知识基础扎实外，还考取大学英语六级证书，并掌握日语、俄语等语言。"

**2. 自我介绍的注意事项**

在进行自我介绍时，我们应当注意以下几点。

（1）**找准时机**。我们要找准时机，在适当的场合进行自我介绍，例如对方有空闲时间、情绪较好、有兴趣和我们沟通时，这时做自我介绍就不会打扰到对方。为了尽可能节省时间，自我介绍应简短，以半分钟为宜，同时可借助名片、介绍信等加以辅助。例如，当甲和乙两人在交谈时，我们想加入，但又不认识他们，就要等到他们谈话间歇时再上前进行自我介绍："对不起，打扰一下，请允许我进行一下自我介绍，我是许光，目前在××公司就职。"

（2）**态度良好**。在进行自我介绍时，我们的态度要自然、友善、亲切、随和，落落大方、彬彬有礼，语速正常，吐字清晰，并善于使用体态语言表达自己的友善和诚意。

（3）**注意繁简**。自我介绍一般包括姓名、籍贯、职业、职务、工作单位或地址、毕业学校、从业经历、特长、兴趣爱好等，我们在自我介绍时应根据实际情况决定内容的繁简，不一定要把所有内容都说出来。有时只需要进行简单的自我介绍，讲明姓名、身份及前来的目的和要求即可。但在另一些场合，自我介绍的内容就应详尽一些，不仅要将姓名、身份及前来的目的和要求讲明，还要介绍自己的学历、性格、专长、经验、能力、兴趣等，目的是让对方对自己产生信任感。一般以建立日常工作关系为目的的自我介绍可以适当简单一些，以交友、求职为目的的自我介绍应当详细一些。

（4）**掌握分寸**。在自我介绍中对自己进行评价时，不要使用"很""第一"等表示极度赞美的词语，也不必刻意贬低自己，关键在于掌握分寸、实事求是，切不可自吹自擂、夸大其词。

（5）**注意介绍顺序**。介绍顺序与地位、主客关系、辈分、性别等有关：地位高的人和地位低的人在一起时，地位低的人先做介绍；主人和客人在一起时，主人先做介绍；长辈和晚辈在一起时，晚辈先做介绍；男士和女士在一起时，男士先做介绍。

（6）**自信大方**。羞怯心理是自我介绍的一大障碍。在进行自我介绍之前，我们要树立自信，克服羞怯心理。每个人都有优点、长处，自己当然也不例外，而且自己最了解自己，所以要得体地把自己介绍给对方，引起对方的兴趣。对方会做出一定的反应，表达真诚沟通的意愿，为双方的人际关系奠定良好的基础。

## 训练点2：为双方相识进行介绍

他人介绍又叫第三者介绍，是指彼此不相识的双方经过第三者介绍和引见，建立良好关系的一种方式。当然，他人介绍有时也会进行单向介绍，只把一方介绍给另一方。介绍他人相识是发展良好人际关系的渠道，是人际交往的重要组成部分。

**1. 他人介绍的时机**

当遇到以下情况时，我们有必要充当第三者，为双方互相介绍。

- 在家里或办公区域内接待了彼此不相识的来访者或客户。
- 和家人外出时遇到与家人不相识的同事或朋友。
- 接待对象遇到了不相识的人，但这个人自己认识，且对方与自己打了招呼。
- 收到为他人介绍的邀请。
- 亲友陪自己拜访他人，被拜访者与亲友不相识。
- 推荐他人加入某个社交圈。

 **小故事大道理**

### 被晾在一边的同事

吃过午餐后，王岚与张娇站在公司的走廊上聊天，突然有一位男士主动过来打招呼："王岚，好久不见啊！"王岚转头一看，惊讶之余又感到高兴："赵宇，是你！最近怎么样？"

随后两人开始热络地聊天，王岚似乎忘记张娇的存在，这让张娇很尴尬：在这种情况下，她显然不方便悄悄离开，但贸然插嘴也不合适。于是，在接下来的5分钟里，张娇只能尴尬地站在一边，显得局促不安。

直到赵宇离开以后，王岚才回过头来，向张娇解释："刚才那位是我以前的同事，没想到他辞职后也来这栋大楼里的一家公司上班了，真是好巧啊！"

张娇一脸尴尬，只说了句"是啊，是啊"就找了个借口回办公室，此后再也没有和王岚单独聊天。

礼仪小故事
被晾在一边的同事

### 名师点拨

故事中的王岚没有为张娇和赵宇进行互相介绍，是一种失礼的行为。虽然张娇和赵宇互不相识，两人也没有认识彼此的愿望，但在三人在场的情况下，忽视其中的任何一个人都是不礼貌的行为。王岚只顾和赵宇聊天，忽视了张娇的存在，不仅使张娇感到尴尬，也显得王岚有些怠慢张娇。和赵宇打招呼后，王岚应该为张娇和赵宇互相介绍，在和赵宇聊天的过程中，王岚也不应该忽视张娇的存在，一句话也不跟张娇说。

### 2. 他人介绍的方式

他人介绍的方式根据实际需要，主要分为以下几种，如表5-2所示。

表5-2　他人介绍的方式

| 方式 | 适用场合 | 内容 | 举例 |
| --- | --- | --- | --- |
| 简介式 | 一般的社交场合 | 只介绍双方的姓名或姓氏 | 我为大家介绍一下，这位是徐总，这位是刘总，希望大家合作愉快 |
| 标准式 | 正式场合 | 以介绍双方的姓名、单位、职务等为主 | 我来为两位介绍一下，这位是××贸易公司的销售经理刘先生，这位是××公司的总经理钟先生 |

续表

| 方式 | 适用场合 | 内容 | 举例 |
|---|---|---|---|
| 礼仪式 | 正式场合 | 内容与标准式略同，但语气、表达、称呼方面更为礼貌、规范和谦恭 | 周女士，您好！请允许我把××公司的总裁王先生介绍给您。王先生，这位是××集团的财务总监周女士 |
| 引见式 | 一般的社交场合 | 将被介绍的双方引导到一起即可，不需要讲述任何实质性的内容 | 来，两位认识一下吧！其实大家都曾经在同一个公司共事过，只是部门不同，所以互相不认识，现在有机会认识一下了 |
| 推荐式 | 正式场合 | 有意将一方推荐给另一方，并且在前者的优点方面加以重点介绍 | 这位是××先生，这位是××传媒有限公司的杨总。××先生是知名的职场培训专家。我想杨总您一定有兴趣和××先生聊聊吧 |

### 3. 他人介绍的顺序

在为他人介绍时，先介绍谁、后介绍谁是一个非常重要且敏感的问题。根据礼仪规范，他人介绍应遵循"尊者有优先了解情况权"的原则，因此在为他人介绍之前要先确定被介绍双方的地位，把地位低的人介绍给地位高的人之后再把地位高的人介绍给地位低的人，以示尊重，且地位高的人可以掌握主动权。

具体来说，他人介绍的顺序如下。需要注意的是，被介绍者的姓名应后提。

• 先将男士介绍给女士。例如，介绍李先生与王女士认识，介绍人要把李先生引导至王女士面前，说"王女士，我来给你介绍一下，这位是李先生"。

• 先将年轻者介绍给年长者。把年轻者引见给年长者，表示对长者和前辈的尊敬。例如，"周教授，让我来介绍一下，这位是我的同学张思明""赵伯伯，我请您认识一下我的表哥李玉强"。

• 先将未婚人士介绍给已婚人士。例如，"张太太，让我来介绍一下，这位是李女士"。

• 先将职位低者介绍给职位高者。例如，"王总，这位是××公司的总经理助理刘女士"。在商务场合等正式场合，职位高者拥有优先了解情况权，即使王总是一位男士，也会因为其职位高于刘女士，而先介绍刘女士。

• 先将家庭成员介绍给对方。例如，"张先生，我想请您认识一下我的父亲郑辉"。

除了以上几点以外，在介绍主人和宾客时，要先介绍主人，后介绍宾客；介绍交际应酬场合的先到者、后来者时，应先介绍后来者，再介绍先到者。

会面礼仪

---

### 视点链接

集体介绍分为以下两种情况。

（1）被介绍双方地位、身份大致相似或难以确定。此时人数较少的一方要礼让人数较多的一方，先介绍人数较少的一方，后介绍人数较多的一方。

（2）被介绍双方在地位和身份之间有明显差异。此时地位、身份为尊的一方即使人数较少，甚至仅为一人，仍然处于尊贵的位置，在最后介绍，而先介绍另一方人员。若需要介绍的一方不止一人，可采取笼统的方法介绍，例如"这是我的家人""他们都是我的同事"等，但最好还是逐一介绍他们。

### 4. 他人介绍的注意事项

我们在为他人进行介绍时，要特别注意以下几点。

（1）表述清晰。在为他人做介绍时，介绍人的语言表述很重要，应口齿清晰，发音准确，分清内容主次，不可含糊其词，喋喋不休。

（2）运用好体态语。在为他人做介绍时，介绍人应站在被介绍者之间，与被介绍者成三角形。介绍人的手势要文雅，不管介绍哪一方，都要保持手心朝上，手背朝下，四指并拢，拇指张开，指向被介绍的一方，向另一方点头微笑致意。同时要按顺序介绍，不能用手指来回指人，也不能用手拍被介绍者的肩部、胳膊和背部等部位。

（3）征求双方意见。介绍人应在介绍前征求一下被介绍者双方的意见，并且开始介绍时要再与双方打声招呼，以免突然开口，造成被介绍者双方措手不及。

（4）不要介绍后立即离开。介绍人在为他人介绍之后不要立即离开，而应当给双方提示话题，可以有选择性地介绍双方的共同点，如相似的经历、爱好、职业等，待双方正式进入交谈后介绍人再离开。

（5）说出被介绍者的优点。每个人都喜欢被赞美，如果介绍人在介绍时恰当、实事求是地说出被介绍者的优异表现和取得的成绩，往往会给对方留下更好的印象，同时被介绍者也会非常感激。

不过，在说出被介绍者的优点时，最好不要过多地添加自己的主观想法甚至是个人价值取向。例如，"张钊是公司中晋升速度最快的部门经理"。这样的表述尽管可能符合事实，但很容易让对方产生各种联想。

（6）只为每个人介绍一次。在多人之间进行介绍时，介绍人应清晰地介绍每个人，并保证不重复介绍。重复介绍会使场面变得混乱，同时让他人觉得介绍人做事没有条理。因此，在多人之间担任介绍人时，我们要做到先在大脑中大概排列出每个人的介绍顺序，保证思路清晰，不会重复介绍。

---

### 视点链接

被介绍者应在他人介绍中做到以下几点。

（1）表现热情。被介绍者要表现出结识对方的热情，正面面对对方。在被介绍的过程中，双方应当保持站立姿势，面带微笑。在介绍完毕后，双方握手致意，并说"你好，很高兴认识你"等进行寒暄，必要时可进一步做自我介绍。在介绍人为双方做介绍时，被介绍者的目光要注视着对方的脸部，不要因其他事情分散注意力，不要东张西望，以免给对方留下心不在焉、不重视或不想认识人的印象。

（2）起身站立。在他人介绍自己时，除了女士和长辈以外，其他人都要站起身，但是若在会谈进行中或宴会场合，则不必起身，欠身致意即可。

（3）男士根据女士反应来行动。当一位男士被介绍给一位女士时，男士应主动点头并稍稍欠身，然后等待女士的反应。一般来说，女士先伸手，男士看到女士伸出手后要立即伸手相握；若女士不伸手，只微笑点头致意，男士也不用伸手。

（4）切忌表现忸怩。被介绍者在接到介绍人的询问时，一般不要拒绝，而要欣然接受；如果实在不愿意，应说明缘由获得谅解，切不可含糊、忸怩。

---

即时演练

　　A公司总经理助理徐凯在机场顺利接到前来洽谈业务的B公司经理李先生（高级工程师）、经理助理崔先生（经济学博士）、营销部主任赵女士。徐凯和B公司的赵女士分别介绍了己方一行人。之后，徐凯和B公司一行人来到A公司，在A公司门口遇到前来迎接的公司经理刘先生（高级工程师）和销售部主任李女士。徐凯当即为双方进行了介绍。

　　同学们自由分组并选定角色，进行情景演练，在演练中要注意介绍礼仪、称呼礼仪是否规范。演练内容如下。

　　（1）徐凯向B公司一行人做自我介绍。

　　（2）赵女士向徐凯介绍己方人员。

　　（3）徐凯为A公司刘经理一行人和B公司一行人进行相互介绍。

---

# 专题三　致意礼仪

　　致意是指借由行为举止来向他人表达问候、尊重和敬意。礼貌的致意不仅会给人以友好、友善的感觉，还向对方彰显了自身的修养和素质。

## 解析点：会面时的致意礼仪

　　致意礼仪是人们在与他人见面时用某种动作向对方表示敬意的一种礼仪，常用于相识的人在各种场合互相打招呼。

思政讲堂
礼仪的时代性

　　致意的基本规范是：年轻者应当先向年长者致意；男士应当先向女士致意；学生应当先向老师致意；下属应当先向领导致意。

### 1. 常用的致意礼仪的类型

致意礼仪主要有以下类型。

（1）点头礼。点头礼是指向他人微微点头，以示礼貌，适用于比较随意的场合或不适合交谈的场合。例如，在路上行走时，在公共场合与熟人相遇时，可行点头礼，友好地点头示意；在会议、会谈进行中，与相识者见面时，可行点头礼；若忘记对方姓名，只觉得对方眼熟时，也可点头致意，但要面带微笑，点头的幅度不要过大，也不能点头不止。

（2）注目礼。在社交场合，注目礼不单独使用，而是在介绍、握手、点头、举手的同时用双目自然地凝视对方，以表示敬重。

（3）欠身礼。欠身礼是运用得比较广泛的一种礼节，标准的做法是身体前倾15°鞠躬，面带微笑，目光亲切地注视对方，同时致以热情的问候。欠身礼可向单独一人或数人同时施礼，施礼时可以站着，也可以坐着，但不能把双手放在口袋里。

（4）起立礼。起立礼常用于较正式场合，长者、尊者到来或离开时，在场者应起立表示致意，如正在坐着的下属、晚辈看见领导、长辈到来应起立表示自己的敬意。

（5）举手礼。举手礼的适用场合与点头礼相似，主要用于向距离较远的熟人打招呼，此时不必出声，将右臂伸直，掌心朝向对方，拇指分开，其他四指并拢，轻轻左右摆一下手即可，但不要反复摆动，也不要上下摆动。

（6）拱手礼。拱手礼是我国的传统礼节之一，常用于人们相见时，基本姿势为起身站立，右手握拳，左手抱右手，拱手齐眉，上下加重摇动几下，同时应注视对方，面带微笑。现在拱手礼常用于佳节团拜活动，向长辈祝寿、恭贺友人结婚、生子、晋升、乔迁等，也可用于订货会等业务会议中，企业负责人拱手致意。

（7）鞠躬礼。鞠躬礼的方式为脱帽，立正，面带微笑，双目注视着受礼者，其中男士应双手自然垂下，贴放于身体两侧裤线处，女士的双手垂放于腹前。

鞠躬的幅度不同，表达的意思也不同。在一般的问候和打招呼时，鞠躬15°左右，表示致谢；在迎客、送客时，鞠躬30°～40°，表示诚恳。

一般应由晚辈对长辈、学生对老师、下属对领导、表演者对观众行鞠躬礼。

### 2. 国外常见的致意礼仪

熟悉国外常见的致意礼仪，有助于涉外交往时合理应对，符合涉外礼节。国外常见的致意礼仪主要有以下几种。

（1）脱帽礼。戴着帽子的人在进入他人居所、路遇熟人、与人交谈并握手或行其他见面礼节时，应自觉主动地摘下帽子，把帽子放在大约与肩平行的位置，同时与对方的目光接触。若与好友相遇并擦肩而过，可以回身问好，并用一只手轻轻地掀一下帽子，不用把帽子摘下来。如果帽子是无檐帽，则不必摘下帽子，欠身致意即可。但是，如果与同一人在同一场合前后多次相见，就不必反复脱帽。

不管是在什么场合，也不管年龄大小、是否戴帽子，女士都只需点头致意或微笑致意。

（2）拥抱礼。拥抱礼是西方国家常见的见面礼节和道别礼节，常与握手礼、亲吻礼并用。

拥抱礼的具体动作为：行礼的两人相距约20厘米，双方均右臂偏上，左臂偏下，右手扶着对方的左后肩，左手扶着对方的右后腰，头部和上身向左拥抱。一般的礼节性的拥抱可到此为止，若为了表达更真挚、亲密的情感，可在保持原手位不变的基础上头部和上身向右拥抱，并再次向左拥抱。

我国的拥抱礼在拥抱的同时，还要用手轻轻拍对方的背部3～5下，以表示问候。

（3）合十礼。合十礼主要通行于东南亚地区，我国傣族聚居区也使用合十礼。在行合十礼时，行礼人要双目注视对方，面带微笑，双手五指并拢，在胸前20厘米处合十，上身前倾30°～45°，双手微微上举，手指尖与鼻尖同等高度。一般来说，手举得越高表示的尊敬程度就越高，但手的高度不能超过额头。

## 训练点：握手礼仪训练

握手是一种无声的语言，人们可以借助握手来表达情感，加深彼此之间的了解、信任、促进人际关系。人们还可以从握手礼仪中看出一个人的修养、为人处事的原则等。因此，我们有必要了解和掌握握手礼仪。

### 1. 握手的时机

握手的时机是一个非常微妙的问题，受到双方关系、环境和心理等各种因素的影响。要想不失礼于人，我们有必要把握好与交往对象握手的时机。

在以下情况下，握手是合时宜的：遇到很久没有见面的熟人时；被介绍给不熟悉的人时；东道主迎送宾客或宾客参加社交活动遇到东道主时；在正式场合与认识的人会面或道别时；向他人表示祝贺、赠送礼物、颁发奖品时；对他人的遭遇和不幸表示安慰和支持时；向他人表示感谢时。

在以下情况下，握手是不合时宜的：对方手部有伤；对方手里拿着物品；对方正在忙；对方与自己距离较远；对方所处环境不适合握手。

### 2. 握手的方式

恰当地握手可以向对方表现自己的真诚与自信，同时也是接受别人和赢得信任的契机。正确的握手方式主要体现在以下几个方面。

（1）神态。握手时的神态要专注、认真、友好，面带微笑，注视对方双眼，并向对方问候。

（2）姿势。与人握手时，人们一般应起身站立，面向对方，距离对方约75厘米，上身略向前倾，伸出右手，肘关节微屈，四指并拢，拇指张开，与对方的右手手掌相握，虎口相交，并稍微上下晃动一两下，随即松开手。右手与人相握时，左手应当空着，并贴着大腿外侧自然垂下，以表示用心和专一。

---

#### 情景还原解析

向他人行握手礼时，除了长辈或女士，都应起身站立，坐着与他人握手是不合适的。在"情景还原"板块中，刘友是一个实习生，是业务部经理的下属，应当自觉地站起身回应经理的握手，以示尊重，而其做法让经理十分尴尬。可以试想一下，如果我们热情地与对方握手，对方却坐在凳子上不站起身，我们会感到失落和尴尬，认为对方不尊重人，有轻视之意，业务部经理的感受估计也是如此。

---

（3）力度。为了表示热情和友好，人们在握手时应当稍微用力一些，以不握痛对方的手为限度。如果手指只是轻轻一碰，刚碰到就离开，或懒散无力、速度缓慢地握手，会给人以勉强应付、不得已而为之的感觉。

握手的力度不要过猛，尤其是男士与女士握手时，轻轻地握一下女士的四指即可，切不可把手直接插在女士的虎口处，也不要用手掌压住女士的手。

 **小故事大道理**

#### 因握手引发的投诉

李向伟大学毕业后应聘到一家贸易公司工作，一段时间下来，虽然他工作很努力，但销售业绩十分不理想，一个订单都没有谈成。

一天，经理把李向伟叫到办公室，严厉地说道："小李，最近客户对你提出了投诉，说你态度很差。你对客户做了什么啊？"李向伟听了经理的话，努力回想了半天，也没发现自己做错了什么，这让他觉得很委屈。

礼仪小故事
因握手引发的投诉

后来，李向伟陪同经理去和一位客户谈业务，经理终于发现了问题。原来李向伟与客户握手时，只是象征性地轻轻握一下，而在握手时他还看着其他地方，并没有与客户进行目光接触。回到公司，经理向李向伟说明了他存在的问题，李向伟恍然大悟。

**名师点拨**

　　握手的动作是礼仪细节的体现，在与人握手时，应当双目注视对方，面带微笑，神态专注，且应用力握手，以表现热情。故事中的李向伟在与客户握手时，不仅力度很轻，还看着其他地方，这会让客户认为李向伟不重视他，或者李向伟对他有意见。这样一来，客户对李向伟的信任度就大打折扣，订单自然谈不成。

　　（4）时间。握手的时间不能太长，也不能太短。握手时间太长，会使人感到局促不安；握手时间太短又给人敷衍的感觉，传达不出应有的情感。一般来说，初次见面时握手的时间以3秒左右为宜。如果多人见面，握手时不宜只与一人长时间握手，以免冷落了其他人，引起不必要的误会。男士在握女士的手时，时间不宜过长，否则是一种十分失礼的行为。

　　握手的时间长短与双方的关系亲密程度有关，如果亲密朋友久别重逢，或者挚爱亲朋依依惜别，握手时间可以长一些，甚至紧握不放，话语不休，以表达内心热烈的情感，但一般也不要超过20秒。久别重逢的朋友在握手时，还可以同时伸出左手去握住对方右手的手背，两手做紧握状。

**3. 握手的顺序**

　　我们在与他人握手时应本着"礼貌待人，自然得体"的原则，灵活掌握与运用握手的技巧，以显示自己的修养和对对方的尊重。因此，我们要了解握手的先后顺序。在不同的场合、不同的情况下，握手顺序也不同。

　　（1）男女之间握手。在社交场合中，男女之间握手时，男士要在女士先伸出手后才能回应；如果女士不先伸出手，或者没有握手的意愿，男士应当向女士点头致意或微微鞠躬致意。在与女士握手时，男士要脱帽并脱下右手手套，如果来不及脱掉应向女士道歉。如果不是面对长辈，女士一般不必脱下手套握手。

　　在公务场合中，男女之间握手的顺序取决于双方的身份和地位。例如，一位年长、职位低的女士和一位年轻、职位高的男士握手，在公务场合中，应当由男士先伸手，而不是女士先伸手。

　　（2）宾主之间握手。在接待宾客时，主人一般应先伸出手，以表示对宾客的欢迎，若主人不主动伸出手，宾客会误以为自己没有获得尊重；在宾客告辞时，宾客要先伸出手，表示让主人留步，并表达对主人的感谢，若主人先伸出手，有逐客之嫌。

　　（3）长幼之间握手。年长者与年幼者握手，一般要由年长者先伸出手，这时年幼者不论男女，都要起身趋前握手，并脱下手套，以示尊重。

　　（4）上下级之间握手。上下级之间握手，一般由上级先伸出手，但若涉及主宾关系，可不考虑上下级关系，此时主人即使是宾客的下属，也要由主人先伸出手。

　　（5）一个人与多人握手。若一个人与多人握手，在握手时也要讲究先后顺序，先与年长者握手，后与年轻者握手；先与长辈握手，后与晚辈握手；先与老师握手，后与学生握手；先与上级握

**视点链接**

　　在社交和商务场合中，若有人已经不按礼仪惯例中的先后顺序，主动先伸出手，己方应毫不犹豫地回握，因为拒绝别人的握手是失礼的行为。若己方主动伸出手，对方没有注意到，此时最好微笑着自然地收回自己的手，不必太在意。

手，后与下级握手。

（6）一人与列队人员握手。当某一人与列队人员握手时，应先与距离最近的人握手，再按照队列的顺序由近及远地一一握手。

#### 4. 握手的类型

握手的类型主要有4种，分别是平等式握手、虎钳式握手、抓指尖式握手、扣手式握手。

（1）平等式握手。平等式握手也叫标准式握手。双方在握手时应当相距1米左右，双腿立正，上身略向前倾，伸出右手，肘关节到腰部位置，手臂微屈，手心向左，手掌与地面垂直，虎口张开，四指并拢，握住对方的手以后上下晃动几次随即松开。

（2）虎钳式握手。虎钳式握手是指双方在握手时双手的虎口紧握，握住手以后没有很快松开。这种握手类型适用于久别重逢的人或关系亲密的朋友之间，以表达自己的热情和激动。

（3）抓指尖式握手。抓指尖式握手是指轻轻触碰对方的指尖，一般适用于女士与男士之间，表示异性之间的矜持和稳重，也含有保持一定距离的意思。男士与男士之间则不能这样，否则会表现出生疏和冷淡。

---

#### ◎ 视点链接

　　握手时的注意事项：握手宜用右手，不要用左手握手；用双手与人相握只有在熟人之间才适用，在初次相识时，双手相握是不妥当的；不要用脏手与他人握手，当有人伸出手时，我们应拒绝握手，并道歉，说明原因；多人相见时，不要交叉握手，即两人握手时，第三人伸过手来握手；不要在握手时把对方的手拉过来、推过去，或者上下左右抖个没完；在握手时不要长篇大论，点头哈腰，过分客套。

---

（4）扣手式握手。扣手式握手又叫双握式握手，其具体方式是：在用右手紧握对方右手的同时，再用左手加握对方的手背、前臂、上臂或肩部，以表达热情真挚、诚实可靠的感情，显示自己对对方的信赖。从手背开始，对对方的加握部位越高，热情友好的程度也就越高。

# 专题四　名片礼仪

　　名片是标示姓名及其所属组织、工作单位和联系方式的卡片，是新朋友相互认识、自我介绍的一种有效方式。名片携带方便、易于保存，可以灵活、简洁地传递有关自己的信息，在社交场合和商务场合中扮演着不可或缺的角色。

　　名片是现代人身份、地位的象征，可以被称为人的"第二身份证"，因此名片的递送、接受、索要、存放等要讲究礼仪。

### 训练点1：递送名片礼仪训练

　　名片的递送是名片礼仪的核心，合理、恰当地递送名片可以彰显一个人的修养和素质。

　　递送名片要考虑以下几点。

### 1. 意愿

若交往双方都有结识对方并建立关系的意愿，例如说出"幸会""很高兴认识你"等谦虚语，其中一方即可主动递送名片。若双方或一方并无意愿建立关系，就不能递送名片，否则会有故意炫耀、强加于人的感觉。

### 2. 时机

递送名片的时机非常重要，只有在确有必要时递送名片才能使名片发挥出作用。递送名片的时机包括：希望认识对方；表示自己重视对方；被介绍给对方；对方提议交换名片；对方向自己索要名片；通知对方自己的名片变更情况；打算获得对方的名片；出席重要会议时，在会前或会后递送名片；若大家互不相识，又无人引荐，最好让别人先递送名片；刚见面或告辞时是最好的递送名片时机；若中途想要发表意见，可以在说话前递送名片。在与人初次见面时，不要过早地递送名片，这会让人感觉是在炫耀，只有当对方流露出交往的兴趣，一般在交谈几分钟以后，才可以互相交换名片。

### 3. 动作

递送名片时，要站立并面带微笑，双目注视对方，用双手拇指和食指握住名片上端两角，上身前倾15°左右，让名片正面朝向对方，并说一句"你好，我是×××，这是我的名片，请多多关照"。在递送名片时，要谦恭有礼，郑重大方，动作洒脱，表情亲切。

### 4. 顺序

递送名片的顺序一般是先低后高、先客后主、先近后远，即地位低、职位低的人先向地位高、职位高的人递送名片，年轻者先向年长者递送名片，男士先向女士递送名片；在拜访别人时，拜访者先向主人递送名片；向多人递送名片时，要由近及远，从自己左侧开始顺时针方向依次递送，以免有厚此薄彼之嫌。

---

## 视点链接

携带名片的注意事项：

（1）要随身携带数量充足的名片，确保够用。要在平时多留意名片的数量是否充足，不够用应及时补充，以免临时印刷，显得仓促、被动。

（2）要保持名片的整洁。名片不能有折叠、破损、涂改、脏污、皱褶等，如有应尽快更换。

（3）名片要用专用的名片夹装好，放在公文包或上衣内口袋里。名片要放在固定位置，以免需要时到处乱翻，显得准备不足，给人留下做事邋遢的不良印象。

---

 小故事大道理

#### 这不是修改，这是涂鸦

王磊刚刚升任公司的销售经理，公司即将迎来与客户的一次外贸谈判，这是王磊第一次以谈判代表的身份与外国客户接触。

王磊与外国客户见面后，双方互换名片。王磊把自己的名片递给外国客户之后，突然想起来自己最近换了手机号码，而名片上的手机号码还是以前

礼仪小故事
这不是修改，
这是涂鸦

的，于是他很有礼貌地把递过去的名片要回来，掏出笔划掉了以前的手机号码，在旁边写上了新的手机号码，然后又礼貌地递给外国客户。

王磊注意到外国客户看过自己第二次递过去的名片之后，轻轻地摇了摇头，这让他很疑惑。谈判开始后，外国客户只是象征性地问了几个问题就匆匆告辞，很明显，这次谈判并没有成功。

### 名师点拨

名片是一个人的象征，代表着一个人的形象，所以名片要保持整洁，不能有涂改、破损等。名片上的个人信息要及时更换，而故事中的王磊没有及时更换名片信息，且当着外国客户的面在名片上涂改，这是一种十分失礼的行为，给外国客户留下了十分恶劣的印象。因此外国客户认为王磊一行人不尊重自己，于是拒绝洽谈。

## 训练点2：接受名片礼仪训练

接受名片是给递送名片的对方的一个反馈，恰当地接受名片可以给对方一种受到重视的满足感。恰当地接受名片的礼仪主要表现在以下几点。

### 1. 动作

当有人表示要交换名片，并且已经递送名片时，我们要立即停下正在做的事情，起身站立，面带微笑，双目注视对方，稍微向前欠身，用双手拇指和食指捏着名片下端的两角，同时说"谢谢"，然后认真浏览名片几秒，在浏览时可将对方的姓名、职务、职称等信息念出来，并抬头看着对方的脸，以示尊重。如果遇到不认识的字，可以虚心向对方请教，确认读音，这样做不仅不会降低身份，还会给对方一种对待事情很认真的感觉，从而获得对方的信任。如果对方的姓名中出现如"传""乐"一类的多音字，要及时询问，例如"我知道您的姓名了，它应该如何发音呢？"。

### 2. 存放

做完以上动作后，我们可以把对方的名片放入自己的上衣口袋或包里，并与自己的名片区分开，然后立即回敬一张自己的名片，若身上没携带名片，要向对方表示歉意。在接受对方的名片后，切不可随意摆弄或扔在桌子上，也不要随意地塞进口袋里或包里。

### 3. 整理

收到的名片越来越多，这时我们就要对名片进行分类整理，以方便查询。分类方法有：按照姓名拼音的首字母来分类，按照姓名笔画来分类，按照国家、地区来分类，按照工作单位来分类，按照部门、专业来分类等。

随着交往的不断深入，还可在他人名片上随手记下可供本人参考的资料，使其充当社交的记事簿。这些资料包括：收到名片时的具体情况，包括收到名片的地点、时间，以及是否与对方亲自交换等；对方的个人资料，例如性别、年龄、籍贯、学历、专长、爱好等；对方在交换名片后的变化情况，例如单位、部门的变化，职业的变动，职务、头衔的升降，联络方式的改变等。

另外，我们要定期对名片进行清理，依照重要性、使用频率、互动性等因素，将名片分成三组：第一组是要长期保留的；第二组是不太确定，可以暂时保留的；第三组是确定不要的，可丢弃。

会面礼仪

### 4. 注意事项

在递送名片时一般用双手，如果不用双手，也可用右手，但不能用左手。

不要把名片放在手里随意摆弄，这是非常失礼的行为。

借名片寻找话题时，最好不要说出"现在购买你们的产品有没有折扣"之类的话，除非对方是专门过来推销产品的，或者确定对方开得起玩笑，但在正式场合，这种话是很不礼貌的。

## 训练点3：索要名片礼仪训练

如果己方有结识对方的想法，想要交换名片，就可以运用合理的方式索要他人的名片。不过，直接开口向他人索要名片是不太行得通的，若要索要名片，同时给自己留有余地，可以采取以下办法。

### 1. 交易法

交易法，也叫互换法，是以名片换名片的方法。己方可主动向对方递送自己的名片，并说一句"您好，很高兴认识您，这是我的名片，请多指教"，按照礼尚往来、你来我往的常理，对方会回一张他自己的名片。己方也可在递送名片时直接说明："能否有幸与您交换一下名片？"

### 2. 暗示法

如果确实想要得到对方的名片，而对方没有任何表示，己方可以使用非常委婉的暗示法向对方索要名片。如果面对的是长辈、嘉宾或地位、声望高于自己的人，可以说："以后怎样才能向您请教？"面对平辈和身份、地位相当的人，则可以问："今后怎么和您保持联系？"

### 3. 谦恭法

谦恭法是指在索要名片之前先表达对对方的敬重和钦佩，做好铺垫以后再索要名片，主要用于向名人、专家或重要客户索要名片。例如，"认识您是我的荣幸，与您这样的专业人士交谈，真是受益匪浅，希望今后能有机会向您请教，不知道以后怎么向您请教？""李教授，听了您的讲座，我深受启发，不知道以后如何向您请教？"。

---

### 视点链接

如果自己被对方索要名片，但不太愿意与对方建立关系，也不要生硬地直接拒绝，而应以委婉的方式回绝对方，例如"不好意思，我忘了带名片""非常抱歉，我的名片用完了"，这样比直言相告"不给"更易被对方接受。

---

### 回顾·思考·讨论·应用

#### 一、单元知识要点

称呼礼仪：称呼的技巧、工作中的称呼。介绍礼仪：自我介绍、他人介绍。致意礼仪：会面时的致意礼仪、握手礼仪。名片礼仪：递送名片、接受名片、索要名片。

#### 二、判断题

1. 称呼的顺序一般应先长后幼、先女后男、先生疏后熟识。（    ）

2. 为了使对方更好地了解自己，自我介绍越详细越好。（    ）

3. 与人握手时一般应起身站立。（　　）

4. 在递送名片时最好用右手。（　　）

5. 在接受对方的名片以后，可以随意将其放在自己的口袋中。（　　）

## 三、选择题

1. "张主任"属于（　　）。

　　A. 头衔性称呼　　　　　B. 职务性称呼　　　　　C. 行业性称呼　　　　　D. 职称性称呼

2. 下列自我介绍的顺序中，错误的是（　　）。

　　A. 地位高的人和地位低的人在一起时，地位低的人先做介绍

　　B. 主人和客人在一起时，主人先做介绍

　　C. 长辈和晚辈在一起时，长辈先做介绍

　　D. 男士和女士在一起时，男士先做介绍

3. 下列属于国外常见的致意礼仪的是（　　）。

　　A. 拱手礼　　　　　　　B. 点头礼　　　　　　　C. 脱帽礼　　　　　　　D. 欠身礼

4. 关于握手的礼仪，下列说法错误的是（　　）。

　　A. 对方手里拿着物品时可与其握手

　　B. 男士与女士握手时应轻轻地握一下女士四指

　　C. 上下级之间握手，由上级先伸出手

　　D. 握手时间长短与双方关系亲密程度有关

5. 关于递送名片的顺序，下列说法正确的是（　　）。

　　A. 职位低的人先向职位高的人递送名片

　　B. 年长者先向年轻者递送名片

　　C. 女士先向男士递送名片

　　D. 主人先向拜访者递送名片

## 四、问答题

1. 工作中的称呼主要有哪些类型？请分别举例。

2. 简述他人介绍的时机。

3. 简述握手的类型。

## 五、讨论题

1. 在平时生活中，你使用最多的称呼是哪个？你觉得礼貌称呼给你带来的影响大不大？

2. 日常交往的自我介绍和求职面试的自我介绍有什么不同？

3. 在微信上交换电子名片要注意哪些事项？

## 六、实践与应用

**任务　递收名片训练**

实践内容：学生分组，一人递送名片，一人接受名片；准备桌子、椅子、名片、名片夹、公文包、计算机、音响、相机等。

会面礼仪

实践要点：

（1）教师利用计算机和音响播放轻音乐，营造轻松的氛围。

（2）仪容仪表自检和互检。

（3）一人递送名片，另一人接收名片。教师用相机拍下过程。

（4）设计不同的情境，包括办公室拜访、路上偶遇等，检验学生在各个情境下递收名片的礼仪动作是否规范。

（5）学生扮演不同角色，例如长者和年轻人、职位高的人和职位低的人、男士和女士等，检验学生扮演不同角色时的礼仪动作是否规范。

（6）检验的方面包括身体动作、语言、神情等，给展示效果打分并记录下来。

# 第六单元
## 表达技巧与沟通礼仪

6

　　语言是人们最重要的交际工具，在日常生活和工作中，注重语言表达的准则与技巧，发挥语言的交际功能，对于彼此间的沟通有很大的作用。同时，遵守沟通礼仪规范，表现自身的内在修养，也有利于人际交往的和谐。

**课前思考**

1 你是否注意过自己说话时的声音，你觉得说话的声音影响个人形象吗？

2 在与人沟通时，赞美、风趣幽默的作用有多大？

3 如何提问和拒绝可以收到很好的效果？

4 在与人沟通时，我们要注意哪些礼仪？

表达技巧与沟通礼仪

### 做事快不等于厉害

杨威做事一向雷厉风行，速度很快，但是他在工作中经常会出一些小错误。而文海阁做事非常认真，从不出错，但做事的速度非常慢。一次，杨威和文海阁要合作完成一个项目，两个人分别负责不同的板块。

眼看项目的截止日期快到了，但由于文海阁总是反复地验证一个数据，项目迟迟未能完成。这时杨威耐不住性子，对文海阁说："做事磨磨叽叽，你这个人真是太懒散了！"

一听到这句话，文海阁很不高兴地回道："你有什么资格说我？我只是做事比较认真，力求稳妥。你以为你做事快就厉害吗？还记得以前的项目吗？你提供的好几个数据都不准确，还好意思说我？！"

**请分析：** 案例中文海阁为何生气地反问？

# 专题一 表达技巧

在人际交往中，一个人表达自己的方式有两种，一是用行动表达，二是用语言表达。语言表达有时比行动表达更高效。在与人初识时，我们要使用语言给他人留下良好的印象；在维护关系时，我们要使用恰当的语言和对方产生深度的联结；当双方处于对抗关系时，我们要使用温和的语言缓和矛盾，解决问题和冲突。掌握了语言的表达技巧，我们也就为建立良性的人际关系铺平了道路。

## 训练点1：恰当地赞美他人

真诚的、发自内心的赞美可以让我们获得别人的好感，化解别人的疑虑和尴尬。每个人都有自己的优点和成就，都希望获得别人的肯定和赞美。但是，赞美不是花言巧语和甜言蜜语，要根据对方的特征恰如其分地赞美对方。

要想恰当地赞美对方，我们要注意以下几点。

### 1. 赞美要大胆开口

有的人个性内敛，不习惯将自己的赞美和认可表达出来，而且在面对地位比自己高、比自己成功的人时，害怕被对方贴上"谄媚者"的标签。其实，正是因为平时个性内敛，才更应该加以利用，因为当对方做出特别出色的事情时，我们由衷地说出一句赞美的话，对方会惊讶于这种"珍贵"的赞美，内心会很感动。

要记住，成功赞美的第一步就是大胆地开口，只要赞美是正确的、真诚的，便不会让对方厌烦。

### 2. 赞美要真诚

赞美不是恭维和谄媚，应当实事求是，内心真诚。赞美不能只体现在话语上，还应从眼神、微笑等表情体现出来，整个人散发出"我真为你高兴""你做得真好"的气息。因此，我们要对着镜子练习微笑和眼神，并具备能够给出真诚赞美的内心力量。

### 3. 赞美包括FFC元素

FFC元素是美国礼仪专家列出的3个基本元素，如图6-1所示。

感受（Feeling）
让对方知道我们的感受是怎样的

FFC

事实（Fact）
完全依赖于事实，并列举事实进行赞美

对比（Compare）
将自己的预期与对方做出的、超过预期的地方进行对比

图6-1　FFC元素

例如，"你们提供的这个解决方案真不错（感受），让我们在3天之内就把难题解决了（事实）。我曾经以为这个问题是无法解决的，但你们提供了一个如此完美的解决方法（对比）"。

### 4. 赞美要具体

很多赞美虽然真诚，但由于不够具体，对方很难感受到。例如，"你很有气质""你太优秀了""你是个好妈妈"等。因此，我们要学会赞美得具体一些。赞美得具体，说明对对方观察细致，了解透彻，这样的赞美更有根据，说服力更强。

例如，"你这条围巾，配上这一套小西装，真是特别显气质""上一次，领导连夜要一个方案，大家都急得不知道怎么办。你不仅把任务接下来了，而且在那么短的时间内把幻灯片做得又全面又有深度，其中很多数据应该是你平时特别留意积累的，你做得实在是太好了！"。

### 5. 赞美要有针对性

我们不能盲目赞美他人，而应有针对性，根据对方的需求来赞美，一般来说，赞美对方非常骄傲的地方会使对方更高兴。例如，见了女性就夸漂亮，见了男性就夸事业有成，这种赞美过于单一，不会提高对方对自己的好感度，不如赞美某女性的手工艺品制作得特别好，或者她的孩子被她教导得好，这些对方引以为傲、希望别人赞美的地方是最适合赞美的。

### 6. 赞美要注意场合

在赞美某人时，如果周围有其他人在场，就要注意赞美的言辞是否会伤害到其他在场的人。因为"说者无心，听者有意"，其他人可能会把对某人的赞美联想成对自己的责怪或质疑。在公众场合赞美人容易被对方认为是违心之举，因此最好在私下场合，或者在被赞美对象不在场时赞美对方，这样被赞美对象经由他人间接听到赞美，比直接听到赞美更多了一份惊喜，这样的赞美更显得真实，更能打动人。

### 7. 赞美要先抑后扬

先抑后扬是一种独特的赞美方式，能给被赞美对象制造极大的心理落差。心理落差有多大，赞美带来的愉悦感就有多强。这比直接夸赞更让人惊喜。

表达技巧与沟通礼仪

**小故事大道理**

### 用"恨"赢来的合作

广告公司的赵天琪要去拜访营销领域的专家王先元。赵天琪早就听说过王先元的大名，知道他善于使用奇招怪招策划产品营销，也知道他性格有些孤傲，待人比较冷淡。

刚见到王先元的时候，赵天琪心里很忐忑，打过招呼后，果然王先元不再说话，这让赵天琪很尴尬。过了一会儿，赵天琪说出一句话："王总，您还不知道吧，我跟咱们业内的很多公司打过交道，这些公司的领导可都恨您恨得牙痒痒啊！"

礼仪小故事
用"恨"赢来
的合作

王先元听到这句话吃了一惊，疑惑地问道："恨我？他们为什么恨我啊？我可没得罪过他们。"

赵天琪看到王先元终于不再对着自己无动于衷，赶忙笑着解释道："您看来确实不太清楚这件事。因为您在这两年推出来很多系列产品，产品的推广活动也办得很成功，每一次都给人带来很多惊喜，产品推广效果出色。其他几家公司的领导都不知道您手里的棋是怎么下的，不知道该怎样反击您，眼睁睁看着您把市场份额一点点吃光，他们当然恨您啦！"

王先元听完赵天琪的话以后哈哈大笑，对待赵天琪的态度也温和了许多，还和赵天琪聊起了如何成功运作产品的经验，分享他的心得体会。最后，当赵天琪离开王先元的办公室时，他的文件夹里多了一份合作意向书。

**名师点拨**

赵天琪出了一步险招，采用先抑后扬的方式，将对方的得意之事点了出来，自然很让对方受用。中规中矩的赞美并不一定能达到效果，兵行险招反而更能够深入人心。

## 训练点2：让言谈变得风趣幽默

幽默是一个人思想、学识、智慧和灵感的结晶，是生活的调节剂，更是人际交往中不可缺少的技巧。巧妙地运用幽默，可以有效地化解紧张、尴尬、局促不安，让所有令人不快的气氛瞬间变得愉悦而轻松，使对立冲突和一触即发的态势转变为和谐与融洽，并使对方心悦诚服地接受我们的观点。

### 1. 使用幽默的原则

恰当的幽默可以活跃气氛，化解尴尬，但不合时宜的幽默或玩笑会制造矛盾，引起纷争。因此，使用幽默要注意对象，把握尺度，以尊重为底线，以和谐为前提。使用幽默的原则有以下几点。

（1）**分清场合**。我们在使用幽默时要分清场合，有些场合就不适合表现幽默。例如，公司会议上，大家正在讨论一个严肃的方案时，主持会议或者参与会议的人开了个不恰当的玩笑，很容易让其他人感到莫名其妙；学生在课堂上随意开玩笑，会转移其他学生的注意力，扰乱课堂秩序；在医院等气氛严肃的地方随意开玩笑，会让人觉得不尊重他人。

（2）**注意对象**。不同的人对幽默的承受能力也不一样。对待不同的人，我们要使用不同的幽默方式，区分不同的身份、地位、性别、文化素养、阅历和性格。

　　一般来说，在熟人面前说一些幽默风趣的话是非常合适的，但如果面对的是长者、上级、陌生人、性格孤僻的人等，就不适合随便开玩笑，否则会适得其反，引来误会或尴尬。

　　（3）注意内容。内容健康、格调高雅的幽默可以给人带来启迪和精神享受，同时也是对自身涵养和气度等形象的成功塑造；若幽默内容不雅，可能非但不能博人一笑，还会令人感到乏味无聊。

　　（4）态度要友善。使用幽默的过程是与他人进行感情交流和传递的过程，我们不能借着幽默来对别人冷嘲热讽，发泄心中的不满或厌恶，因为这不是幽默，给对方的感觉是不尊重人。真正的幽默不是利用他人的不足当笑料，相反，当别人因为不足身处窘境时，挺身而出，帮助其化解尴尬，这样的幽默才是真正令人赞叹、充满智慧的幽默。

**2. 幽默的应用**

　　合理地运用幽默技巧，对人际关系的建立和维护有着很大的帮助，很多时候直接说出某些话并不妥当，用幽默的方式说出来，会更容易被人接受。幽默可以应用在以下方面。

　　（1）自嘲解尴尬。在人际交往中，当遇到尴尬的处境时，我们可以用自嘲来化解尴尬，找到台阶下，并制造轻松的氛围，使现场气氛融洽，同时使自己更有人情味。

　　善于自嘲的人一般自信心较强，敢于列举出自身的失误、不足甚至生理缺陷来自嘲，对自己的丑处不予遮掩和躲避，反而把它放大、夸张，并巧妙地引申发挥，自圆其说，博得他人一笑。

　　（2）拒绝他人。对于他人提出来的请求或要求，我们不得不做出抉择，但有时不能答应对方，就要委婉地拒绝，这时不妨使用幽默技巧，不仅可以消除因为拒绝给彼此带来的不快，还能让对方感受到拒绝的决心。在幽默地拒绝别人时，常使用的技巧是故意夸张。

　　夸张式的幽默是把事实进行无限制的夸张，但仍然让人感觉到真实与合理，制造出一种喜剧效果，这样的话更容易让人理解，还不令人反感。

　　（3）委婉批评。在朋友相处过程中，如果发现了对方的错误，不妨通过幽默的暗示来表达不满，对友谊的维护更有帮助，也能让彼此的关系良性发展。

---

 **小故事大道理**

### 盲打出来的机密文件

　　总经理吩咐秘书张潇尽快打出一份文件，并告诉张潇这份文件涉及公司机密，要注意保密。由于昨天晚上睡得太晚，张潇今天的状态不是很好，她一边犯困，一边打印文件，马马虎虎地打完后，没检查就将文件交给了总经理。

　　总经理看了文件，发现其中错漏百出，虽然很生气，但他还是忍住了，调侃道："张潇，虽然我告诉你这是一份商业机密文件，但是你也不能如此认真听话，竟然看也不敢看一眼，闭着眼睛就把它打出来了。"

礼仪小故事
盲打出来的机密文件

**名师点拨**

　　看得出来，故事中的总经理说的话是反话，表面是夸赞张潇，其实是在暗示文件打得太差。总经理设身处地为张潇着想，并没有因为这个错误对她大吼大叫，严厉斥责，而是用幽默的语言打趣对方，委婉地提出了自己的批评，既不会打消张潇的积极性，又能激励她改进自己。

（4）**缓和矛盾**。同事、同学、朋友之间很有可能会因为意见不合等情况出现矛盾，人际关系出现裂隙，这时不妨幽默一下，宽容一些，既让别人心里舒服，也让自己高兴。

 **小故事大道理**

### 抽屉里有什么

安云和汪雪是多年的同事，两个人隔桌而坐，情同姐妹，彼此有很好的默契。尽管如此，她们有时也会产生一些小矛盾。有一次，她们在处理上司交代的项目时有了不同意见，在无法协调的情况下，她们居然发生了严重的口角，后来谁也不再搭理对方，形同陌路。

一星期以后，安云受不了这种气氛，为了打破尴尬的局面，当汪雪也在座位上时，她便翻箱倒柜，把办公桌的抽屉打开，东翻西找。这些行为引起了汪雪的注意。

汪雪忍不住心中的疑问，便问道："你怎么把所有抽屉都打开了，你在找什么啊？"

安云看着汪雪说："我在找你的嘴巴和声音。你一直不和我说话，我都快难受坏了！"说完这句话，汪雪和安云都扑哧一笑，重归于好。

礼仪小故事
抽屉里有什么

**名师点拨**

在出现矛盾之后，很多人其实想要主动缓和矛盾，但过于直接地主动说出和好的话，显得难为情，又使自己被动，而用幽默的方式道出和好的请求，既彰显自己的诚意，又表现出自己的智慧和大度。故事中的安云为了打破尴尬局面，故意用奇怪的行为引起汪雪的注意，从而引出那句幽默的话，既有诚意，又表现了对同事姐妹的友情之深，令汪雪为之动容，矛盾一下子就化解了。

### 训练点3：正确提问得到想要的答案

在沟通中，提问往往是深入某个话题的起点，所以是否会提问、如何提问、提问什么，都会影响到沟通的效果。

提问者要掌握察言观色的技巧，根据具体的环境特点和对方的特点有效地提问。有效地提问有利于准确把握回答者的需求，使回答者感到自己是注意力的中心，有被尊重、被关注的感觉，从而更积极地参与沟通。同时，有效地提问可以使提问者更好地控制沟通进程，把握沟通方向。

**1. 提问的原则**

要想有效提问，我们应遵守以下原则。

（1）**注意场合**。提问要注意场合，例如，在办公室里，对方忙于一些事情时，不适合向对方问一些琐碎无聊的问题；当对方在伤心或难过时，不适合问过于复杂、生硬或可能使对方不快的问题。

（2）**提问方式要多样化**。在提问的过程中，我们不要完全拘泥于一种提问方式，过于单一的提问方式会使沟通变得不自然，往往会固化回答者的思维模式，导致其回答也变得很单一。因此，我们在提问时要根据不同的沟通内容、沟通目的、沟通环境使用不同的提问方式。

（3）**提问语言要简洁**。提问的语言应能使对方理解，这就要求提问的语言不能太长，要通俗易懂、简单明了，不拖泥带水、含糊其词，要具有启发性和引导性。

（4）**问题要难度适中**。提出的问题应难度适中，考虑到回答者的年龄、知识水平和接受能力。通常情况下，低难度的问题往往是针对比较具体的特殊事例的；中等难度的问题则多为一些抽象的、带有一般规律性的问题；高难度的问题则是开放式的，考验回答者的综合素质。

如果回答者是一个群体，提出的问题就既不能太简单，也不能太复杂，难度应该控制在中等难度，以大多数人经过思考就能回答为标准。

（5）**提问要留有余地**。我们在提问时要留有余地，以免伤害别人，这就要求我们不要提明知对方不能回答或不愿回答的问题；不在提问时故作高深，卖弄学识；不随意扰乱对方的思路；提问要尽量避免引起对方的抗拒，如避而不答或生气地离开。

### 2. 提问的方法

我们在提问时可以根据具体情况使用以下提问方法。

（1）**直接提问法**。直接提问法是指开诚布公、干脆利落、直截了当地说明提问的目的，直接提出问题。在使用直接提问法时，我们要注意情感的铺垫，让回答者的心情舒缓一些，更愿意合作，同时要避免提出过于直白的问题，以免显得太生硬，使回答者产生抗拒心理。

直接提问法可以有效提高沟通效率，在真实、高效地洞悉对方想法和需求的基础上，尽可能根据对方的真实想法实现彼此之间的交流与合作。在提问之前，我们要先整理好自己的思路，弄明白自己最想了解的核心问题，以免引出一些细枝末节的问题干扰沟通进度。

 **小故事大道理**

#### 如此啰唆

杨成伟给一位做咨询师的朋友打电话以寻求帮助："我有一个问题要向你请教。"

朋友说："好的，说吧。"

于是，杨成伟开始向朋友诉说自己这段时间的困扰："我有一位客户，我非常想和他合作，但是这位客户控制欲极强，总是干涉我的工作……"

朋友打断他的话，问道："停，我打断你一下，你刚才说要问我一个问题，你现在说了半天，我还是没明白你的问题是什么。"

"你知道吗？这个人实在是太有控制欲了……"杨成伟试图更详细地向朋友说明事情的来龙去脉，而朋友继续问他，究竟想要问什么问题。

这时杨成伟才停止唠叨，认真想了一会儿，说道："我想问你，如何与一个控制欲极强、试图事事都凌驾于我之上的客户打交道？"

他的朋友听完以后松了一口气，说道："你早这样说不就完了吗，啰唆半天干什么？"然后说出了自己的建议。

**名师点拨**

人们提问的目的是获取信息，但在提问之前，整理好思路，把问题尽快说清楚，才能更好地达到提问的目的。有的人在提问之前总是发泄情绪，滔滔不绝地说出很多带有主观情绪的话，这只会让听的人感到烦躁，抓不到问题的重点，自然无法提供提问者需要的信息。故事中的杨成伟就是如此，只顾着向朋友倾诉，但忽视了要提出的问题，影响了沟通的效率。

（2）迂回提问法。迂回提问法是指从侧面入手，采用聊天攀谈的形式，逐步将提问引入正题。迂回提问法的时间性不是很强，也不受场合的限制。当我们发现回答者感到紧张拘束或者有所顾虑而不愿意交谈时，不妨采取迂回提问法，逐渐引入正题。

要注意的是，我们的提问是有目的的，所以迂回提问只是一种手段，聊天时谈的话题要有选择性，表面上似乎与主题无关，但实质上有所关联。

（3）引导式提问法。引导式提问法是指提问者通过启发的方式，引导或激活回答者的思路，使其明确双方沟通的范围和内容，从而有针对性地说出自己掌握的信息。当回答者不愿意说、不太会说或不想主动说时，我们可以使用引导式提问法。

（4）假设提问法。假设提问法是指由提问者提出一些假设性的问题，一般是以"如果""假如"等开头，是一种试探性的提问方法。假设提问法有以下作用。

- 启发回答者的思路，引导其表明对某个问题或某件事情的看法。
- 设身处地地为对方着想，积极帮助其回想某个情景。
- 调节回答者的情绪，使其说出本来不太想说、不太好说出口的事情或想法。
- 由提问者对人物或事物进行合乎规律的推断和预测，促使回答者产生联想和想象。
- 提问者已经有了一定的认识，再提出一些假设性问题，与回答者展开讨论，深化双方的认识。

（5）选择式提问法。当提问者在问题中给回答者预设了答案时，回答者的思路就会受到限制，会毫无知觉地忽略是否还有其他选项、是否可以拒绝提议，而是在提问者提供的选项中进行选择，而这些选项其实都是对提问者有利的。例如，当提问者问"您看是周六上午还是周六下午来见你？"，对方很有可能回答"周六下午吧，周六上午我还有别的事情要办"。

（6）激将式提问法。激将式提问法是指用比较尖锐的问题来适当刺激回答者，使其转变心态，主动说出提问者想要了解的信息。在使用激将式提问法时，提问者要考虑自己的身份、刺激的强度，以及谈话的气氛，有些时候尖锐、刁钻、奇特、古怪的提问是"兵行险招"，成功则已，不成功就会引发难以收场的后果。

（7）转借提问法。转借提问法是指提问者假借他人之口，向回答者提出自己想问但又不宜直接面对面提出或不太好直说的问题，以证明问题的客观性，同时加大提问的力度。

（8）开放式提问。开放式提问是指提出比较概括、宽泛的问题，对回答的内容限制不严格，给对方充分自由发挥的余地。开放式问题常常运用包括"什么""怎么""为什么"等词语在内的语句提问。这种提问需要提问者加以详细的解释和说明，表明提问者对回答者所说的话很感兴趣，还想了解更多的内容。

（9）封闭式提问。封闭式提问是指提问者提出的问题带有预设的答案，回答者不需要展开回答，只需回答一两个字或简单地点头或摇头即可，从而使提问者可以明确某些问题。封闭式提问一般在明确问题时使用，用来澄清事实，验证结论与推测，缩小讨论范围，多用"是不是""对不对"等词语提问。但是，我们在使用封闭式提问时要适度，过多使用会让回答者处于被动地位，从而压抑其自我表达的积极性。

（10）权利式提问。权利式提问是指通过某个简单的问题获得继续向回答者提问的权利。典型的权利式提问是"我可以问你一个问题吗？"，对方一般会回答"可以"，这时我们就获得了对方的承诺，对方也做好了兑现承诺的准备，回答接下来的问题的可能性就比较大。

### 3. 提问的禁忌

提问时不要出现以下问题。

- 对方不知道答案的问题。如果我们不确定对方是否能充分地回答问题，最好就不要问。因为若问题范围太大或专业性太强，让对方无力回答或不愿意回答，不仅让对方觉得糟糕，我们也会自讨没趣。

- 与私人生活相关的问题。对于一些与私人生活相关的问题，例如年龄、收入、详细地址等，我们最好不要刨根问底，要尊重对方的隐私。对方回答得很模糊，说明他对个人隐私很重视，如果想让我们知道，对方自然会主动而详细地说出来。

- 与职业有关的秘密。很多职场新人好奇心很强，他们往往对同事的做事技巧、客户数量或涉及职业规划的秘密很感兴趣，但除非对方主动提及，如果唐突地询问，只会增加对方的厌恶情绪。

- 质疑式的问题。对方正在讲述自己的经验或经历时，若我们问"你怎么能这样做呢？""你为什么不试试这种方法？"，对方很有可能就没有继续讲下去的欲望了，因为质疑式的问题打击了对方的积极性，会使对方觉得自己的自尊受到了伤害。

## 训练点4：合理拒绝对方请求

在生活和工作中，我们难免会遇到别人的请求，有时甚至是无理的要求，有的人不懂得拒绝，非但没有获得认可，还会蒙受指责，影响双方之间的关系。因此，我们要学会合理地拒绝别人的请求。

### 1. 另指出路

当对他人的请求感到力不从心或者不乐意接受的时候，我们可以采用另指出路的办法，以帮助对方解决问题。例如，找到自己身边能提供帮助的人，为对方解决问题；就算任何帮助都不能提供，也可以不断跟进，一直关注对方事情的进展，这种关心和关注对对方也是一种安慰，对方觉得我们仍然是关心他的，也就不会因为遭到拒绝而生气。

 **小故事大道理**

**迂回补偿化尴尬**

赵鹏平时喜欢摆弄计算机，在同宿舍的同学们看来，他对计算机非常精通。这天，一个同学对赵鹏讲："我的笔记本电脑不知道怎么回事蓝屏了，里边还有很多重要资料呢！我不知道怎么修复，你能帮我修理一下吗？"

但是赵鹏并不知道怎么处理蓝屏的问题，他只能拒绝了同学的请求。"实

礼仪小故事
迂回补偿化尴尬

在不好意思，我爱莫能助。我对修理计算机不是很精通。"看到同学很失望，赵鹏突然想到自己认识一个计算机系的朋友，于是对同学说："没关系，我有一个朋友是计算机系的，我找他帮你看看吧。"

同学听后非常高兴，对赵鹏说："那真是太好了！"

### 名师点拨

对于自己不能做到的事情，勉强应允不如坦诚拒绝。当我们不能给对方提供帮助时，我们在拒绝的同时为对方指出另一条路，为对方办成某件事付出一些努力。这样就算对方被拒绝，一样会感激，从而愿意继续维护双方之间的关系。

### 2. 另做选择

当他人请求我们做某件事时，如果我们不喜欢做这件事，直接拒绝可能会伤害对方，让对方误以为我们不尊重他。这时可以建议对方做另外一件事，不仅巧妙地拒绝了对方，还不会让对方感受到拒绝。

例如，朋友想让我们陪她逛街，但我们不愿意去人多的地方，就可以提出建议："今天天气不错，不如去郊外走走吧，呼吸一下新鲜的空气。"

### 3. 使用商量语气

当他人提出请求时，我们不要生硬地拒绝，而要用商量的语气和委婉的辞令，设身处地为对方着想，以诚恳的态度对待对方，详细说明自己不能提供帮助的原因。这样才能赢得对方的理解，在拒绝对方的同时又不伤害对方，从而维护双方的关系。

### 4. 请人转告

当他人请求帮助时，自己不好当面拒绝，或者自己亲口拒绝不合适，就可以利用第三方作为"中介"，巧妙地传达拒绝。

### 5. 岔开话题

人们在有求于人时，内心是非常敏感的，会不由自主地解读对方的神态和举动，并根据自己收到的信息猜测自己是否能获得帮助。因此，我们在知道对方打算请求帮助但还没有开口时，可以先发制人，有意识地释放一些暗含拒绝意味的信号，以使对方领悟到我们的意思，知道不会得到帮助，从而主动打消求助的念头。由于还没有正式地提出请求，所以对方的自尊并没有受到伤害。

### 视点链接

有些人在拒绝他人时，因为感到不好意思，而不敢据实言明，致使对方不明白自己的真正意思，产生许多不必要的误会。其实，在人际交往中，拒绝乃是常有的事，人际关系因此破裂的并不多，反倒是有些人说话语意暧昧、模棱两可，反而容易引起对方的误会，甚至导致关系破裂。

### 6. 自我贬低

我们收到了请求，说明那些有求于我们的人相信我们有解决问题的能力，对我们抱有很高的期望。因此，我们如果不想接受请求，就不要过分夸耀自己，否则会在不知不觉中抬高对方对我们的期望，加大拒绝的难度。

正确拒绝对方的方法是反其道而行之，采用自我贬低法，说一些自己的缺点和短板，降低对方对我们的期望，同时把对方的目标转移到别处。当然，在自我贬低时，我们要让自己的借口听起来合情合理，让对方觉得我们是真的无能为力，这样才能让彼此都接受，不至于把事情弄得很不愉快。

### 7. 先退后进

有时对方提出的要求或请求并非无理取闹，是有一定合理性的，但由于条件的限制，我们一时无法满足对方或不能一开始就拒绝对方。这时可先尊重对方的意愿，肯定对方的建议或要求，在精神上部分地满足对方，然后尽可能委婉地讲清楚无法接受的理由，巧妙地予以拒绝，以减少因拒绝而让对方产生的不满和失望。

### 8. 幽默拒绝

直截了当地拒绝很容易使对方难堪、尴尬，影响彼此之间的关系。而使用幽默的方式来拒绝，可以委婉地表达拒绝之意，很好地化解尴尬。幽默的说话风格可以调节气氛，弱化双方的矛盾，减轻双方的压力，还能使对方在笑过之后理解我们所要传达的意思，并欣然接受。

## 训练点5：委婉说服，使人心领神会

说服的最高境界是让对方心服口服，这就要求不仅要把话说得滴水不漏，还要俘获对方的心，使其心甘情愿地接受自己的想法或条件。要想实现说服的目的，我们在沟通时要遵守以下礼仪规范。

### 1. 给对方选择余地

任何人都不喜欢被迫做出决定，即使这个决定非常简单，但因为被迫心里就会产生反感和抗拒，妨碍做出正确的选择。因此，我们在说服别人时不要进行道德绑架，要留给对方充分的选择权，让对方平静地思考选项。

思政讲堂
新闻发言人的
自信表达，不
卑不亢

运用假设性原则便是一个很好的方法。运用假设的讨论模式，从事情可能引发的结果展开推导，然后让对方去思考、去领悟。

例如，"假如换成别人，而不是你，你会怎么办？""假如现在不这样做，我们不妨分析一下将来会发生什么"等。假设可能成立，也可能不成立，通过假设所得到的结果，对方可能会接受，也可能会排斥，但将这些情况摆出来以后，表明了我们的态度"事情会出现这样的情况，我是真诚的，无意隐瞒你，希望你能明白"，而那些不利的情况就是说服的工具。

让对方权衡利弊，把"我说服你"变成"你说服你自己"，对方会心甘情愿地做出改变。

### 2. 使用对方熟悉的语言

说服是一件很复杂的事情，有时可能只是因为用错了一个字，就会引起对方的反感甚至愤怒。在生活中，各个群体的人都有一套习惯用语。要想说服这些人，我们就要在说服他们时使用其惯用的语言，以和他们建立更深的关系。

### 3. 不要直接否定对方观点

在说服他人时，我们一般是否定他人的观点的，但要注意的是，这种否定不能直截了当、不加掩饰地说出来，否则可能会导致对方恼羞成怒，中断沟通。

在说服他人时，我们首先要认可对方，毕竟每个人的情况不同，待人处事都有自己的出发点。因此我们不能武断地判断对错，而要最大限度地理解和认可对方，这样才能得到对方的信任，使自己的说服工作进展更快、更顺利。

### 4. 及时调整说服方法

我们要在说服对方的过程中随时反省自己，考虑自己说的话是否能被对方接受，说出的话是否过于直白或含蓄、过于深奥或肤浅，或是把问题分析得过于复杂或简单，并随时关注对方的反应，当发现对方露出迷茫不解、不以为然的表情时，我们要立即变换一种更好的方式。

### 5. 保持开放的心态

我们不要把说服升级成争论，而是要保持开放的心态，让自己更客观，减少对方的抵触心理，例如用温和的语气交谈，礼貌地提问和回答。这一过程可以让自己慢慢冷静下来，显得温文尔雅，最终会增强语言的说服力。

### 6. 建立共识

建立共识是指找到彼此之间的共同点，得到一个彼此都能接受的理念，这种共识会让对方更加客观地思考我们的建议。建立共识的一个有效方式是提问，我们要不断提问，并让对方有足够的时间思考和回答，直到得出一个共同的理念。

# 专题二　沟通礼仪

一个人的沟通能力不仅体现在表达技巧上，还体现在沟通礼仪上。遵守沟通礼仪规范，可以向对方表示尊重，给对方留下礼貌、优雅、稳重等良好的印象，更有利于沟通的进行和人际关系的发展。

## 训练点1：沟通，从倾听开始

倾听是获取信息、开阔视野的重要途径，数据显示在获取信息的途径（听、说、读、写）中，听的时间占53%。倾听是对别人表达尊重和鼓励的特殊方式，可以增进彼此之间的理解，架起沟通的桥梁。

为了获得更好的倾听效果，我们在倾听时要遵守以下沟通礼仪规范。

### 1. 行为举止自然

人的行为举止和身体姿态会反映出对谈话的态度，自然开放的姿态意味着对谈话感兴趣，信任对方。我们在倾听时要身体前倾，保持与对方视线接触，不东张西望，这是集中注意力、愿意倾听的表现。

双臂交叉意味着防御，表示对对方提出的意见持保留态度；倾听时跷二郎腿，会给对方一种不耐烦或高傲的感觉；没有语言上的回应，只是长时间盯着对方，会让对方感到局促不安；表情要自然，如果眉头紧皱、假笑、扬眉等，会造成倾听障碍。以上行为都是倾听时禁止出现的。

### 2. 注意力集中

专注地倾听是对别人的一种尊重。如果我们在倾听时面无表情、无精打采，给对方的感觉是不感兴趣，不愿意参与谈话；如果我们时不时地看一下手表，或者摆弄文件夹、笔以及手上的其他物品，会让对方感觉我们的注意力在别的地方，没有接收到谈话的全部信息，还会让对方产生被轻视的感觉。

### 3. 及时做出反馈

如果在倾听时过于拘谨，不会表达自己的观点，不参与交流，就会影响沟通的效果。我们在倾听时要用自己的话总结对方的重点，或提出一些有针对性的问题，让对方知道我们一直在听，而且掌握的信息不少，这会让对方觉得自己很重要，从而有利于对话的持续进行。

同时，我们在倾听时要时常通过表情、手势、点头等向对方表示自己在认真倾听，并说一些诸如"对的""是这样""你说得对"等简短的话语表示理解，从而鼓励对方说下去。

在沟通刚开始时，对方所表达的内容或感受可能只是冰山一角，许多更加强烈的情感并没有表达出来，而耐心地倾听和恰当地反馈就会为他们探究和表达内心的真实感受提供条件，让他们放下顾虑，畅所欲言。

### 4. 客观评估对方的观点

我们在倾听时的目标是从对方所说的话中获取信息，但如果我们对对方不感兴趣，就很难集中注意力倾听。因此，我们应消除对对方的偏见，在倾听时要关注对方提供的信息，而不是其外表、性格或说话方式。另外，我们也不要因为对方口才很好就对其做出肯定的判断，因为出色的口才并不意味着其传递的信息有价值。因此，我们要等到对方表述完以后再做判断，不要过早下结论。只有这样，才可以更客观地检验并评估对方的观点、论据和论证过程。

### 5. 耐心倾听

在日常生活中，并非每句话都包含着重要信息，也并非第一句话就是对方谈话的主题和真实意思。一般开始说的话可能会比较零散或混乱，观点不突出、逻辑性不强，我们要鼓励对方把话说完，耐心倾听，即使对方的观点与自己不一致，甚至是自己无法接受的，也要试着去理解对方。

随意打断对方讲话，借机把谈话主题引到自己的事情上，任意加入自己的观点做出表态和评论，都是非常不尊重对方的表现，有这些行为表现的人是不善于倾听、行为激进、不礼貌、难以和他人沟通的人。打断对方讲话比单纯不听对方讲话还要恶劣。因此，除非有不得已的情况，我们不应该打断对方讲话。

---

### ◎ 视点链接

很多人之所以不愿意倾听，是因为放不下自己的态度。每个人都是独立的个体，都有表达自己的权利，要倾听对方讲话，就要放下自己的态度，融入对方的世界，并努力克制自己的表达欲望，这是一件很难的事情。而且，有的人一旦听对方说出自己不认可或不赞同的观点，便急于反驳，如果反驳效果不佳，可能产生负面的情绪反应，后面也就无法安静听对方讲话了。

---

## 训练点2：接打电话，让声音有礼貌

接打电话虽然不是面对面交谈，却能反映出一个人的礼仪修养和素质，对方可以根据说话的语气、措辞、声音状态以及情绪感受到一个人、一个单位或一个企业的形象，因此这就涉及电话形象问题。

### 1. 打电话的礼仪

打电话的礼仪规范包括以下几点。

（1）找准拨打时机。按照惯例，拨打电话有两个合适的时间点，一是双方预约的时间，二是对方方便的时间。在选择对方方便的时间时，一般应避开对方忙碌、吃饭、睡觉的时间，如果拨打国际电话，要事先查清楚对方的时区，不要昼夜不分地打扰别人。除开特别紧急的事情，一般也不要在周末或节假日打电话谈论公事。

如果打电话到对方单位，一般不要在周一早上打过去，因为对方可能要处理很多公务；也不要在对方快下班的时候打电话。如果因为紧急的事情不得不在对方休息、周末或节假日、用餐、开会等时间打电话，首先要向对方致歉"不好意思，打扰你了"，然后讲清楚原因。

（2）注意通话环境。在拨打电话时，我们要注意周围的环境，尤其是在拨打公务电话时，要尽量在办公室进行，同时避免谈话声、嬉笑声、咳嗽声等嘈杂的声响。我们尽量不要在嘈杂的大街上、公交车上、商场、影院、宴会上等场合通话，如果在这些场合有事要打电话，也要选择一个比较安静的地方再打。

（3）语言得体。通话的语言要符合礼仪规范，礼貌得体，态度要诚恳、谦恭有礼，多使用礼貌用语，例如"你好""您好""请帮我找一下某人好吗？谢谢"等。说话时语速要适中，声音要清晰。

（4）举止得当。通话时，我们尽量不要四处走动，仰坐、斜靠、歪躺、趴在桌上等动作也是不适宜的。也不要在打电话时吃东西、喝水、浏览网站，甚至与旁边的人闲聊。

在打电话时若弯腰弓背，或者半躺，传给对方的声音就会慵懒无力，使对方对我们的态度产生怀疑；若阴沉着脸，声音就会冰冷、毫无热情；若来回走动或抖腿，声音就会时高时低、不平稳，会令对方对我们的信任度大打折扣。

**2. 接电话的礼仪**

接电话的礼仪规范包括以下几点。

（1）及时接听。当听到电话铃声响起时，我们要立即停下正在做的事情，尽快接听，不要等铃声响很久之后再接听电话。一般来说，电话铃响三声之后接电话比较合适。如果接电话不及时，应在通话之初向对方表示歉意："对不起，让您久等了。"如果由于某些特殊原因没有接听电话，或漏接电话，应在看到"未接来电"的提示后立即回拨，并向其道歉，说明缘由。

（2）谦和应对。在公司、单位接电话时，我们首先要问候，并向对方说明自己是谁："您好，这里是×××。"一方面是向对方问好，另一方面是表示打来的电话有人接听，并确认自己是不是对方真正要通话的对象。如果对方拨错了电话，我们也不应生气，而应向对方解释清楚。

（3）认真倾听。在接听电话时，我们要聚精会神，认真领会对方的话，不要心不在焉。我们的态度是否端正，对方可以从我们说话的语气判断出来。如果我们的声音呈现出一种懒洋洋的感觉，会给对方留下不重视、不礼貌的印象。在通话中，为了使对方知道自己一直在倾听，或是表示理解与同意，应不时地轻轻"嗯"上一两声，或回答"是""对"。

（4）注意接电话的顺序。如果我们正在接听电话，有另一通电话打了进来，切忌中断通话，而应向正在通话的人说明原因，让他不要挂断电话，稍等片刻。然后接另一通电话，请对方稍等片刻或请对方过一会儿再打过来，或者自己稍后回电话，等对方理解后再继续接听第一通电话。

（5）问清事由。我们在接听电话时要问清事由，尤其是在工作中，应了解对方来电话的目的，如果是重要且自己无法处理的事情，要认真记录下来，并交给专门的人处理。如果对方要找的人不在，切忌只说一句"不在"就挂断电话。

（6）**尊重身边的人**。在接到电话的时候，如果身边有其他人，我们要先征得其他人的同意，再接电话。如果发现打来的电话不适合在有其他人的情况下接听，可向对方表明："我身边有人，一会儿我再给你回电话。"在身边有客人的情况下，我们不能在接听电话后就把客人遗忘在一旁，与电话那头的人一直聊天，这会让客人产生被忽视和轻视的感觉。

 **小故事大道理**

### 旁若无人的打电话者

　　谢倩大学毕业后在某公司担任办公室文员，她性格开朗、活泼，在大学期间结交了很多朋友。朋友多，接打电话的频率也就高。在工作期间谢倩经常接打一些私人电话，每当接到朋友的电话时，谢倩都非常高兴，常常旁若无人地和朋友在电话里谈笑风生，似乎总有说不完的话。可是，她却没有察觉到周围同事们那带有责备的目光。

#### 名师点拨

　　在工作期间，最好减少接打私人电话的次数，尤其是一些无关紧要的私人电话。此外，在办公室接打私人电话时最好小声说话，或者是寻找一个没有人的角落，不能在办公场所旁若无人地打电话，影响周围同事的工作。

　　（7）**礼貌挂断电话**。谈话还没结束，或者刚结束就挂断电话，是一种非常不礼貌的行为，会影响我们在对方心中的形象和地位。在挂断电话时要注意：一般而言，应由主动打电话的人或主动开口的人先挂断电话；挂断电话之前要礼貌地说一声再见，然后在结束对话的2～3秒后挂断电话。

### 训练点3：换位思考，沟通要讲同理心

　　换位思考，即设身处地地为他人着想。人与人之间要互相理解、信任，并且要学会换位思考，这是人与人之间交往的基础。只有做到换位思考，我们才能真切感知到别人的感受，明白别人的立场，站在别人的角度来看问题，从而准确地理解别人。在此基础上的沟通才能说中关键，说中人心。

　　要想做到换位思考，我们要注意以下几点。

#### 1. 摒除偏见

　　偏见是一个人出于个人态度的主观臆断。人们的认识能力和知识水平有限，很难保证对事物的看法符合真实的情况，这种主观判断和客观事实之间的差异很有可能导致以点概面、以偏概全的结果，让人无法心平气和地面对眼前的人和事。

　　偏见会左右我们的言行。在与人沟通时，如果我们只凭主观臆断，很容易产生误会，或产生防御、抵触心理，我们从对方身上看到的只是支持自身立场的信息，而那些反对自身立场的证据被自动忽略和屏蔽，从而形成恶性循环：越是有偏见，看法就越主观，这种主观又强化了偏见。由于偏见来自认知的局限性，要想摒除偏见，我们就要通过学习和阅读，以及与具有不同知识背景的人交流讨论，不断改造内心的非理性观念。

#### 2. 不要轻易下结论

　　在与人沟通时，如果我们还没有弄明白事情的原委就匆忙下结论，很容易给人留下自以为是的

印象，影响进一步的沟通，还可能造成误会、产生隔阂，伤害彼此之间的感情。

当我们对某件事下结论之后，对方也就失去了继续与我们讨论的欲望。沟通是一种双向的互动关系，当我们想对某件事下结论时，不妨先换个思路多维度地思考和分析：为何别人会这样思考问题？其出发点是什么？自己的结论是否经过客观观察与深刻的思考？是否尊重事实？生活中的很多误会都是如此，只要多一点耐心，多考虑别人的立场，就可以知悉对方的真实想法，了解真相。

### 3. 对事不对人

对事不对人是指沟通要专注于事情本身，只讨论这件事是否合理、是否可行，但不针对做出这件事的人做出评判。对事不对人的沟通方法可以实现心平气和地交谈，是讨论问题的有效方法。

具体来说，我们可以评判一个人的做事方法、工作态度、沟通技巧等，但不要上升到人身、人格、个性等层面。如果对人不对事，得出的结论就会有失偏颇，也容易激发对方的抵触情绪，而对事不对人，分析得出的结论会更客观、准确。

#### 情景还原解析

在"情景还原"板块中，杨威犯了"对人不对事"的错误，将文海阅做事速度慢上升到做人懒散，结果激发了文海阅的反感情绪。可想而知，杨威的催促不但没有效果，而且会使工作效率更低。

### 4. 切忌说教

我们在想要说服别人时，总会习惯性地摆事实、讲道理，这种沟通虽然充满诚意，但对方不一定愿意接受。讲道理从心理层面来讲，是通过自己的言语影响他人，以改变他人的观点和看法，其实暗含着对对方的一种否定，所以无论道理多么深刻、语气多么委婉，都是对他人的一种精神上的指责。

每个人都有自己既定的立场，也有自己的固定认知，我们的道理不一定是正确的，也有可能源自对他人的不理解。如果我们一味地站在自己的角度思考问题，不考虑别人的立场和感受，只希望通过讲道理改变别人，就会创造出一个无意识的指责情境，对方自然无法接受。

说教是单方面的灌输和压制，很容易引起负面情绪。我们要多站在对方的角度，感受对方真正的需求，形成一种情感上的平等互动，使对方的感受更深刻。当对方的心理需求得到满足后，反过来自然会用豁达和积极的心态接纳我们。

### 训练点4：微信沟通，遵守网络礼仪

微信是人们常用的即时通信软件，目前已成为人们日常工作和生活中必不可少的社交和通信工具，不管是上司、同事，还是朋友、家人，大多数情况下都通过微信保持联络，所以我们有必要掌握微信聊天礼仪。

#### 1. 问候要真诚

我们在平时向他人发问候等消息时，不要只发表情，应用真诚的文字关怀对方；在节假日时最好不要群发祝福，而是自己撰写祝福的话，这样显得更真切，同时要加上对方的称呼，使用敬语。

在与人微信沟通时，不要只说"你好""在吗""在不在"就没有下文，要顺带说明来意，这样对方在看到消息后可以有针对性地回复消息。

#### 2. 消息要简明扼要

微信消息分为文字消息、语音消息和图片消息。

- 文字消息。应把文字写正确，内容简短明了，切忌长篇大论，可适当发图片进行补充说明。
- 语音消息。如果不是特别熟的人，在发送语音消息前，我们要先征得对方的同意，而且要说普通话，声音标准清晰，避开嘈杂声响。发送的语音消息时长要短，切忌发送数十秒的语音，因为语音不能快进，一旦中断，需要重新收听，浪费时间。
- 图片消息。图片的内容要健康，保证清晰可见，数量要适宜，大小适中。如果图片数量过多，最好以压缩包的形式发给对方，直接发送会给对方刷屏的感觉。

### 3. 及时回复消息

我们在收到对方发来的微信消息后，要第一时间回复，如果有特殊情况不能及时回复，应向对方说明情况，并约好回复的时间。

思政讲堂
网络文明观、
网络安全

在回复消息时，不要直接回复"哦""嗯""呵呵"等，这会给人敷衍的感觉。如果有事需要离开，中断聊天前要跟对方说明，别让对方一直等待。

### 4. 礼貌地进行视频通话

如果我们想要和某人视频通话，切忌直接发送视频通话申请，而应提前用文字消息问一下，看对方是否方便。如果贸然进行视频通话，可能会影响对方的正常生活，也是不尊重对方的表现。

### 5. 合理使用微信群

在微信群内聊天时，不管是发文字、语言、图片还是表情，都不要刷屏，也不要发布低俗信息、隐私等。由于微信群是公开的，而且微信也不能保证时刻在线，所以一旦遇到重要的事情，最好还是电话联系。在微信群内与某好友聊天时，最好是就某一公开事项进行讨论，如果是双方之间的私事，应单独聊天，以免刷屏，影响其他人讨论。当看到精彩的内容，想要转发分享时，要在微信群内先表明转发分享的理由，方便群友快速理解内容，并决定是否打开浏览，节省他人的时间和精力。不要转发带有"如果不转发就……"等带有强迫性字眼的文章，也不要轻易转发捐款、收养宠物、投票等链接。如果要转发，也应提前核实，以免虚假信息给好友带来损失，这也是对自身信誉的维护。

在拉别人进群之前要征求对方的意见，否则对方不知不觉进入一个陌生的群，被群消息打扰，会影响正常工作和生活。

 回顾·思考·讨论·应用

**一、单元知识要点**

表达技巧：赞美、幽默、提问、拒绝、说服。沟通礼仪：倾听、接打电话、换位思考、微信沟通。

**二、判断题**

1. 背后赞美人会使赞美显得更真诚。（　　）

2. 对上级领导开玩笑，可以拉近彼此之间的关系。（　　）

3. 在拒绝对方的请求时，应说话委婉，用商量的语气。（　　）

4. 与人沟通时，"对人不对事"要好于"对事不对人"。（　　）

5. 在回复别人的微信时，如果表示同意，可回复"嗯"。（　　）

表达技巧与沟通礼仪

### 三、选择题

1. 下列场合适合表现幽默感的是（　　）。

    A. 课堂                B. 娱乐场所           C. 会议             D. 医院

2. 下列提问方法风险最大的是（　　）。

    A. 直接提问法        B. 激将式提问法      C. 转借提问法       D. 迂回提问法

3. 在说服他人时，下列做法错误的是（　　）。

    A. 给对方选择余地                   B. 使用对方熟悉的语言

    C. 直接否定对方的观点              D. 及时调整说服方法

4. 在倾听时，适合做出的行为举止是（　　）。

    A. 身体前倾，与对方视线接触          B. 长时间盯着对方，沉默不语

    C. 双臂交叉，跷二郎腿               D. 左右摇晃身体，皱着眉头

5. 下列微信聊天行为正确的是（　　）。

    A. 视频通话前先问对方是否方便       B. 只发一句"在不在"就没下文

    C. 发送数十秒的语音消息            D. 在微信群内与某好友长时间聊天

### 四、问答题

1. 简述赞美的FFC元素。

2. 提问的方法有哪些？

3. 如何做到换位思考？

### 五、讨论题

1. 在生活中你是否经常赞美别人？别人对你的赞美有何反应？

2. 自己在微信使用过程中有哪些不符合礼仪规范的地方？

3. 你是否有成功说服别人的经历？你当时采用了什么办法？

### 六、实践与应用

**任务 倾听训练**

实践内容：听故事，回答问题。教师通过同学们对问题的回答，了解同学们认真倾听的程度。可准备礼物若干份。

实践要点：

（1）事先准备一个200～300字的故事，要有简单的故事情节。

（2）大声朗读这个故事。

（3）朗读结束后拿出礼物，就故事的内容提出几个问题，答对的人可以获得礼物。问题包括故事的时间、地点、人物姓名、简单情节等。

可能没有一个人能答对全部问题。这时就要思考：为什么没有人能把内容记得非常清楚？同学们不认真倾听的原因是什么？

# 第七单元
# 社交餐饮礼仪

**7**

宴会、聚餐是社交活动的一种重要形式，人们参加宴会或聚餐的目的不是吃饭，而是通过就餐来维护和巩固人际关系，宣传和树立自己良好的个人形象。因此，人们在社交餐饮活动中要遵守各种礼仪规范，小心谨慎，举止优雅，别因为一时的放纵损害了个人的信誉。

**课前思考**

① 在平时的生活中，你是否严格遵守中餐的礼仪规范？

② 你觉得西餐礼仪和中餐礼仪有哪些不同？

③ 在吃自助餐的时候有什么要注意的地方？

④ 喝茶的礼仪和喝咖啡的礼仪包括哪些方面？

---

**情景还原**

### 另类的就餐者

张卓高中时期的好友李峰在国外留学，张卓正好有事出国，打算和李峰见一面。他们两人约好在餐厅用饭，而李峰则把好友彼得介绍给张卓认识。

为了显示自己了解西餐文化，在用餐时，张卓就用餐桌上一块很精致的布仔细地擦拭了自己的刀、叉，在用餐的时候也学着他们的样子使用刀叉，既费劲又辛苦，但他觉得自己挺得体。

用餐快结束时，习惯吃饭时喝汤的张卓盛了几勺精致小盆里的"汤"到自己的碗里，然后喝下去了。

这一幕让彼得看得愣住了，而李峰在旁边满脸通红。

**请分析：案例中张卓就餐时的行为有何不妥？**

---

# 专题一　中餐礼仪

中国自古为礼仪之邦，讲究"民以食为天"，饮食礼仪自然是饮食文化的一个重要部分。本专题主要讲述中餐的座次安排、餐具使用、进餐形象等礼仪规范。

## 训练点1：中餐的座次安排

中餐的座次安排反映了宾客的身份和主人给宾客的礼遇，因此不容忽视。座次安排可以分为桌次排列和位次排列。

### 1. 桌次排列

在中餐的宴会活动中，人们往往使用圆桌布置菜肴。如果是由两桌组成的小型宴会，当两桌横排时，桌次以右为尊，以左为卑；当两桌竖排时，桌次以远为上，以近为下。以上所说的"左""右"和"远""近"以正门的位置为标准。

如果是由三桌或三桌以上组成的宴会，除了注意"面门而坐""以右为尊""以远为上"等规则外，还要注意与主桌的距离。一般情况下，距离主桌越近，桌次越高；距离主桌越远，桌次越低，如图7-1所示。

为了确保赴宴的宾客能够及时、准确地找到自己的位置，主人要做到以下几点。

- 在请柬上注明宾客所在的桌次。
- 在宴会厅入口悬挂宴会桌次排列示意图。
- 安排人员指引宾客按桌次就座。
- 在每张餐桌上摆放桌次牌，要用阿拉伯数字书写。

餐桌与座椅的摆放要整齐统一，椅背纵横成行，台布折纹要指向同一个方向，给人以整体美感。

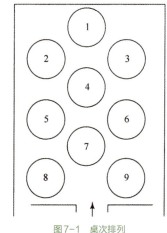

图7-1　桌次排列

**2. 位次排列**

位次排列是指在同一餐桌上席位的高低安排。一般每张餐桌上安排的人数应限制在10人以内，最好是偶数，例如6人、8人、10人。位次排列要注意以下几点。

● 面门为上，主人一般面对着正门，如果有两位主人，双方可相对而坐，第一主人面对正门而坐，第二主人背对正门而坐。如果主人夫妇在同一桌就座，以男主人为第一主人，女主人为第二主人，主宾和主宾夫人分别在男主人和女主人右侧就座。

● 多桌宴请时，每一桌都要有主桌的代表入座，位置一般和主桌主人同向，有时也可面向主桌主人。

● 如果主宾身份高于主人，为了表示尊重，主人可以安排主宾在自己的位置就座，而自己坐在主宾的位置上。

● 以主人的位置为标准，以右为尊，同时距离主人越近，位置越尊贵。当餐桌上有两位主人时，可以先排第一主人的左右两边，第一主人的右手边为第1尊位，左手边为第2尊位；然后排第二主人的左右两边，第二主人的右手边为第3尊位，左手边为第4尊位。

位次排列如图7-2所示。

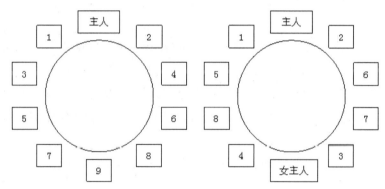

图7-2　位次排列

## 训练点2：中餐餐具的使用

与西餐相比，中餐的一大特色是餐具，中餐的餐具主要有筷子、勺子、碗、盘子、水杯、牙签、湿毛巾等。

**1. 筷子**

在中餐礼仪中，筷子的使用是很有讲究的。筷子要成双使用，正确的使用方法为：拇指、食指、中指三指的前部共同捏住筷子的上端约1/3处；筷子的两端要对齐。在用筷子夹取食物时，我们要注意以下几点。

思政讲堂
中华传统餐饮
文化

● 用餐前，筷子要整齐地摆放在饭碗的右侧。

● 不管筷子上是否有残留的食物，都不要去舔，用舔过的筷子夹菜，会让其他人失去胃口；也不要吮吸筷子，尤其是发出声音，这被认为是缺少家教、没有素质的行为。

● 和人交谈时要暂时放下筷子，把筷子放在筷架上或整齐放在饭碗一旁，不能一边说话一边挥舞着筷子。

- 不要把筷子竖插在食物上面，这样十分不雅。
- 筷子是用来夹取食物的，其他使用方式，诸如剔牙、挠痒、夹取食物之外的物品等都是失礼的。另外，也不要用筷子推饭碗、菜碟或叉馒头和其他食品。
- 不要用筷子敲打饭碗，发出声响会影响周围的人用餐，这也是一种没有教养的行为。
- 在夹菜的时候，应当直接夹走自己想要的食物，不要用筷子在盘子里翻来覆去地寻找食物，也不要举着筷子在盘子之间来回游移，不知道夹什么菜。在夹菜时，应拿着菜碟，把菜夹到菜碟里再端过来，以防止菜或汤汁滴落到桌上。

### 2. 勺子

勺子的作用是舀取菜肴、食物，有时用筷子夹取食物时可以用勺子来辅助，尽量不要用勺子单独夹菜。勺子的准确使用方法是用拇指、食指轻轻地握住勺子的上端，另外3根手指自然弯曲扶住勺子。

在使用勺子的过程中，我们要注意以下几点。

- 用勺子取食物时不要过满，以免食物溢出来弄脏餐桌或自己的衣服，因此在舀取食物时，可以在原地暂停片刻，等待汤汁不再往下流时再移回来享用。
- 在不用勺子的时候，应把勺子放置在餐碟上，而不是直接放在餐桌上，更不能把勺子插在食物中。
- 用勺子舀取的食物，要立即食用或放在自己的碗碟里，不能再放回原处。如果食物太烫，不能用勺子搅来搅去，也不要用嘴对着吹，可以先放在碗里，等不烫了再吃。
- 在舀取汤质菜肴时，应当用公勺，这样更文雅和卫生。在使用公勺时，应用公勺把食物盛放到自己的碗碟里，并把公勺放回原位，然后用自己的勺子食用，切忌用公勺舀取食物后直接食用，这样会使公勺失去意义，变得不卫生。
- 用勺子舀汤喝时，要从外往里舀，不能端起来直接喝，喝的时候不能发出声音。

### 3. 碗

碗是用来盛饭、盛汤的餐具，我们在一般场合进餐时可以手捧着碗吃东西，但在商务场合不能端起碗来吃东西。在拿碗时，一般用左手的4根手指支撑碗的底部，拇指放在碗边，在吃饭时，碗的高度与下巴保持一致。

在进餐时，使用碗的具体方法以及注意事项如下。

- 在食用碗内盛放的食物时，不能直接把碗端起来把食物倒入口中，也不能把嘴凑到碗边吸食汤类食物，而应当以筷子、勺子等餐具辅助食用。
- 在吃完碗内的食物后，不能在碗内放置杂物、垃圾，也不能把碗倒扣放置。

### 4. 盘子

盘子，也称餐碟，是用来盛放食物的餐具，在餐桌上一般保持原位，不堆放在一起。盘子主要用来暂时放置从公用的菜盘里取出来的菜肴，具体的用法如下。

- 用盘子时，不要一次性装过多类型的菜肴，以免看起来杂乱不堪，或者导致食物互相串味，既不好看，又不好吃，也不雅观。
- 吐出来的残渣、骨头、鱼刺等不能放到地上、桌上，而应轻轻放在盘子前端，且不能直接从嘴里吐到盘子上，要用餐巾掩口，用筷子夹放在盘子上。盘子中的垃圾满了之后，可以让服务员更换盘子。

### 5. 水杯

水杯用来盛放汽水、果汁等饮料，不用的时候不能倒扣水杯。另外，喝进嘴里的饮料不能再吐回杯子里。一般来说，我们要把汽水、果汁等饮料放在右侧，在取用时不要拿错，以免贻笑大方。

### 6. 牙签

牙签有两种，一种是扎取食物的工具，另一种是剔牙的工具，这两种牙签不可混用，即不能用果盘里取食水果的牙签剔牙，更不能用剔牙的牙签扎取食物。

尽量不要当众剔牙，如果不得不这样做，也要略微侧过身去，用另一只手掩住口部，并且迅速将剔出来的东西扔掉，不要当众观察或放入口中，也不要随手乱弹、随地乱吐。剔牙后，不要再叼着牙签，而要将牙签扔进垃圾桶。

### 7. 湿毛巾

如果比较讲究，中餐用餐前，服务员会为每位用餐者提供一块湿毛巾，这块湿毛巾只用来擦手，擦手之后要放回盘子里，让服务员拿走；在宴会结束前，服务员会再提供一块湿毛巾，这块湿毛巾只能用来擦嘴，不能擦脸、擦汗。

## 训练点3：保持雅观的进餐形象

在用餐时，我们要保持雅观的进餐形象，注意以下事项。

### 1. 尊者优先

每一道菜端上来时，主人应先让主宾或长者品尝。为了表示客气，主人可以使用公筷、公勺为客人分菜，先分给主宾、长者，然后依次序分给他人。分菜要适量，如果客人婉拒，则不必勉强。

在用餐时，要由长辈先动碗筷，晚辈要主动给长辈添饭，在长辈给自己添饭时，要道谢。

### 2. 相互礼让

多人同桌用餐，取菜时要相互礼让、依次取菜、取用适当，不要争来抢去，毫不考虑他人的感受。如果有的菜够不到，可以请别人帮助，并道谢，不要起身甚至离席去取。

### 3. 不要心急

开始用餐后，要遵循"主不请、客不尝"的原则，上菜后不能急着吃，要等主人说"请"以后再动手取菜。取菜要适量，不要显得贪婪。吃东西时不要发出声响，也不可一味"埋头苦干"，在遇到自己喜欢的菜肴时也要照顾别的客人，不可"当仁不让"。例如，在转动转盘时，要观察一下是否有人正在夹菜，如果有，要等到对方夹完菜以后再转动转盘。

如果宴会还没有结束，但自己已经用餐完毕，不要随意离席，要等主人和主宾用餐完毕起身离席之后，再和其他客人依次离席。

### 4. 合理劝菜

主人在建议客人吃某道菜肴时，不要反复劝菜，可向客人介绍菜肴的特点，吃不吃由客人自己决定，更不要不由分说地为客人夹菜、添饭。这样做不但不卫生，而且这种热情会使客人很尴尬。

### 5. 进餐时不要出声

进餐时要细嚼慢咽，不要一边吃东西一边说话，以免把饭喷到桌上，十分不雅。如果实在需要交谈，应停止进餐，并用餐巾擦嘴，把食物残渣清理干净。在吃东西时，嘴里不要发出"吧唧吧唧"的声音，也不要一次性把太多食物放入口中，以免给人留下贪婪好吃的印象。

**6. 避免不雅举动**

在用餐期间，不要拿勺子、筷子敲敲打打，来回比画；如果需要清嗓子、擤鼻涕、吐痰、梳头发、补妆、脱鞋、脱袜等，应尽快到洗手间解决；用餐时，不要摇头晃脑、满头大汗，这样不仅失态不雅，而且会影响别人的食欲；在取菜时不要左顾右盼，在公用的菜盘内挑挑拣拣，要是夹起来又放回去，就显得缺乏教养。

# 专题二 西餐礼仪

随着生活方式的更新和社会交往的日渐活跃，我国吃西餐的人越来越多。在涉外活动中，我们有时要用西餐来招待客人。西餐十分注重礼仪，所以了解一些西餐方面的礼仪知识是十分必要的。

## 训练点1：西餐的座次安排

西餐的座次安排与中餐有很大不同，西餐一般使用长桌，在一般场合，男女二人一同去餐厅，男士应请女士坐在自己的右边，并避开人来人往的过道位置。若只有一个靠墙的位置，应请女士就座，男士坐在女士的对面。如果是两位同性进餐，靠墙的位置应留给年长者。

在宴会场合，西餐的座次安排就复杂得多。

**1. 女士优先**

在安排用餐的位次时，主位一般请女主人就座，男主人坐第二主位。

**2. 以右为尊**

长桌排位分为两种情况，一是男女主人在长桌的中央相对而坐，餐桌两端是否坐人没有特别要求；二是男女主人分别就座于长桌的两端，宾客分别坐在长桌的另外两边。

就某一特定位置而言，其右侧之位高于其左侧之位。例如，应安排男主宾坐在女主人右侧，安排女主宾坐在男主人右侧，如图7-3所示。

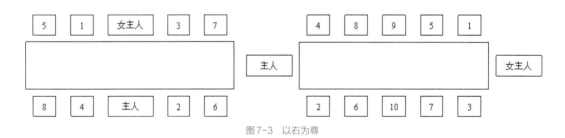

图7-3 以右为尊

**3. 以主宾为尊**

在西餐礼仪中，主宾极受尊重，即使来宾中有的人在地位、身份、年纪等方面高于主宾，主宾也是主人关注的中心。在安排座次时，男女主宾应分别紧靠女主人和男主人就座，以便受到主人的更多照顾。

**4. 面门而上**

面对餐厅正门的位置，通常在座次的序列上要高于背对餐厅正门的位置。

### 5. 交叉排列

正式的西餐宴会一般被视为交际场合，所以在安排座次时，男女应交叉排列，生人和熟人也要交叉排列，这样用餐者的对面和两侧往往是异性，还有可能不熟悉或不认识，这样可以广交朋友。这就要求参加宴会的人数最好是偶数，男女各占一半。

### 6. 以近为上

座次的尊卑与距离主位的远近密切相关，通常情况下，距离主位近的座位在序列上高于距离主位远的座位。

## 训练点2：西餐餐具的使用

西餐的餐具一般在开餐前就在桌上摆好了，餐盘放在人的正前方，盘中放着折叠整齐的餐巾，餐盘左侧放叉，叉齿朝上，右侧放刀和餐匙，刀刃朝向餐盘，匙心朝上，刀、叉和餐匙排成整齐的平行线。刀叉的数量与上菜的道数相等，并按照上菜的顺序由外向内排列。

面包盘放在左手边，上面放置面包刀，供抹奶油、果酱用，而不是用来切面包。水杯和饮料杯要放在右前方。如果有面食，吃面食的勺子、叉要放在前方。

有时候桌上会有多把刀叉，这是为了配合不同的菜品而准备了不同类型的刀叉。

不同的餐具在就餐时的使用方法各不相同，下面分别介绍餐巾、刀叉、餐匙、餐盘、杯子的用法。

### 1. 餐巾

餐巾是为了防止在就餐时弄脏衣服而准备的餐具，除此之外，餐巾还是宴会开始和结束的标志。女主人把餐巾铺在腿上表示宴会开始，女主人把餐巾放在桌子上表示宴会结束。如果没有女主人，则以男主人打开餐巾作为宴会开始的标志。

在主人打开餐巾后，宾客可依次打开餐巾，在正式的宴会上，男士要等女士放好餐巾以后再放自己的餐巾。餐巾打开以后要平铺在双腿上，如果餐巾很大，是正方形，应将它折成等腰三角形，直角朝向膝盖方向；如果是长方形餐巾，应将其对折，然后折口向外平铺在腿上。餐巾的打开、折放应在桌下悄然进行，不要影响他人。

具体来说，餐巾的用法如下。

- 在用餐过程中，餐巾可以用来擦嘴或擦手，但切忌在擦拭过后把有污渍的一面露在外面，以免影响他人的食欲，可将餐巾对折，把有污渍的一面遮盖住。

- 在吐出鱼刺、果核时，可以用餐巾遮住嘴巴，用手接住或吐在叉上，最后放在餐盘上；或直接吐在餐巾里，再将餐巾向内折起。这时服务员会注意到，并换上一条新餐巾。要注意的是，用餐时餐巾是可以弄脏的，千万不要因为舍不得把餐巾弄脏，而拿出自己的手帕或面巾纸使用，这是违反用餐礼仪的。

- 在饮用饮料之前，可利用餐巾擦拭嘴唇，先用餐巾的末端顺着嘴唇轻轻擦拭一下，弄脏的部分往内侧卷起。

- 不要用餐巾擦汗、擦鼻涕，或将口红完整地印在餐巾上，涂口红的人要在用餐之前用面巾纸轻轻擦掉口红。

- 如果需要暂时离开座位，要轻轻地把餐巾折叠好，自然地放在椅子上，不要把餐巾挂在椅背上或放在桌子上，因为放在桌子上表示用餐完毕，可以撤掉；也可以用餐盘、刀叉压住餐巾的一角，让它从桌沿垂下，让有污渍的一面朝内。

● 在与人交谈之前，要用餐巾擦拭嘴巴，擦掉嘴上沾着的油渍、食物残渣，否则会非常不雅观，倒人胃口。

● 用餐完毕后，要先把腿上的餐巾拿起，随意叠好，无须折叠整齐，但也不能揉成一团，然后把餐巾放在桌子的左侧，最后起身离座。如果起身之后再折叠餐巾，就不合礼节了。但是，若有长辈、主宾在座，要等到他们拿起餐巾折叠后才能跟着做出这个动作。

---

#### 情景还原解析

在"情景还原"板块中，张卓闹了两个笑话：一是他用很精致的布擦拭刀叉，而那只是用来擦嘴或擦手的餐巾，不能用来擦拭餐具；二是精致的小盆里的"汤"是用来洗手的，不是用来喝的。西餐里的汤是在主菜之前上，而用餐快结束时上的"汤"是洗手水。

---

**2. 刀叉**

刀叉既可以配合使用，又可以单独使用。

（1）刀叉的取法。一般西餐是吃一道菜，换一副刀叉，总体上可能会用到3副刀叉，按顺序由外侧向内侧取用：最外面的一副是吃沙拉的，中间的一副是吃海鲜的，最里面的一副是吃主菜的。带齿的刀是吃牛排的，这样的刀容易切肉。

（2）刀叉的持法。用刀时，手握住刀柄的尾端，用拇指抵住刀柄的一侧，食指按在刀柄上，但食指不能触碰刀背，其余三根手指自然弯曲，握住刀柄，如图7-4所示。

用叉时，分为叉内侧朝上和叉背侧朝上的持法。叉内侧朝上的持法是用来吃软质食物的，此时手要握住叉柄的末端，叉柄倚在中指上，以无名指和小指为支撑，如图7-5所示。叉背侧朝上的持法和刀的持法一样，以食指压住叉柄，其余四指握柄，食指尖端大致在叉柄的根部位置，如图7-6所示。若食指太靠前，不太美观；食指太往后，又不太能使劲，硬的食物就不容易叉进去。

图7-4 刀的持法　　　　　　　图7-5 叉内侧朝上的持法　　　　　图7-6 叉背侧朝上的持法

叉可以单独用于叉餐或取食，可以用于取食某些头道菜和馅饼，还可以用于取食那种无须切割的主菜。单独用叉时，用右手持叉取食，叉齿向上。与他人交谈时，可以不必将刀叉放下，但切不可拿着刀叉在空中比画，也不能将刀叉竖起来拿着。

（3）刀叉的使用。正确使用刀叉，不仅是礼仪需要，也是安全需要。人们一般用右手持刀，左手持叉，先用叉把食物按住，用刀切成小块，再用叉送入口中。刀是用来切割食物的，不要用刀挑起食物往嘴里送。欧洲人在使用刀叉时不换手，在切割以后，继续用左手持叉把食物送入口中；

美国人则在切割以后，把刀放下，用右手持叉把食物送入口中。

　　在切割食物时，要把食物切割成大小正好一口的量，且应切一次吃一次，而不是一次性把食物都切成小块后再食用。切割食物时应双肘下沉，前臂略靠桌沿，胳膊贴着身体前后运动来进行切割。切割食物时不要弄出声响，更不要用力过猛，使得整个桌子都跟着晃动。

　　在食用某些仅用叉很难取食的食物（如豆子等颗粒状的食物）时，我们可以用刀把食物推到叉上，再用叉把食物送入口中。注意牙齿只碰到食物，不要咬叉，也不要让刀叉在牙齿上或盘中发出声响。在吃体积较大的蔬菜时，可以用刀叉来折叠、分切。较软的食物可以放在叉上，用刀先整理一下。

　　切带骨或带壳的食物时，一定要把食物叉牢，刀要紧贴叉边往下切，以免食物滑开。

　　（4）刀叉的摆放。每吃完一道菜，我们就可将刀叉合拢并排置于盘中，刀刃朝内，叉齿朝上，表示已用完这道菜，服务员会主动撤去这套餐具。如果尚未用完或暂时停止用餐，要把刀叉呈"八"字形摆放在盘中，刀刃朝内，叉齿朝下，如图7-7所示。

图7-7　刀叉的摆放

**3. 餐匙**

　　在正式场合中，餐匙的种类有很多，比较小的餐匙用于喝咖啡和吃甜点；扁平的餐匙用于涂黄油或吃蛋糕；比较大的餐匙用于喝汤或盛细碎的食物；最大的公匙用于分汤，多见于自助餐场合。不能用喝汤的餐匙和吃点心的餐匙直接舀取其他主食和菜品。

　　餐匙不能含在嘴里，因此在进餐时不能把整个餐匙放入口中，应以其前端入口。在不用餐匙的时候，餐匙不能放在杯子里，应当平放在餐盘上，表示对其他人的尊重。当然，使用过的餐匙也不能放回原处。在用餐匙喝汤时，要从内向外舀汤，送入口中时要一次饮用完毕。

**4. 餐盘**

　　餐盘一般是用来盛菜的，也有用来盛汤的。如果餐盘内汤很少，可以用左手将餐盘边沿稍稍抬起，使其向前倾斜，再用汤匙从内向外舀汤。

　　在切割食物时，要先把食物取到自己的餐盘内，再在自己的餐盘里切割食物，切忌在公用的餐盘中切割食物。如果有食物滑落到桌子上，要把食物放在餐盘的前端。

**5. 杯子**

　　西餐的杯子常用来喝咖啡或红茶，一般是用右手的拇指和食指握住杯耳，然后慢慢品尝。手握杯身、杯口，托杯底，手指穿过杯耳，双手握杯，都是不正确的行为。

　　与咖啡杯配套的碟子是用来放置咖啡匙和接住溢出杯子的咖啡的。喝咖啡时，如果座位离桌子较近，可以直接端起杯子喝；如果座位离桌子较远或站立、走动时，则可以用左手将杯、碟一起端至胸前，再用右手持杯饮用。

**训练点3：不同食物的不同吃法**

　　西餐的礼仪细节和中餐的礼仪细节有很大的不同，在具体的就餐环节，每一种西餐是有特定吃法的，如果不了解清楚，在就餐时很有可能做出不雅观的行为，使人尴尬。下面介绍西餐中常见的食物的吃法。

### 1. 面包

在取面包时，我们应当用手，而不是刀叉。如果是已经切好的面包，可直接取用；如果是未切好的面包，可用公用餐刀切取或用手掰开取用。取完面包后，要把面包放在自己的面包盘上。

在吃面包时，我们可以用面包刀在面包上的一小块地方抹上黄油，再放入口中，切忌把整块面包都抹上黄油，以免在下一次掰面包时把黄油沾到手上。

面包分为软面包和硬面包，在吃软面包时，要先用手将面包撕成小块，再用左手拿着吃。在吃硬面包时，先用刀把面包切成两半，再用手撕成块来吃。在切面包时，不要像使用锯子似地切面包，而应先用叉将面包固定住，把刀刺入面包的中间部分，将正对自己的那部分切开后，再将面包换个方向切开另一部分。在切面包时要用力适度，以免发出声响。

### 2. 汤

在食用汤时，主要的餐具是汤匙，舀汤的方向为由内向外，以免汤汁溅到身上。在喝汤时，要用汤匙小心地把汤舀起，使汤匙的底部在下唇的位置，汤匙与嘴部呈45°，把汤送入口中，上半身略微前倾。不可吸着喝汤，这样会发出声响，十分不雅，也不可把汤匙整个放入口中。

如果汤太烫，也不能用嘴吹，要用汤匙搅动，使之慢慢冷却。如果汤是用杯子盛放的，就不用汤匙舀汤喝了，而是把汤匙放在杯托上，端起杯子直接喝。

### 3. 沙拉

沙拉是指生的、冷的或温热的食物通过调味汁拌匀或直接调味后的食物，可以作为前菜、伴菜或主菜食用。在食用沙拉时，我们要用叉，右手持叉，叉齿朝上。如果蔬菜太大，无法一口食用，可用刀切下大小合适的一块，再用叉送入口中。在吃沙拉中的土豆时，要左手持叉，右手持刀，用刀把土豆推到叉上。

### 4. 甜品

在食用甜品时，可使用叉，也可以使用餐匙。糕点类的甜品适合用叉食用，而冰淇淋等甜品适合用餐匙食用。由于冰淇淋、布丁之类的甜品容易滑动，可以用叉固定，放到餐匙中再食用。

### 5. 水果

在吃水果时，我们要保持优雅的动作，不能直接用手拿着吃。例如，我们在食用苹果和梨时，要先把苹果和梨切成小块，去掉皮和核，用手拿着吃，在削皮时要让刀刃朝内，从外往里削皮；在食用香蕉时，要在剥皮后用刀切成小块，用叉取食；在食用橙子时，可用刀将橙子切成四瓣后剥皮吃；在食用西瓜、菠萝时，去皮切块，用叉取食；在食用葡萄和樱桃时，可直接用手拿着吃。

### 6. 意大利面

在吃意大利面时，我们要用叉和餐匙，先用叉慢慢挑起少量面条，以4~5根为宜，绕到叉齿上，卷成团状，同时用餐匙辅助着送入口中。意大利面和中国面条不同，有调味汁，不能直接吸着食用，不仅不雅观，还会使调味汁溅得到处都是，十分不卫生，因此要一口吃到嘴里。

### 7. 肉类

在吃肉类食品时，不管是羊排、牛排还是猪排，我们都要用刀叉将其切成小块，边切边吃，不能一次性把所有肉都切成小块以后再吃，也不能把整块肉叉到嘴边咬着吃。

吃有骨头的肉，我们可以用手拿着吃，但用刀叉吃显得更文雅，可让叉齿朝上，用叉背压住肉，用刀沿着骨头插入，把肉切开。

在吃鱼时，要将鱼对半切开，剔除鱼骨。具体步骤如下。

- 用刀在鱼鳃附近划一条直线，刀尖不要刺透，刺入一半即可。
- 把鱼的上半身挑开，从头开始，把刀插在骨头下方，往鱼尾方向划开，把鱼骨剔除并放到餐盘的一角。
- 把鱼尾切掉，用手捡出鱼刺放在餐盘边。
- 在吃鱼时，用刀切块，用叉取食，从左到右，边切边吃。

吃完鱼的一面以后，不能把鱼翻过来，而要从已经吃完的这面取肉吃。由于鱼肉松软易碎，餐厅通常备有专用的汤匙，且比一般用于喝汤的汤匙要稍微大一些。

## 训练点4：西餐就餐的注意事项

在餐厅吃西餐时，我们要整理好自己的仪容仪表，注意自己的行为举止，给他人留下良好的印象。

### 1. 仪容仪表

男士要剃须，保持面部清洁；女士要化妆，以表示对他人的尊重和重视。如果是正式的宴会，主人一般会在请柬上注明对宾客服饰的要求，宾客应当按照要求来着装。如果没有要求，也要保证衣着整洁得体，男士即使不穿西装，也应穿一件外套，内搭衬衫和干净的皮鞋。如果是与客户共同进餐，男士就要穿西装，系领带；女士要穿套装和有跟的鞋子，不能穿露脚趾的凉鞋。

随身物品一般应放在脚边的地板上，或放在后背和椅子之间，也可以放在单独的一张椅子上，但不能放在餐桌上。餐桌是就餐的地方，不能放置其他无关物品。

### 2. 仪态

就餐时坐姿应端庄，注意自己的仪态。就座时，身体要端正，手肘不要放在桌面上，不要跷腿，两脚交叉的坐姿最好避免。得体的入座方式是从左侧入座，当椅子被拉开后，身体在几乎要碰到桌子的位置站直，服务员会把椅子推近，腿弯碰到后面的椅子时，就可以坐下来了。男宾客应帮助女宾客挪动椅子，等女宾客入座后再帮助她把椅子稍微向前推一下，使女宾客身体离桌边一个拳头左右的距离为宜，然后自己入座。

在离席时，宾客要等女主人从座位上起身后再随之一起离席，进餐中或宴会结束前离席是不礼貌的。起身后，男宾客要帮助女宾客把椅子放回原位。

在吃西餐时，人要保持坐姿端正，不能前后摇摆，应当挺直腰板，平放膝盖，让腹部和桌子保持大约一个拳头的距离。用餐时不能跷二郎腿，除此之外，还应避免以下动作：脱外套、摘领带、卷衣袖、伸懒腰、松腰带、摇头晃脑、伸展双臂、挪动座椅等。

### 3. 其他行为举止

在咀嚼食物时，不要主动与人说话，即使有人说话不得不应答，也要等食物咽下去以后再回答。而在谈话时，手中的刀叉不必放下，但若做手势，就要把刀叉放下。手持刀叉在空中比画是很危险的行为。

在进餐时要适当与左右的宾客交谈，但应避免高声谈笑，也不要只与熟人交谈，如果对左右的宾客不熟悉，可自我介绍，拓展交际圈，但当别人讲话时不可插嘴。

餐厅会提供洗手钵用于清洁，但洗手钵只用于清洗手指，所以不能把整只手都浸入水中，更不能把两只手同时浸入水中。正确的做法是先伸左手，清洗左手手指，再伸右手，清洗右手手指，然后用餐巾把洗过的手指擦干净。

如果进餐时被食物塞牙，不要在餐桌上当着众人的面剔牙，可以先喝口水漱口，试试看能不能冲出来，如果不行就要去洗手间剔牙。

如果菜肴中含有刺激性食物，例如葱、蒜、韭菜、洋葱等，而餐后还要参加社交活动，则不宜吃这些食物，以免口腔产生异味。

若不小心在餐桌上泼洒了东西，在洒的量很少的情况下，直接用餐巾盖住即可，如果洒了很多，则要用手或眼神示意服务员帮着清理；若其他人不小心洒了东西，不要表现得大惊小怪，可以帮助对方悄悄地把服务员叫过来，以免让对方尴尬。

如果不小心把餐具掉在地上，不要弯腰去捡，要示意服务员来更换新的餐具。

在菜肴端上来时，不要掏出手机拍照、发朋友圈，以免影响聚餐中的交谈，而且这样的行为是对主人、主宾和其他客人的不尊重。

在喝咖啡时，可添加牛奶或糖，添加后要用小勺搅拌均匀，将小勺放在咖啡的垫碟上。喝咖啡时应右手拿杯把，左手端垫碟，直接用嘴喝，不要用小勺一勺一勺地舀着喝。

---

 **小故事大道理**

### 餐桌上殷勤的助理

赵旭是某公司总经理助理。一天，赵旭陪同总经理和几位外国客户在酒店用餐。席间，总经理不慎将桌子上的调味汁打翻了，赵旭急忙走过去帮总经理擦拭，并一再向客户表示抱歉。

在用餐期间，赵旭一边介绍菜品的特点，一边殷勤地为客户布菜，尽力表现己方热情待客之道。

礼仪小故事
餐桌上殷勤的
助理

---

**名师点拨**

在就餐时，有人碰洒饮料或碰掉餐具，当事人不要慌张，可以请服务员重新上一副餐具。其他人也不宜竭力帮忙，不要使当事人成为焦点。在和客户用餐时，不宜给客户布菜。

---

# 专题三 自助餐礼仪

自助餐是一种由宾客自行挑选或自烹自食的就餐形式，可以免去宾客点菜的麻烦，使宾客不受约束地挑选自己喜欢的食物并且不用顾及别人的口味，打破了传统的就餐形式，被越来越多的人接受。但我们在满足个性的同时，也要注重礼仪。

## 解析点1：安排自助餐的礼仪

在安排、筹备自助餐时，主办者要考虑到以下几个方面。

#### 1. 就餐时间

在商务交往中，自助餐大多被安排在各种正式的商务活动之后，作为附属环节之一，很少独立作为一项活动，因此具体的就餐时间受到正式商务活动的限制。自助餐一般很少被安排在晚间举行，每次用餐时长不宜超过1小时。

自助餐的开餐时间不必进行正式限定，只要主办者宣布用餐开始，宾客即可就餐，同时在就餐期间，宾客可以随到随吃。

一般来讲，主办者若想要用自助餐招待宾客，最好事先以适当的方式通知，同时要一视同仁，不要安排一部分宾客用自助餐，而让另一部分宾客去参加正式宴会。通常自助餐是无人出面正式宣告用餐结束的，宾客只要自己觉得吃好了，在与主办者打过招呼之后，随时都可以离去。

#### 2. 场所布置

在选择和布置自助餐的场所时，主办者要注意以下几点。

（1）留出足够空间。自助餐的就餐地点不像正式宴会那样讲究，只要容纳全部的就餐人员，同时可以提供足够的交际空间即可。除了摆放菜肴的区域以外，主办者还应在就餐地点规划出一块明显的用餐区域。因为就餐人数具有一定的弹性，难以确定，所以用餐区域尽量要大一些。主办者可以选择在自己拥有的大型餐厅、露天花园等场所举办自助餐会，也可以外租类似的场所。

（2）提供数量足够的餐桌和座椅。虽然自助餐提倡就餐者自由走动，立而不坐，但考虑到有年老体弱者或者身体不方便的人，他们需要在用餐时有一个暂时的歇脚之处，所以主办者要在就餐地点预先摆放好一定数量的桌椅，供就餐者自由使用。在室外举行自助餐会时，提供适量的遮阳伞也是很有必要的。

（3）就餐地点应环境宜人。在选择就餐地点时，除了考虑场所面积、费用等问题，还要注意兼顾安全、卫生、湿度等问题。如果就餐者在用餐时感到异味扑鼻、过冷过热、空气不通畅、过于拥挤，都会影响其对这次自助餐会的整体评价。

#### 3. 食物的准备

自助餐的食物以冷食为主，这样便于就餐，但为了满足就餐者的不同口味，要尽量使食物的品种足够丰富。在布置菜品时，要尽量把同一类型的食物集中摆放在一处，以方便就餐者选择。但是，在不同的时间或款待不同的客人时，食物的具体品种要有所侧重：有时以冷菜为主，有时以甜品为主，有时以茶点为主。除此之外，还可酌情安排一些时令菜肴或特色菜肴。

具体来讲，自助餐会供应的菜肴大致应当包括冷菜、汤、热菜、点心、甜品、水果、饮品几大类型，如表7-1所示。

准备食物时务必注意保证食物供应充足，同时注意食物的卫生，如有热菜、热饮应注意保温。

社交餐饮礼仪

表7-1　自助餐菜肴的类型

| 类型 | 举例 |
| --- | --- |
| 冷菜 | 沙拉、香肠、火腿、牛肉、猪舌、虾松、鱼籽等 |
| 汤 | 红菜汤、牛尾汤、玉米汤、酸辣汤、三鲜汤等 |
| 热菜 | 炸鸡、炸鱼、烤肉、烧肉、烧鱼等 |
| 点心 | 面包、蛋糕、曲奇饼干、三明治等 |

续表

| 类型 | 举例 |
|---|---|
| 甜品 | 布丁、水果排、冰激凌等 |
| 水果 | 香蕉、菠萝、西瓜、木瓜、柑橘、樱桃、葡萄、苹果等 |
| 饮品 | 牛奶、咖啡、红茶、可乐、果汁、矿泉水等 |

**4. 招待宾客**

自助餐会的主办者要尽到主人的责任和义务，尽最大可能招待好宾客，在招待宾客时要注意以下几点。

（1）照顾好主宾。主宾是主办者重点照顾的对象，主办者要在自助餐会上陪同主宾就餐，与其进行适当的交谈，并为其引见其他宾客。当然，主办者不要始终伴随在主宾身边，而要给主宾自由活动的空间和时间。

（2）充当引见者。自助餐会是一种重要的社交活动形式，就餐者往往会在自助餐会上进行适度的交际。在就餐期间，主办者要积极充当引见者，为互不相识的人做介绍，创造使他们相识的机会。当然，在介绍他人相识之前，主办者要先了解双方是否有认识对方的意愿。

（3）安排服务人员。如果是小型的自助餐会，主办者往往可以兼任服务人员；但在大规模的自助餐会上，主办者应当安排专人服务。根据常规，自助餐会上的服务人员须由健康而敏捷的男士担任，其主要职责为宾客提供辅助性的服务，以免宾客频频取食而妨碍同他人交谈。例如，服务人员推着装有各类食物的餐车，或是托着装有多种饮品的托盘，在宾客之间巡回走动，使宾客各取所需，同时负责补充短缺的食物、饮料、餐具等。

## 解析点2：享用自助餐的礼仪

宾客去自助餐会就餐时应当遵守具体的礼仪规范，既给他人留下一个良好的印象，又能享受到在自助餐会就餐的快乐。在享用自助餐时，宾客要注意以下几点。

**1. 排队取餐**

宾客在参加自助餐会时要自己照顾自己，自由地选择喜欢的菜肴来食用，但这并不意味着可以为所欲为。如果宾客在取餐时不自觉维护公共秩序，乱挤、乱抢、乱插队，会影响其他人正常用餐，也会给他人留下没有素质的印象。因此，宾客要讲究先来后到，排队选取食物。

在取餐之前，宾客要准备一只盘子，轮到自己取餐时，使用公用餐具把食物装到自己的盘子里，然后迅速离开。切忌在众多食物面前挑三拣四，犹豫不决，耽误身后的人取餐，更不能直接用手或用自己的餐具取餐。

**2. 循序用餐**

要想在自助餐会上吃得好，在取餐时要掌握好合理的取餐顺序。一般来说，取餐顺序应当是冷菜、汤、热菜、点心、甜品和水果。如果不了解这一顺序，在取餐时完全按照自己的想法来，乱装乱吃，难免会咸甜相克，吃得既不畅快又不舒服。

**3. 多次少取**

宾客在就餐时可根据个人口味选取食物，每次少取一些，如果觉得可口还可以再取。宾客要量力而行，切勿为了吃得过瘾而一次性取餐过多，造成浪费。在

思政讲堂
厉行节俭

取餐时，不要把多种菜肴放在一起，以免菜肴互相串味，影响口感。

#### 4. 不要外带食物

在自助餐会上，不论吃多少食物都是可以的，但不能把食物打包带走，因为一般情况下自助餐的食物是不能外带的。

---

 **小故事大道理**

### 自助餐会上的"争夺"

周欣蕊去参加自助餐会，以前她从没有参加过正式的自助餐会，但她看到其他用餐者表现得很随意，所以就按照他们的样子取菜，表现得随意起来。

让周欣蕊很高兴的是，她在餐台看到了自己非常喜欢吃的甜虾，于是一口气给自己盛了一大盘。她觉得甜虾虽然好吃，但也不方便总过来取，要不然会让旁边的人取笑自己没有见过世面。而且甜虾这么好吃，现在不多盛一些，一会儿说不准就没有了。

就在周欣蕊端着盛满了甜虾的盘子从餐台边离开时，周围的人用异样的眼神看着她，这让她觉得有些不好意思，脸变得通红。最让她尴尬的是，她听到有一个人用鄙夷的语气小声嘟囔道："盛这么满，丢不丢人啊！"

礼仪小故事
自助餐会上的
"争夺"

#### 名师点拨

故事中的周欣蕊的做法很明显是违背自助餐礼仪的。人们在自助餐会上取餐时，应遵循"多次少取"的原则，而把盘子盛满的行为不但影响其他人用餐，还有可能因为吃不了导致浪费，同时这也给他人留下了一种贪得无厌的印象。

#### 5. 帮助他人

在参加自助餐会时，宾客除了要对自己用餐时的行为举止严格要求以外，还应与他人和谐相处，互相帮助。如果遇到有的同伴不熟悉自助餐，可以向其简要介绍，如果对方愿意，还可以向其提出一些具体的取餐建议，但切不可自作主张地为对方取餐，也不能把自己不喜欢吃或吃不了的食物推给对方。在取餐、寻找位置和走动时，宾客要主动谦让，切忌目中无人、蛮横无理。

#### 6. 积极交际

自助餐会是一种社交活动形式，因此宾客在自助餐会上不能只顾自己躲在安静的角落里埋头用餐，或者来了就吃，吃完就走，不和其他人有任何形式的正面接触。其实，在自助餐会上吃东西是次要的事情，主要的事情是与他人进行适当交谈，扩大交际圈。

因此，宾客在参加自助餐会时要积极主动地寻找机会，与其他人进行交谈，先要找机会和主办者攀谈一番，然后与老朋友热络地交谈，最后还要争取多结识几位新朋友。为了扩大自己的交际面，宾客不妨多换几次类似的交际圈，在每个交际圈待上特定的时间后再去其他交际圈，不能待一两分钟就走，否则会显得过于随意，没有交际的积极性。

要想进入陌生的交际圈，宾客可以使用以下三种方法。

- 请求主办者或圈内认识的人引见。
- 寻找机会，通过某个自己了解的话题介入交谈。
- 自我介绍，但要取得圈内人的同意，不能冒失地打断别人的谈话，强行进行自我介绍。

社交餐饮礼仪

# 专题四　饮茶和喝咖啡礼仪

茶文化是我国的一种源远流长的文化，饮茶不仅是一种生活习惯，更是一种文化传统。茶文化的核心就是茶道精神。茶道是指品茶的美感之道，也被视为一种烹茶饮茶的生活艺术，一种以茶为媒介的生活礼仪，一种以茶修身的生活方式。"以茶待客"历来是我国最普及、最具平民性的日常生活礼仪。

咖啡文化是一种外来文化，如今在世界各地，喜欢喝咖啡的人越来越多。无论在家里、办公室还是各种社交场合，人们都在品味着咖啡，咖啡逐渐与时尚、现代生活联系在一起。但喝咖啡也有一定的礼仪规范，做到优雅地喝咖啡，才能在他人面前展现自己的魅力。

## 训练点1：敬茶礼仪训练

主人在招待客人时，敬茶要注意以下几条礼仪规范。

### 1. 洁净手和茶具

在为客人沏茶之前，主人要先洗手，并洗净茶杯或茶碗。在冲茶和倒茶之前，主人还可以用开水烫一下茶壶或茶杯，一方面表示茶具洁净，另一方面显得主人彬彬有礼。

喝过茶水的杯子或茶壶很容易留下茶垢，因此主人要注意洗掉茶垢，同时注意茶杯或茶碗是否有破损或裂纹，如有则应及时换掉，以免伤到客人。

### 2. 合理控制沏茶水温

沏茶的水温要因茶而异，乌龙茶需用沸水冲泡，并用沸水预先烫杯；其他茶叶冲泡水温在80℃～90℃，细嫩的茶末冲泡水温还可再低一点。

### 3. 敬茶动作优雅

无论茶杯是否有柄，在端茶时都要在下面加托盘。主人在敬茶时要表现得温文尔雅、笑容可掬，用双手递茶送至客人面前，弓腰低声说"请用茶"，客人起立说一声"谢谢"，并用双手接过茶托。由招待人员上茶时，要先给客人上茶，再给己方上茶。若客人较多，应先给主宾上茶。

上茶的具体步骤是：把茶盘放在茶几上，从客人右侧递茶，右手拿着茶托，左手轻扶在茶托旁边。若茶盘无处可放，应用左手拿着茶盘，用右手递茶，注意不要把手指搭在茶杯边上，也不要让茶杯撞到客人手上，或洒客人一身茶水。如果妨碍了客人的工作或交谈，招待人员要说一声"对不起"，客人则对招待人员的服务表示感谢。

### 4. 倒茶要适量

在倒茶时，一般茶水要到茶具的2/3至3/4处，如果倒得太满，不但容易烫嘴，还有逐客之嫌。

### 5. 及时续茶

主人陪伴客人饮茶时，需在客人已喝去半杯时及时添加茶水，使茶汤浓度、温度前后大约一致，这种做法也有寓意，表示"慢慢喝，慢慢叙"。

在续茶时，主人的左手小指和无名指夹住杯盖上的小圆球，用拇指、食指和中指握住杯把，从桌上端过茶杯，侧身把茶水倒入客人杯中，以体现举止的文雅。

### 6. 正确招待多位客人

在同时招待两位及以上的客人时，端出的茶水的茶色要均匀，并配合茶盘端出，左手捧着茶盘底部，右手扶着茶盘边缘，茶杯摆在客人右前方。在敬茶时，应按照职位的高低先端给职位高的客人，再端给职位低的客人。

### 7. 其他礼仪规范

在招待客人时，不能用旧茶或剩茶，应当沏新茶。在沏茶之前，可以征求客人的意见，询问客人喜欢喝哪种茶。如果客人喜欢，在饮茶时可以适当佐以茶食、糖果、菜肴等，以调节口味。

待客人散去后，主人方可收茶。

我国旧时有以再三请茶作为提醒客人应当告辞了的做法，因此在招待老年人或海外华人时要注意，不要一而再，再而三地劝其饮茶。

## 训练点2：饮茶礼仪训练

不管是主人还是客人，在饮茶时要注意自己的形象，遵守以下礼仪规范。

### 1. 座次礼仪

喝茶要遵循座次礼仪，主人或泡茶的人的左手边是尊位，由尊到卑，从主人左手方向顺时针旋转，不管是怎样的茶桌，都要遵循这个原则。客人的优先级分别是老年人、领导、女士，如果年龄相差不大，女士优先坐尊位。

茶道在座位方面有一个特别的规定，即不能对头坐，也就是客人不能和主人面对面地坐，即使只有客人和主人两个人，也不能对头坐。懂礼仪的客人会坐在主人的右边。

### 2. 整理好仪容仪表

喝茶礼仪要求着装整洁大方，女士切忌浓妆艳抹，穿着暴露；男士也应避免过分夸张的着装，如穿奇装异服等。

### 3. 举止得体

除了仪容仪表整洁外，主人和客人在喝茶时的举止也应庄重得体、落落大方。喝茶时只宜小口仔细品尝，切忌大口吞咽，发出声响。遇到漂浮在水面上的茶叶，可用杯盖拂去，或轻轻吹开，不可用手从杯中捞出扔在地上，也不要吃茶叶。

### 4. 客人回礼

主人在冲泡了第一泡茶并请客人品尝时，客人要表示对主人的尊重，起身回礼，具体动作为：男士双手抱拳，女士合十，鞠躬一次，然后坐下；双手接过茶杯，先闻香味，再慢慢啜饮一口；放下茶杯，称赞主人。

### 5. 伸掌礼仪

主人和客人都要使用伸掌礼仪，这是品茶中使用频率非常高的礼节。伸掌表示"请"和"谢谢"，具体的姿势是将手斜伸在茶杯旁边，四指并拢，虎口稍微张开，手掌略微向内凹，手腕稍微用力。

### 训练点3：喝咖啡礼仪训练

咖啡现在已经成了人与人之间交际的媒介，是社交活动中不可或缺的一部分，而在喝咖啡时的行为举止能反映出个人自身的教养和素质。因此，我们在与人交往过程中喝咖啡时，要注意遵守以下礼仪规范。

**1. 正确持杯**

盛放咖啡的杯碟应当放置在饮用者的正面或右侧，杯耳指向右方。饮用者在拿起咖啡杯时，一般用右手的拇指与食指握住杯耳，轻轻地端起杯子，左手轻轻托住咖啡碟，慢慢移向嘴边轻轻啜饮，不可发出声响。不要用手碰触咖啡杯的其他位置，例如杯身、杯口等。

如果坐在距离桌子较远的沙发上，不方便双手端起咖啡杯饮用，可用左手将咖啡碟置于齐胸的位置，用右手端着咖啡杯饮用，喝完以后立即把咖啡杯放回咖啡碟上。

**2. 加糖动作要轻缓**

咖啡加糖有两种情况，一是加砂糖，二是加方糖。在加砂糖时，我们可以用咖啡匙舀取砂糖，直接加入杯中，但在添加时位置要尽量低，以免咖啡溅到杯外。在加方糖时，我们要先用糖夹把方糖夹到咖啡碟上，再用咖啡匙把方糖放入杯中。如果用糖夹直接把方糖放入杯子，可能会使咖啡溅出，弄脏桌布或衣服。

**3. 使用咖啡匙要文雅**

咖啡匙是用来搅拌咖啡的，不能用来舀咖啡喝，也不能用来捣碎方糖。在饮用咖啡时，我们要把咖啡匙取出来，上面会沾着咖啡，可以顺着杯子的内缘将咖啡刮掉，但不能甩动咖啡匙或舔咖啡匙。将咖啡匙取出后，要放在咖啡碟的内侧，以免端起咖啡杯时碰掉。

如果刚刚煮好的咖啡太烫，可以用咖啡匙在咖啡杯中轻轻搅拌使之冷却，或者等待其自然冷却后再饮用。

标准的咖啡搅拌手法是将咖啡匙立于咖啡杯中央，先顺时针由内向外画圈，到杯壁再由外向内逆时针画圈至中央，然后重复同样的手法，这种方法可以令咖啡浓淡均匀。

**4. 喝咖啡的方式要正确**

一般来说，咖啡要趁热喝，不能像喝水一样一口气喝完一杯。因此，在面对一杯咖啡时，我们不要急于喝，可以像品茶一样有个循序渐进的过程，先体会咖啡扑鼻而来的浓香，然后吹开咖啡沫轻啜一小口，享受咖啡本身的味道，之后随个人喜好加入糖、牛奶等。

我们在喝咖啡时也可以吃一些点心，但不能一手端着咖啡杯，一手拿着点心，吃点心和喝咖啡应交替进行，即喝咖啡时应当放下点心，吃点心时应放下咖啡杯。

**5. 交谈适度**

我们在喝咖啡时要适时地和他人交谈，但要注意与环境氛围相协调，应细语轻声，不能大声喧哗、乱开玩笑，或端着咖啡杯说个不停，更不要和人动手动脚，否则只会破坏喝咖啡的氛围。如果有事情要处理，最好放下咖啡杯，处理完事情之后再喝咖啡。

**6. 添加配料时要小心**

我们在喝咖啡时，可以根据个人喜好添加牛奶、糖、坚果碎等配料。一般情况下，我们不要主动为他人添加配料。在添加配料的时候要小心，尽量避免将配料洒到桌子上，添加后搅拌动作要轻柔，尽量不要使咖啡匙与杯壁碰触而发出声响。

### 回顾·思考·讨论·应用

#### 一、单元知识要点

中餐礼仪：座次安排、餐具的使用、进餐形象。西餐礼仪：座次安排、餐具的使用、不同食物的吃法、就餐的注意事项。自助餐礼仪：自助餐的安排和享用礼仪。饮茶和喝咖啡礼仪：敬茶礼仪、饮茶礼仪、喝咖啡礼仪。

#### 二、判断题

1. 和人交谈时可以拿着筷子，但不要挥舞筷子。（　　）

2. 中餐食物太烫，可以用勺子来回搅动。（　　）

3. 在吃中餐时，上菜后不能急着吃，要等主人说"请"以后再动手夹菜。（　　）

4. 在吃西餐时，如果需要暂时离开座位，要轻轻地把餐巾折叠好，放在桌子上。（　　）

5. 在吃自助餐时，要尽量多次少取。（　　）

#### 三、选择题

1. 关于中餐的座次安排，下列说法错误的是（　　）。

    A. 地位高的人应面门而坐　　　　　　B. 距离主桌越远，地位越高

    C. 两桌横排时，桌次以右为尊　　　　D. 两桌竖排时，桌次以远为上

2. 在使用刀叉时，下列做法正确的是（　　）。

    A. 把食物切成大小正好一口的量

    B. 可一次性把食物都切成小块后再食用

    C. 用叉吃东西时，叉可以在盘中发出声响

    D. 吃豆子等颗粒状食物时，可直接用叉取食

3. 在自助餐会中，主办者不可以做的行为是（　　）。

    A. 重点照顾主宾　　　　　　　　　　B. 为互不相识的人做介绍

    C. 始终伴随在主宾身边　　　　　　　D. 兼任服务人员提供服务

4. 主人在为客人敬茶时，不该出现的行为是（　　）。

    A. 把茶水倒满　　　　　　　　　　　B. 沏茶之前先洗手

    C. 敬茶要表现得温文尔雅　　　　　　D. 客人喝去半杯时倒开水

5. 在喝咖啡时，下列举止行为正确的是（　　）。

    A. 添加配料后用咖啡匙轻轻搅拌　　　B. 直接用糖夹把方糖加到咖啡里

    C. 用咖啡匙舀咖啡喝　　　　　　　　D. 一手端着咖啡杯，一手拿着点心

#### 四、问答题

1. 中餐的座次安排有哪些基本方法？

2. 在吃西餐时，如何优雅地吃面包？

3. 吃自助餐时有哪些禁忌事项？

## 五、讨论题

1. 在参加中餐宴会时，要如何塑造出有品位、有风度、气质佳的良好形象？

2. 在西餐的点餐环节，我们要怎样做才能显得更有涵养？

## 六、实践与应用

### 任务1  模拟演练中餐宴请

实践内容：在一个比较宽阔的场地布置几张圆桌，模拟演练中餐宴会中人们用餐时的各种行为。

实践要点：

（1）小组成员合作，按正式宴会的礼仪要求，演练包括入座、使用餐具、进餐动作等环节。

（2）分别演练不同角色，例如职位不同的人、男士女士、主人和主宾，各个角色都演练一次。

（3）各组选派代表与其他组成员上台进行表演，选择某一个角色和情境来表演，并由教师和其他学生对表演过程中涉及的礼仪进行点评。

### 任务2  模拟演练西餐宴请

实践内容：在一个比较宽阔的场地布置几张长桌，模拟演练西餐宴会中人们用餐时的各种行为。

实践要点：

（1）学生自由分组，2人一组，将全套西餐餐具按规范逐一摆放。

（2）模拟演练用餐时西餐刀叉的用法，掌握西餐刀叉使用的礼仪规范。

（3）模拟演练在用餐过程中出现不同情况的处理方法，例如中途暂时离开、离席时刀叉的摆放、用餐时餐巾的正确使用和暂时离席时餐巾的摆放。

（4）学生按礼仪规范进行演练，教师和其他学生观看并点评，最后互相讨论，指出错误并纠正。

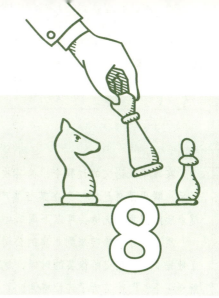

# 第八单元
## 日常交往礼仪

**8**

日常交往是检验人的礼仪素质的"大考场"，不管是邀请、拜访、接待，还是道贺或聚会，其中的礼仪细节都能反映出一个人的修养和素质。学习和运用日常交往礼仪，可以迅速拉近人与人之间的距离，密切人际情感，同时有利于树立个人文明礼貌、友善亲和的良好形象。

---

### 课前思考

**1** 在日常生活中，你遇到过哪些邀请和应邀的场合？

**2** 在拜访他人时，要注意哪些方面才不会让他人反感？

**3** 在接待客人时，做到哪些方面会让客人满意？

**4** 你平时参加聚会的次数多吗？你觉得在聚会上要如何做才得体？

### 奇怪的习惯

在写毕业论文的过程中，徐芸收集不到有些数据，于是她去寻求导师的帮助。导师了解情况后，联系了自己的一个在某智能产品生产公司就职的同学赵卓，请他帮徐芸收集这些数据。赵卓欣然同意，说徐芸可以下周二去公司取数据。

周二到了，徐芸来到赵卓的公司，赵卓将徐芸请至办公室的议事区就座。很快赵卓就取来了数据资料，在交给徐芸的时候，赵卓说道："这些数据并没有标明统计口径，需不需要我为你解释一下？"徐芸听了连忙感谢。

赵卓为徐芸详细地讲解着各项数据的统计口径，徐芸一边记笔记，一边不时地抬起手腕看表，短短半小时徐芸就看了七八次表。赵卓见此很疑惑地问她："你一会儿是要办什么事情吗？"

"没有啊，我今天主要任务就是到您这儿取这些数据。"徐芸连忙回道。

"哦，我看你一直在看表，还以为你一会儿要忙什么事情呢！"

"哦，我习惯了没事就看一下时间。"

**请分析：案例中徐芸的行为有何不妥？**

# 专题一 邀请礼仪

在正式的社交场合，邀请是一种礼仪性很强的通知，不仅要求合乎礼节，获得被邀请者的良好回应，还要符合双方的身份以及双方的关系。因此，邀请者和被邀请者都要了解邀请礼仪，掌握邀请的形式、时间和应邀、拒邀的方式，展现良好的个人形象。

## 训练点1：选择邀请形式和时间

邀请有正式邀请与非正式邀请之分。正式邀请既要讲究礼仪，又要具备备忘功能，所以多采用书面形式。非正式邀请主要是口头形式，相对随意一些。

### 1. 正式邀请

正式邀请适用于正式的交往中，其中请柬邀请是档次最高、为各界人士所常用的邀请形式。请柬又称请帖，一般由正文和封套组成，不管是购买还是自己制作，在格式和行文上都要遵守规定。

（1）请柬封套。发给客人们的请柬要有考究的封套与之配套。邀请人要在封套上认真写好客人的姓名。带有喜庆色彩的请柬，最好装入红色封套内。如在发出请柬时，已将客人在宴会、联欢会等较大规模的活动中的座次排好，可依照惯例在请柬封套正面的左下角注明客人的座次。

（2）请柬用纸。请柬多用厚纸对折而成，对折后的左面外侧为封面，封面多采用红色，并标有"请柬"二字，右面内侧为正文的行文之处，用纸也可用红色，但不可用黄色或黑色。

（3）发请柬的方式。发请柬的方式有亲自递交、委托他人转交以及交付物流公司邮寄。邮寄请柬是人们发请柬时常用的做法，为了确保对方提前收到请柬，邀请人要早作安排，越早邮寄越好，一般应提前15天到1个月邮寄出去，最晚也要提前一周到达对方手里。

亲自将请柬递交给对方时，应起身站立，双手呈上，并认真地向对方说一声"欢迎大驾光临！""请您赏光！"。如委托他人代为转交请柬，最好委托与自己关系比较密切的人，如可以请自己的配偶、恋人、兄弟姐妹、子女等代劳，不宜随便请其他人转交。

（4）**补发请柬**。如果邀请人已经使用口头邀请、电话邀请等形式邀请了客人，如有可能，可以再补发一份请柬，以此来表示客人在自己心目中的重要地位。若要避免客人以为邀请人怀疑其记忆力欠佳，可特意在请柬正文左下方标注"备忘"二字，告知客人：之所以向您补发请柬，是因为希望您可以按时出席，务请光临。

## 🌀 视点链接

　　会议邀请函是一种特殊的请柬，是专门用于邀请特定单位或人士参加会议，具有礼仪和告知双重作用的会议文书。会议邀请函的基本内容包括会议背景、目的和名称，主办单位和组织机构，会议内容和形式，参加对象，会议的时间和地点、联络方式以及其他需要说明的事项。会议邀请函的结构包括标题、称呼、正文、落款和成文时间。

　　标题由会议名称和"邀请函（书）"组成，一般可不写主办单位名称和"关于举办"的字样。

　　关于称呼，邀请函的发送对象有两类情况。其一，发送到单位的邀请函，应当写单位名称。由于邀请函是一种礼仪性文书，称呼中要用单称的写法，不宜用泛称（统称），以示礼貌和尊重。其二，邀请函直接发给个人的，应当写个人姓名，前冠"尊敬的"敬语词，后缀"先生""女士""同志"等。

　　正文应逐项载明具体内容。开头部分写明举办会议的背景和目的，用"特邀请您出席（列席）"照应称呼，再用过渡句转入下文；主体部分可采用序号加小标题的形式写明具体事项；最后写明联络信息和联络方式。结尾可写"此致"，再换行顶格写"敬礼"，亦可省略。

　　因邀请函的标题一般不标注主办单位名称，因此落款处应当署主办单位名称并盖章，最后写明具体的年、月、日。

### 2. 非正式邀请

非正式邀请又叫口头邀请，这种邀请方式比较自然，省时省力，但稍微显得不够郑重，适用于与商务人士的非正式接触，主要有当面邀请和电话邀请两种方式。

（1）**当面邀请**。当面邀请是指邀请者当面向被邀请者提出真诚的邀请意愿，并直接告诉对方活动类型、时间和地点。当面邀请的一大优势是邀请者能够立即知道对方是否接受邀请。如果一时之间不能获得对方的肯定答复，邀请者可以另约时间，以对方的最后正式答复为准。

邀请者可以在工作日的晚上或对方周末歇息时，特地登门拜访，亲自邀请，以示郑重。

（2）**电话邀请**。邀请者可以直接给被邀请者打电话，在通话中进行邀请。由于电话邀请的时间较短，因此邀请者在通话前应写下提纲，或打好腹稿，以免在通话中语无伦次，遗漏重要内容。同时，邀请者的语调、语气等要让对方感受到热情和诚意。如果接电话的人不是被邀请者本人，邀请者要建议接电话的人做好记录，以便转告给被邀请者。

**小故事大道理**

## 一次随便的邀请

礼仪小故事
一次随便的邀请

学生社团联合会计划举办第十届金话筒主持人大赛，作为联合会外联部成员的吴薇负责大赛评委的邀请工作。

一天，吴薇在学校餐厅用餐遇到了前年金话筒主持人大赛的冠军姚斌，于是她热情地邀请姚斌担任大赛的评委，姚斌很高兴，表示愿意担任评委。

到了大赛举办当天，比赛就要开始了，评委席的其他评委已经就座，可是姚斌却迟迟没有出现，而吴薇也无法联系到姚斌，为了避免评委席出现空位，吴薇不得不临时请了一位老师来救场，这才让大赛顺利开始。

后来，吴薇再次见到姚斌，就问他为什么没有去大赛担任评委，姚斌回道："上次你只是邀请我担任评委，却没有告诉我大赛举办的时间，我哪儿知道什么时候去。而且我听说其他评委都收到了担任大赛评委的请柬，我没有收到啊！"

**名师点拨**

无论是口头邀请，还是请柬邀请，在邀请的时候，邀请者都应该向被邀请者详细地说明活动时间、地点、相关要求等，以免被邀请者因不了解信息而错过活动。此外，在口头邀请之后，邀请者还可以向被邀请者寄一份请柬，以表明对被邀请者的尊重，表明希望被邀请者赴约。

## 训练点2：礼貌应邀，委婉拒邀

无论接到的是正式邀请还是非正式邀请，被邀请者都要认真对待，及时正确地予以处理。无论是否答应赴约，被邀请者都要按礼仪规范回复，尽早给对方明确而合理的回答。置之不理，草率行事是不合乎礼仪规范的。

在接到当面邀请和电话邀请时，被邀请者若同意前往，可以直接向邀请者说："非常感谢您的邀请，我一定会出席的！"如果考虑过后才能做出回应，被邀请者可稍后打电话给邀请者或者写一封邮件说明原因。

如果邀请者采用的是请柬邀请，被邀请者在收到请柬后要遵循社交礼仪规范，尽早做出适当的反应，不要将他人的善意看作儿戏，不理不睬，甚至抛诸脑后。

在回复请柬时，被邀请者要做到以下几点。

**1. 从速回复**

请柬邀请是一种正式的邀约形式，因此被邀请者在收到请柬后要尽早以同样正式的形式做出答复，通常使用信函回复对方。用于答复的信函应使用第三人称行文，并应在信中尽量详尽地提及各位邀请者的全名、活动的形式、活动的时间、活动的地点以及自己对邀请的明确态度。

如果被邀请者与邀请者的关系比较密切，为了尽早告知邀请者自己是否出席，可以采用非正式形式予以答复。

**2. 回复清晰、具体**

被邀请者对请柬的回复不能过于笼统和含糊。很多人在收到请柬时，对于自己是否能够出席回答得模棱两可，例如"到时候再说""尽可能争取吧"等，这种回复是十分不礼貌的。

对于他人的盛情邀请，能接受就接受，不能接受也应该清晰而具体地做出否定式的答复，若在这件事情上扭扭捏捏，反倒使邀请者认为虚情假意。这一点在涉外交往时更须注意。

### 3. 说明拒绝理由

如果自己因故不能出席聚会，被邀请者要在回复的信函中具体说明自己拒绝的理由，例如有约在先、因公出差、卧病在床等，并感谢对方的好意邀请，祝愿聚会圆满成功。

如果自己已经接受邀请，但突然因为某些事情（如孩子生病、身体突感不适）不能践行约定，应马上打电话告知对方，表示歉意，不能一声招呼都不打。

---

**视点链接**

接受邀请之后，被邀请者应依照请柬上的要求行事，以做一名合格的客人来要求自己，处处自觉地照顾和体谅邀请者，争取为其分忧解难。

---

## 专题二　拜访礼仪

在我们的日常生活中，拜访是常见的联络感情、增进友谊的交际形式，所以在拜访别人之前，我们要做一些适当的准备，并在拜访过程中遵守相关的礼仪规范。

### 训练点1：诚恳预约，不做不速之客

拜访是一种正式的社交场合，预约是成功拜访的必要条件。在预约时，拜访者要特别注意以下几点。

#### 1. 预约时间和地点

一般而言，当决定要去拜访某人时，拜访者应事先和对方取得联系，约定双方都认为比较合适的会面地点和时间，并把拜访的意图告诉对方。"选好时机、事先约定"是拜访活动的首要原则，这样做既能避免吃闭门羹，又能让对方有所安排，做好准备。不告而访、做"不速之客"是非常失礼的。

选择拜访时间应先考虑对方是否有空，不要让对方感到为难。如果到工作单位拜访，最好不要选择星期一；如果到他人家中拜访，应避开午休和用餐时间。

---

 **小故事大道理**

#### 一次冒失的拜访

杨雨甜刚刚成功竞聘为校报的记者，校报负责老师就让她去采访一位曾经为学校开展项目研究做出过重大贡献的校友。老师将校友的工作地址和联系方式给了杨雨甜，并告诉她，可以去校友的公司找他。杨雨甜心想反正已经知道找谁了，也知道去哪里找，到时候直接过去就行了。

礼仪小故事
一次冒失的拜访

第二天下午，杨雨甜打车前去拜访校友，结果在路上发现自己忘了带采访提纲，于是她又返回学校。由于校友公司距离学校较远，这样一来一回就浪费了很多时间，等杨雨甜来到校友公司的时候，已经到了下班时间。

杨雨甜来到前台，说明了自己的来意，前台告诉她："现在这个时间，李总已经下班回家了，要不你明天再来吧。"

杨雨甜很失望，自己折腾了一下午，居然连校友的面也没见到。突然，她想起来老师给过自己校友的联系方式，于是杨雨甜将电话拨了过去，电话接通后，杨雨甜表明了身份和目的，电话那头的校友听后说道："非常抱歉，明天我要去外地出差，等有时间我们再联系吧。"说完便挂断了电话。

**名师点拨**

拜访他人，尤其是拜访前辈、比较重要的人物，如果没有事先预约，贸然登门拜访是不符合拜访礼仪的行为，不但使对方尴尬，而且很有可能让拜访落空，自己白跑一趟。另外，被拜访者没有准备，其接待难免会让拜访者不满意，这其实是一个"双输"的事情。杨雨甜应该事先给校友打电话，约好拜访的时间。在拜访前要准备充分，避免出现忘记带材料的情况。

### 2. 态度友好

预约的语气应该是友好、请求、商量式的，而不是强迫命令式的。如果对方表示已有安排或应酬，拜访者要主动表示歉意，再与对方商讨拜访时间，这样做既有礼貌又有风度，对方会在感动之余尽早考虑接待拜访。

如果对方并无其他安排，只是托词拒绝，说明对方有难言之隐，拜访者应当表示理解，而不是生气，迁怒于对方。

### 3. 未预约应道歉

如果事情紧急或无法预约，做了"不速之客"，应当在见面时深表歉意，并说明事情的原委，以求谅解，否则对方会很反感，因为贸然拜访会打乱对方在工作或生活上的安排。

## 训练点2：得体赴约，守时不爽约

在双方预约了时间和地点以后，拜访者要守约前往，主要应注意下面几点。

### 1. 准时赴约

拜访者要准时赴约，不能轻易失约或迟到。如果因为某些特殊情况不得不迟到或取消拜访，应提前通知对方，并表示歉意。

为了防止赴约迟到，拜访者要对拜访地点有所了解，尤其是第一次去的地点，要提前了解交通路线，减少路途周转时间。

### 2. 做好准备

拜访者在正式拜访对方之前要做好充分的准备，先要明确拜访的目的，准备好名片、礼品等物品。如果是探望好友，可准备艺术品、工艺品、茶叶、水果等；如果是探望病人，可以准备鲜花和有利于病人健康的食品。

思政讲堂
接待准备要有度

　　如果拜访客户，拜访者要尽量带齐相关资料，如可能用到的资料、物品以及赠送给客户的礼品等。在与客户沟通时，拜访者可以使用一些辅助资料，例如图片、视频、数据等，有助于说服客户。拜访者准备的资料可供客户随时翻阅，缓解双方谈话中断时的尴尬。

　　拜访者要维护自己的良好形象，修饰好仪容仪表，选择与自己的个性、年龄、肤色、身材等相协调的妆容或服装。

　　如果拜访对象十分重要，拜访者在登门之前要把手机调成静音，确保不受到打扰，这样可以体现出拜访者对拜访对象的尊敬和对拜访的重视。

## 视点链接

　　去主人家中做客，换鞋是起码的礼貌。如果不换鞋，鞋子会将户外的灰尘、杂物带进屋，让主人精心打扫过的地面变脏。当然，进门换鞋不是非做不可的，但如果主人家有进门换鞋的习惯，作为客人应该尊重主人的习惯。进门换鞋这一细节，能体现出客人良好的礼仪修养，体现出客人对主人的理解和尊重。

### 训练点3：礼貌拜访，举止文明重礼仪

　　在拜访的过程中，拜访者要随时注意自己的言行举止，展现自己良好的礼仪风范，这样做既能体现自己的素养，又能使主人满意，从而深化两人之间的关系，达到社交目的。根据拜访目的的不同，拜访可分为商务拜访和日常拜访。

#### 1. 商务拜访

　　拜访者在工作场合拜访客户时，要注意以下事项。

　　（1）举止得体。在拜访客户时，拜访者要举止得体，姿态优雅，活动有度。去公司拜访客户通常是在会客室或接待室，而去住所拜访客户一般是在客厅。未得到允许，拜访者不得乱逛。

　　到公司拜访客户时，如果有接待人员接待，拜访者要听从接待人员的安排；如果没有接待人员，拜访者应先脱掉外套，取下围巾，首先向公司前台报出自己的身份和要拜访的人，并告知已有约定，然后在指定地点安静等待。即使自己知道客户的办公室，也不能不打招呼就直接闯进去。

　　到住所拜访客户，拜访者要礼貌敲门，敲门时应力量适中，以敲三下为宜，等待片刻，如果无人应声，可稍加力度再敲三下，得到允许后或有人出门迎接时方可进入。

　　在进入房间后，拜访者要注意自己的坐姿，坐沙发时应该浅坐在沙发的1/2左右，脊背挺直，腿不要盘起来，而应整齐地并在一起。当沙发较低时，应将腿略微偏向下座的一侧。

　　拜访者坐椅子应坐于椅子的2/3处，不可坐满椅子，也不要坐在椅子边上，上身过分前倾；坐下后不可随意挪动椅子，腿脚不要不停抖动。女士穿裙装入座时，应用手将裙装稍微拢一下，不要坐下后再站起来整理衣服。

　　（2）合理摆放随身物品。在与客户交谈时，拜访者不要把随身携带的公文包放在双方交谈的会客桌上，一般较大的皮包应放在自己的脚边，在取出资料时不要将皮包放在桌子上，而应放在膝盖上；当携带的物品很多时，应只将工作所需物品放在脚边，而将剩下的物品放在房间角落不显眼的地方。

（3）遵守交谈礼仪。拜访者应准确把握与客户交谈的内容。交谈内容应简短、清晰、明了，用简短的话语说明此次拜访的目的后，立即进入正题，谈话时应思路清晰，语言准确简洁，既有逻辑层次，又突出重点。

拜访者一方面要控制好交谈范围，在交谈时集中正题，不偏题或跑题，并且要认真倾听对方讲话，注意对方情绪的起伏变化，适时恰当应对，不能随意打断对方，故意抢话；另一方面，拜访者也要掌控好交谈时间，严守时间约定，不能单方面延长拜访时间。

### 2. 日常用访

在日常社会交往中，拜访者前往主人家中拜访时要注意以下事项。

（1）问候寒暄。在进门后，拜访者不仅要向主人问候寒暄，还要对主人的家人或其他客人微笑、点头致意，简单地说一句"你好"，等到主人安排座位后再道谢坐下。

如果拜访者与主人是第一次见面，拜访者要主动递上名片，做自我介绍；如果是熟人，可握手问候；如果有其他人一同前来，应介绍给主人。如果主人夫妇同时开门相迎，应该先问候女主人；如果不认识来开门的人，应礼貌地问一句"请问这是××家吗？"，得到确认后方可进入。

（2）举止得体。在主人家做客时，拜访者要注意自己的仪态，站有站相，坐有坐相，大方、彬彬有礼。

主人不让座，拜访者不可随便坐下。如果主人是年长者或上级，主人若不坐下，拜访者也不能先坐下。主人让座之后，拜访者要表示感谢，然后用得体的姿势坐下。

如果主人敬茶，拜访者要起身站立，身体前倾并致敬，道谢后双手迎接；主人端来果品，拜访者要等其他客人或年长者动手取食后再取食。而糖纸、果皮、果核等应放在专用的果皮盒内，即使在最熟悉的朋友家里也不要过于随便。

如果主人招待就餐，拜访者要对主人尤其是女主人说一些赞扬的话，为主人营造融洽、热烈的气氛；入席时要按既定次序入座，不可贸然坐下，坐在餐桌前要注意体态；主人敬茶时要起身，即使不爱喝茶也应抿一小口以示尊敬，如果茶水太烫，要等凉了以后再喝，不能一边吹气一边喝；喝茶时要细细品尝，不能一饮而尽，也不能啜饮出声音；待主人招呼后才可动筷子夹菜；席间谈笑应多谈些愉快、轻松的话题；尽量避免中途离席，确实无奈应向主人说明方可离去。

在主人家做客期间要注意自己的一举一动，避免频繁做出看表、抖腿等表示不耐烦的动作，应该表现出良好的姿态，淡定从容，认真听主人讲话。

---

#### 情景还原解析

在"情景还原"板块中，徐芸在听赵卓解释数据统计口径的时候总是看表，影响了赵卓的讲解，虽然她说这是她的个人习惯，但这个习惯非常不好，容易让对方误解。赵卓会猜测这是徐芸在暗示自己她一会儿有重要的事情要做，想要离开但不好直接开口。正是由于有这样的猜测，赵卓才询问徐芸，如果赵卓没有直接询问，在心里暗自思忖，甚至会认为这是徐芸在暗示他的讲解很无聊。徐芸这样的举动会给赵卓留下心浮气躁、过度自我的糟糕印象。

---

拜访者的举止要大方，不要过于拘谨。如果拜访者过于拘谨，对于主人提供的服务拒绝接受，但自己有需求又不敢提出来，双方都会感到不自在，也就破坏了本来应该融洽、愉快的气氛。主人会觉得拜访者难以接近，做事畏首畏尾。

日常交往礼仪

（3）**客随主便**。客随主便有两层含义：一是指拜访者作为客人，不必过于谦让，按照主人的安排行事即可；二是指拜访者不要在未得到主人许可的情况下随意行事，例如随意走到主人的办公室或卧室东张西望或乱翻乱动，这是非常不礼貌的行为。

（4）**交谈自然**。在和主人交谈时，拜访者的态度要诚恳、自然，不能自以为是地评判主人家的陈设，更不能谈论主人的长短和扫兴的事。若有长辈在座，拜访者应用心听长辈讲话，不要随便插话。即使对主人家的情况很感兴趣，也不要关心过度，反复询问，这样会显得粗鲁无礼。交谈时要把最重要的事情说清楚，不能独自滔滔不绝地说闲话，让主人插不上嘴。在主人说话时，拜访者要仔细倾听，观察主人的神情，若主人有不耐烦的神色，适时告辞较为明智。

如果是探视病人，拜访者所说的话要轻松、幽默一些，给病人带来宽慰，有利于病人恢复平稳的心情，对其健康有利。

（5）**注意事项**。一般不要带小孩子去做客，这会给主人添麻烦，更不宜在别人家责骂自己的孩子。拜访者不要在主人家里提出不合理要求，这样主人会觉得拜访者太不把自己当外人，心里会非常不舒服。

在拜访他人时，如果主人正忙着做事，例如收拾屋子、整理书房等，拜访者应该主动上前帮忙，在吃完饭后主动帮助主人洗碗，绝不能怡然自得地享受主人的招待，在对方忙碌时冷眼旁观。这样会招致对方反感，但帮助主人做事也要做自己力所能及的事情，如果没有能力分担，就不要插手，免得扰乱主人的做事节奏。

## 训练点4：适时告辞，不做久留之客

即使双方交谈得再热络，拜访者总有该告辞的时候，而有时拜访者应该察言观色，适时告辞，给双方的交谈画上一个比较圆满的句号。拜访者在告辞时要注意以下几点。

### 1. 掌握好拜访的时间

拜访的时间不宜过长，也不宜太匆忙，一般以半小时到一小时为宜。当宾主双方都已经谈完该谈的事情时，拜访者就要及时起身告辞。

### 2. 找准告辞的时机

拜访者在与主人交谈的过程中，应注意主人的情绪和环境的变化。如果发现以下情况，拜访者要"知趣"告辞。

- 双方话不投机，无法就某一问题达成一致意见，主人对拜访者的建议或想法反应冷淡，甚至不再发言。
- 主人起身总结双方的谈话内容，表示以后继续保持联系，加强交流。
- 主人反复看手表或室内的挂钟，面露焦躁的神情。
- 主人把双肘抬起，双手支在椅子的扶手上。
- 接近休息或就餐时间。
- 有新的客人到来，但拜访者并不认识。

拜访者不要在主人或其他人刚说完一段话的时候提出告辞，这样会让对方觉得这是对他说的那段话不耐烦的表现。因此，拜访者最好是自己讲一段带有告别之意的话之后，或者是在双方对话告一段落，新的话题开始之前提出告辞。

### 3. 告辞应果断

拜访者在提出告辞以后应立即起身辞别，不能口头说告辞，说了几次仍然坐在座位上。有时主人会说上几句客套话，例如"再坐一会儿"之类的，一般情况下只是表达一种热情的礼节，并非挽留之意，因此若没有非说不可的话，这时应毫不犹豫地起身告辞。

### 4. 有礼节地告辞

果断告辞不代表告辞时要显得很着急，拜访者在告辞时要对主人的热情招待表示感谢，说一些"打扰了""给你添麻烦了""谢谢了"之类的话；当主人送到门口，自己即将离开时，拜访者要主动与主人握手道别，并说"请回""请留步""再见"之类的话。

如果主人家里有长辈，拜访者也应向长辈告辞。若有意邀请主人回访，可在同主人握手道别时提出邀请，例如"希望你到我家里来做客"。

女士跟男主人告别，应主动和对方握手，如向年长的女士告辞，则应等对方伸出手来再握手。出门后，拜访者应主动请主人留步，不用远送，待主人留步后，走出几步，再回首挥手致意，以示再见。

# 专题三　接待礼仪

接待是现代社交活动中的一项重要内容，也是人们常说的"迎来送往"活动。接待工作直接影响到接待者或主人在客人心目中的形象。热情有礼的接待工作能够给客人留下良好的第一印象，为进一步的信息沟通、感情联络和行为互动奠定良好的基础。

## 训练点1：接待前准备工作要周到

主人在接待客人之前要做好精心的准备，准备工作体现在以下几个方面。

### 1. 注重仪表

在接待客人时，主人的仪表与其对客人的尊重程度呈正比。事先知道客人要来，主人虽然不一定要西装革履，但也不能蓬头垢面，不修边幅，这是对客人的不敬。穿睡衣接待客人是很不礼貌的，尤其是接待异性客人时，这类着装更是礼仪的禁忌。

如果客人突然来访，主人没来得及更衣，可以先让客人在客厅等候，在卧室换好衣服再出来接待。当然，主人的穿戴不必珠光宝气，这样会失去亲切感，只要着装得体，使人觉得自然即可。

### 2. 准备接待物品

主人要准备好待客的用品，例如糖果、茶叶、饮料、点心等；如果要留客人吃饭，应预备丰盛可口的饭菜；如果客人带着孩子一同前来，要预备一些玩具、画册。

### 3. 清洁卫生

客人预约来访，主人应提前整理好房间，使房间干净、整洁，使客人到来后有舒适的感觉。如果客人到来后房间凌乱，到处是灰尘，这对客人来说是不礼貌的。如果客人突然来访，主人应把孩子的玩具、桌子上的书报等物品稍微收拾一下，并向客人表示歉意。

## 训练点2：亲切迎客，做好细节工作

迎接客人表达的是对客人的重视和关心，尤其是客人远道而来时，主人应该提前去迎接。

### 1. 提前迎候

当客人来自外地时，主人要按照事先约定的时间专程前往车站、码头或机场迎候，不要让客人到达后等待，在接到客人以后致以热情的问候和欢迎。

每一位客人都希望自己是被欢迎的，尤其是置身于陌生城市时，更希望得到主人的帮助和热情接待。主人应该为客人考虑，使客人有宾至如归的感觉。很多时候主人因为忙碌而怠慢了客人，或是只从自己的角度考虑，认为自己熟悉的道路对方也不难找到，却不知客人把很多时间浪费在寻找正确的路线上。

远客如果不被迎接，会觉得自己不被重视和尊重，不仅会有一种失落感，还会觉得主人不够热情、真诚。如果方向感不好，花费太多时间找路，客人很容易因恼怒而放弃做客。

如果客人距离不远，但又比较重要，主人应在楼下或电梯口迎接。如果在家中等候，当客人敲门时，主人应亲自开门迎接。

### 2. 热情问候

主人在见到客人时要热情问候，如果是久未谋面的客人，主人应说"久违，久违""好久不见"；如果是初次登门的客人，主人可说"久仰，久仰"；如果没有亲自迎接，可说"失迎，失迎""有失远迎"等表示歉意。

主人应主动伸手与客人握手，如果客人是一对夫妇，主人也是一对夫妇，双方之间的相互问候顺序为：首先两位女士互相问候，然后两位男士互相问候。

### 3. 其他注意事项

对于已经预约好的拜访，届时主人不在家是非常失礼的，如果主人临时有事不方便接待或迎接，要提前跟客人讲明原因并致歉。

对于特别尊贵的客人，主人若已婚，最好夫妇一同迎接，且女主人在前。

如果客人手提重物，主人应主动帮忙提；对长者、体弱者主动上前搀扶，并让家人一同帮忙。

## 训练点3：热情待客，展现主人之礼

主人在接待客人时要热情，充分地展现礼节，表达对客人的关心和重视。具体来说，主人在待客时要做到以下几点。

### 1. 举止得体

在客人进屋后，主人要先把客人介绍给家人或其他客人，随后安排座位，把最好的位置让给客人坐。

在和客人交谈时，主人不能反复进出房间，若中途有急事，需要外出或接电话，应向客人说明情况，并表示歉意。

主人与客人交谈时要神情专注，不能心不在焉、频频看表或打哈欠，更不能明确表示不耐烦，这相当于下逐客令，会让客人十分不满。

家中有孩子时，如果孩子扰乱谈话，主人不可当着客人的面责骂孩子，这会让客人内心不安，甚至感到尴尬。

主人不要在客人面前和家人争吵，这样不但不能解决问题，反而会让人尴尬，让客人左右为难，产生自己是否来得不是时候的疑感，甚至觉得主人是在针对他，而且这样也影响主人和客人之间的沟通交流，让客人对以后再去主人家里做客产生畏惧心理。因此，在招待客人时，主人应与家人和谐相处，即使有矛盾，也应等客人离开后再解决家庭内部的矛盾。

### 2. 热情招待客人

热情主动是每个主人应该做到的待客之道，无论是性格内向还是工作忙碌，当家中有客人时，主人都不可冷落对方。如果主人不主动提供服务，客人即使有需求也不便开口，如果客人是初次拜访，就更容易显得拘谨。如果主人不热情欢迎客人，客人也会觉得无趣，不想多谈，若茶水等招待不周，客人会觉得主人不想让自己久留，也会识趣地早早离开。

如果主人想要客人在自己家中用餐，就要在客人到达之前做好充分准备，切忌在客人到达后再为用餐准备良久，因为把客人留在客厅，自己在厨房忙碌是很不适宜的。在招待客人用餐时，准备的饭菜不宜过少，量要适度，荤素合理搭配，同时问清客人有何忌口。

不管是普通朋友还是重要的朋友，到了用餐时间，主人都要邀请对方与家人一同用餐；如果客人到时正赶上吃饭，主人也应邀请客人与家人一起用餐；如果客人已经吃饭，主人应放下碗筷陪同客人，若客人请主人吃完饭后再谈，主人应尽量缩短用餐时间，别让客人等得太久。

如果客人需要留宿，主人要尽量让客人单独住一间房，房间要有取暖设备、电风扇，房间和床上用品都要保持干净、整洁。

### 3. 善待不速之客

如果客人没有预约就来拜访，主人不可流露出埋怨的情绪，这样会使客人进退两难。一般来说，不管心绪多么繁杂，心情多么糟糕，主人都要热情接待客人。

如果客人到达时主人正巧要出门办事，而且事情很重要，就要向客人说明情况，并约定时间再见。如果客人远道而来，主人可让客人先在屋内等候，等办完事马上返回。

如果主人实在不想接待客人，也不能冷言冷语，而应以适当的方式回绝，可以说"真不凑巧，我正准备外出办事""我今天很忙，请您改天再来"。

### 4. 礼尚往来

客人来访可能会带一些小礼物，主人在接受礼物时要与客人目光接触，双手捧接，并表示感谢，同时说一些礼节性的客套话，例如"何必这么客气""让您破费了"等。一般情况下，主人应遵循礼尚往来的原则，在接受礼物的同时回赠对方一些礼物。在接过礼物后，不宜立刻打开，而应等到客人离开以后再打开。

### 5. 其他注意事项

若主人在接待客人的时候出现一些小差错，例如不小心把饮料洒在客人身上，不小心撞到客人，可适当向客人道歉，但也不必反复道歉。因为客人也知道主人是因为疏忽而出错，并不会过于计较，但若主人反复道歉，就会让客人尴尬，甚至怀疑主人是否别有用心。

主人在接待客人时说话要有分寸，尤其是有两位或多位客人在时，更要注意言谈举止，不能厚此薄彼。每一位客人都希望得到重视和尊重，和主人拉近关系。主人如果因为接待客人多，在言语上冲撞了某位客人，不仅这位客人会感到生气，其他客人也不会对主人有好感。

主人在与多位客人交谈时，切忌谈论互相对比的话题，没有人愿意在其他人面前显得不如别人。要想拥有一个和谐的聊天氛围，主人要找到大家的共同话题，不冷落任何一位客人。如果客人之间互相不认识，主人要主动做介绍人，在介绍时注意措辞，不因为某人地位、薪酬、职位高就多夸耀，以免让其他客人认为自己受到轻视。

## 训练点4：礼貌送客，留下良好印象

当客人和主人交谈到一定时候时，客人会起身告辞，这时主人要礼貌送客，不要因为失礼而招致客人的不满，在最后环节影响两人的关系。

### 1. 表示挽留

客人开始告辞时，主人一般应表示挽留，因为有的客人并不是真的想离开，而是顾虑停留太久会影响主人休息或办理其他事情，因此以告辞试探。对于这样的客人，主人急于送客是不礼貌的。如果一再挽留过后，客人确实要走，主人便不宜强留。

强留客人看起来是热情好客的表现，但这并不是礼貌的行为。如果主人和客人的关系一般，强留对方会让对方觉得莫名其妙，并且会显得主人虚伪做作、虚情假意；如果客人是异性，强留对方会让对方产生厌恶之感；如果客人有重要的事情要办，强留对方会耽误对方的正事，也会让对方感到不满。当客人已经尽兴时，强留客人只会让其心情由好变坏；若客人在拜访时心情已经不愉快了，强留对方只会使其心情更不愉快。

### 2. 起身相送

客人告辞时，主人应起身相送，如果坐着不动或只是点头示意，是不礼貌的；但主人起身应在客人之后，客人刚一告辞，还没有起身，主人就立刻起身相送，也是非常不礼貌的，有逐客之嫌。另外，客人告辞时，主人不能嘴上说着挽留的话，在行动上却是立即起身相送，这样的客套不够有诚意，会让客人感觉很不舒服。

在送客时，主人不能主动与客人握手，否则有盼着客人快点走的意思；客人出门后，主人在关门时动作要轻，否则客人会认为主人不欢迎他的造访。对于一般客人，主人只需要送客出门即可；如果客人驱车前来，主人应把客人送到车前，等车开动以后与其挥手道别；如果是远道而来的客人，尤其是长辈或重要的客户，在客人辞行时，主人应把客人送到车站、码头或机场，并等车升、船启、飞机起飞之后再转身离开，如果主人因为有急事不能久等，应向客人说明理由并表示歉意。

### 3. 委婉地下逐客令

如果主人接待客人很长时间，客人仍然没有要离开的意思，而主人已经不想再继续接待，这时主人要委婉地下逐客令，提示对方该离开了。例如，主人可以询问客人之后有什么安排，顺势说出自己的安排来暗示客人自己过一会儿还有别的事情要做；或通过告诉客人现在已经几点了的方式暗示客人应该离开了。

# 专题四　道贺礼仪

道贺又叫道喜，是人们向自己的亲朋好友祝贺喜庆之事的一种社交活动。在日常交往中，道贺是我们向他人主动表示友好、关怀的一种常用方式。适时而得体的道贺可以加深人们的感情，促进人与人之间的友谊。

## 训练点1：道贺时机和方式的选择

向他人道贺是不能一厢情愿的，更不能随心所欲，要想充分表达对他人的关怀和关心，在道贺时要选好时机。

### 1. 结婚

结婚是人生大事，如果是关系密切的亲友结婚，应当主动道贺；如果结婚的人与自己的关系一般，应当在对方通知后再采取行动，否则可能违背对方的意愿，影响对方的心情。

### 2. 结婚周年纪念日

每一对夫妻都希望自己的爱情和婚姻能够天长地久，彼此之间相亲相爱、相濡以沫，而结婚纪念日可以视为一对夫妻感情牢固的标志。因此，当父母、老师、挚友等庆祝结婚周年纪念日时，我们应主动向其道贺。

### 3. 生子

生子也是人生的一件大事，这也是值得祝贺的，但考虑到此时对方比较忙碌，产妇和孩子的健康不容忽视，所以不宜当面道贺，可以用写信、寄贺卡、送礼品等方式表示祝贺。

### 4. 生日

不管是同事或好友过生日还是长辈做寿，抑或是亲友的后代过周岁，都是纪念诞辰的一种形式，此时向其道贺应时应景，顺理成章。

### 5. 升学毕业

当亲友及其子女升学毕业时，尤其是升入大学或大学毕业，标志着其人生进入了一个新的阶段，开始了新的征程，值得祝贺。此时口头道贺、电话道贺、书信道贺、贺卡道贺、送礼品道贺都是可以考虑的。

### 6. 晋职

晋职证明当事人工作努力，恪尽职守，而且在某一个方面确有专长。借此机会向其道贺，既可以与其一同分享喜悦，又有助于赢得对方的好感与信任。

### 7. 事业成功

出版专著、开办公司、评为先进、获得荣誉称号、创造发明得到社会的认可、在大型比赛中获得名次等，都是成就感非常高的美好时刻。在得知他人的这类消息后，不妨以书信、贺卡道贺，或以贺幛、贺匾、书画、对联作为道贺的礼物，向其表示由衷的祝贺。这些方式隆重正式，可以使对方幸福感倍增。

### 8. 乔迁新居

新居落成或是迁入新居是一件不小的喜事，当得知亲友、同事乔迁新居时，一般应尽快向其道贺。

在适合道贺的时机，我们也要选择合适的道贺方式，这就要求我们先了解各种道贺方式。道贺方式主要有口头道贺、电话道贺、书信道贺、邮件道贺、贺卡道贺、贺幛道贺、设宴道贺等。其中，电话道贺、书信道贺和邮件道贺适合不便当面道贺的情形，电话道贺更快捷，书信道贺的内容更丰富，可以更充分地表达自己的祝贺之情。

## 训练点2：道贺语言

在上文提到的八种道贺事由中，我们及时送出的道贺语言是极为珍贵的祝福，因此我们要选择可以真诚表达祝福和心意的道贺语言，如表8-1所示。

表8-1　道贺语言

| 道贺事由 | 道贺语言 |
|---|---|
| 结婚 | （1）今天你们喜结良缘，正是珠联璧合、佳偶天成，祝你们心心相印、同心永结，祝一生幸福、新婚快乐<br>（2）浪漫的节点，幸福的起点，在这个异常喜庆的日子里，祝喜结良缘的你们牵手共享爱情，并肩共擎风雨，白头偕老，甜蜜美满，新婚欢乐 |
| 结婚周年纪念日 | 用一缕清风、二滴夏雨、三片秋叶、四两白雪做成五颜六色的礼盒，系着七彩丝带，乘着八面来风，用九重意境、十分真诚装进三百六十五个祝福，祝你们结婚周年快乐 |
| 生子 | （1）宝宝降生，恭喜贺喜，愿新生的小宝贝给你们带来数不尽的快乐，祝小宝贝身体健康，茁壮成长，祝新妈妈甜蜜美满<br>（2）花香浮动，月华如水，庆添嗣之喜 |
| 生日 | （1）今天是你的生日，愿所有的快乐、所有的幸福、所有的温馨、所有的好运围绕在你身边，生日快乐<br>（2）一个小小的问候，是我对朋友无限的挂念；一句轻轻的祝福，是我对朋友真诚的眷恋；一首悠悠的心曲，是我对朋友生日的祝愿。祝你生日快乐，每天开心 |
| 升学毕业 | 恭喜你考上了心目中理想的大学，我很高兴，并衷心地祝福你在以后的求学之路上奋发图强，以优异的成绩来回报父母，回报社会 |
| 晋职 | 朋友，喜闻升迁，恭喜恭喜！是英才就会发光，你现在会越发明亮！在新的岗位上，祝愿你步步高升，大展宏图，人生越来越精彩 |
| 事业成功 | （1）恭喜贵公司事业蒸蒸日上，更上一层楼<br>（2）愿你的新店高朋满座，生意兴隆，广聚天下客，一揽八方财 |
| 乔迁新居 | （1）莺迁仁里，燕贺德邻，恭贺迁居之喜，室染秋香之气<br>（2）新居落成之际，恭贺乔迁之喜；欣闻华厦新成，恭贺乔迁之喜 |

# 专题五　聚会礼仪

　　现在人们的日常生活内容十分丰富，除了工作和居家休息之外，还可以出入各种场合，参加各种社交活动，例如沙龙、晚会等。在参加各种聚会活动时，人们要遵守相应的礼仪规范，以便给他人留下良好的印象。

## 解析点1：参加沙龙的礼仪

　　沙龙是法语Salon一词的译音，原指法国上层人物住宅中的豪华会客厅。从17世纪起，巴黎的名人常把客厅变成社交场所，人们志趣相投，会聚一堂，一边喝着饮料，一边欣赏典雅的音乐，促膝长谈，无拘无束，后来人们便把这种形式的聚会叫作沙龙。现代沙龙是指主要在室内进行的专门的社交性聚会，常见的有读者沙龙、学术沙龙等，可供成员之间互相交流、分享。

　　沙龙形式自然、内容灵活、品位高雅，可以使渴望友谊、注重获取信息的人们既正规又轻松愉快地与其他人进行交际。虽然沙龙聚会形式比较自由，但人们也应当讲究必要的礼仪。下面以读者沙龙为例，人们在参加读者沙龙时要遵守以下礼仪规范。

### 1. 注重仪表

　　在参加读者沙龙之前，参加者应认真对自己的仪表进行修饰，但也不必过分讲究，只要符合读者沙龙的整体风格即可。男士要理发、剃须，穿西装套装或休闲型西装；女士要做发型、化淡妆，选择旗袍、连衣裙等服装。

 **小故事大道理**

### 沙龙中格格不入的人

经朋友介绍，段娟获得了参加一个读者沙龙的资格。沙龙是在上午进行的，本着"礼多人不怪"的原则，段娟特地穿了一套正式的黑色晚礼服，这让她一进入活动区域就显得格格不入。

沙龙里有一些熟悉的人，段娟和他们热情交谈。过了一会儿，她径自走向另一群人，听到他们说的话题是自己擅长的领域，便不由分说地插嘴谈论起来，而其他人对此只是皱皱眉头，有的人径自离开了。这让段娟觉得非常尴尬。

**名师点拨**

参加沙龙可以选择穿正装，但穿晚礼服就显得有些过于扎眼了。此外，虽然参加沙龙要尽可能扩大自己的交际圈，但也要在加入其他群体之前先旁听一会儿，找准时机再加入，切不可像故事中的段娟这样不由分说地插嘴，以免惹人厌烦。

**2. 尊重主讲人**

读者沙龙一般会有一个主题，主讲人会根据主题介绍相关内容，并引导参加者讨论。在主讲人讲述的过程中，参加者要耐心听讲，不要大声喧哗，即使听到自己不同意的观点，也要保持克制，不要过多地评头论足，更不要当着大家的面指责、非议、侮辱主讲人。

**3. 举止大方**

举止大方、仪态优雅、彬彬有礼有助于树立良好的形象，从而赢得大家的信任、友谊和尊敬。不拘小节、不修边幅绝不是洒脱的表现，而是失礼的表现，例如当众抠鼻子、挖耳朵等，看似很小的动作，却是有伤大雅的，往往会显得粗俗不堪。

**4. 友好交流**

读者沙龙是交流、分享的活动，因此参加者要积极主动地与他人交谈，并借此良机认识更多的新朋友，扩大自己的交际圈；可以先旁听他人的交谈，找准时机加入。不管是主动交流还是被动交流，参加者都要表现得很诚恳、谦虚，不仅要真实地表达自己的见解和主张，还要表现得宽容大度，善于向他人学习和请教。

参加者应对他人的加入表示欢迎或主动邀请他人参与交流，这样才使读者沙龙的举办更有意义，达到集思广益、取长补短、开阔视野和增长知识的目的。

**5. 控制分享时间**

除了主讲人以外，参加者自己也要控制分享观点的时间，不要一说起来滔滔不绝，占用太多时间，应在说话之前规划思路，言简意赅，留出时间供其他人讨论。一般来说，每个人每次分享观点的时间在5~8分钟为宜。

**6. 积极参与**

在读者沙龙活动中，组织者为了活跃场上的气氛，通常会设置一些知识竞赛、游戏、娱乐等环节，参加者要重视这样的机会，既可以展露自己的才华和能力，又能让更多的人关注并认识自己。参加者不用担心出错，一般组织者安排的节目不会有太大难度，即使出错，自我调侃一番也能体现出自己的魅力和非凡气度。

## 解析点 2：参加晚会的礼仪

晚会是指在晚上举行的以表演文娱节目为主要内容的群众聚会，是一种常见的群体性文娱活动。参加晚会时，人们要遵守晚会的礼仪规范。

### 1. 着装

出席正式的晚会时，着装要庄重、高雅、严肃。按照晚会的礼仪规范，此时的着装，男士以深色中山装套装、西服套装为宜，女士以旗袍、连衣裙或西服套裙为宜。不管是男士还是女士，都不要穿短裤、背心、运动服、牛仔服等服装出入剧院、音乐厅等场所，穿着太随便进出晚会现场就如同衣冠不整。另外，在进入晚会现场之前，人们要把大衣、帽子、围巾等物品存放在衣帽间。

### 2. 入场

观看晚会的人要把握好入场时间，一般要在晚会正式开始前的 10 ~ 15 分钟入场。提前入场不但可以预留出存放衣帽的时间，还可以找好座位、熟悉环境，同时有利于维持现场的秩序。如果缺乏时间观念匆匆而至，气喘吁吁、汗流浃背，甚至错过了开场，就会破坏自己观看晚会的心情。

演出铃声响之后，工作人员便不再允许迟到的人入场了，只有中场休息时人们才能进场。

另外，观看晚会的人应尊重组织者的安排，持票排队入场。

### 3. 落座

人们应凭票对号入座，在寻找自己的座位时，若有领位员在场，最好请领位员带路或指引方向，同时感谢对方；若没有领位员带路，自己应从左侧过道走，逐排寻找，不要为了省时间踩着别人的座位横穿过去。若多人一起行进，且演出厅的过道较窄，则宜单列而行，不要并排着走。

当有人向自己打听座位号时，要热情相助；如果有老年人或行动不便者，应主动提供帮助。

若自己的座位在中间，在走向自己的座位时，要有礼貌地向已落座的人说一声"对不起，借过一下"，然后面向对方侧身而过，尽量不要碰触对方，若不小心碰到对方，应立即致歉。如果有人坐在自己的座位上，也不要与之争抢或大声争执，可以主动出示自己的门票，必要时可以请工作人员处理。

人们在落座时要动作优雅，不要弄出太大的响声，也不能东倒西歪、前仰后合、乱踩乱踏，或跷二郎腿。在落座后，不要轻易走动，也不可乱调座位，占其他人的座位。

### 4. 观看

在观看演出的过程中，人们不能做出妨碍演员表演的行为，也不能影响其他人观看演出，应当全神贯注、专心致志，做一个有素质的观众。

在观看演出时，不要做出以下行为：大声谈笑、交头接耳、高声议论、窃窃私语；接打电话；随意走动；心不在焉，做自己的事，例如玩手机、睡觉等；戴帽子、坐得过高；胡乱拍照，乱用闪光灯，任意摄像；搞小动作，例如不断翻自己的包、吃带壳食物、喝易拉罐装的饮料等。以上行为有的是对演员的不尊重，影响演员表演，有的会分散其他观众的注意力，影响他人观看演出，都是不合礼仪的。

为了对演员表示支持和鼓励，观看演出的人要在合适的时候鼓掌，一般在演员登台或表演结束、退场时给予热烈的掌声，以示欢迎、感谢、喜欢等。当然，若演员表演欠佳，或在表演中出现失误，抑或是自己不喜欢某位演员，也不要鼓倒掌、喝倒彩、吹口哨等，这都是极其不礼貌的行为。

**5. 退场**

演出期间一般观看演出的人是不能提前退场的，如果因为有急事确实需要离开，应向旁边的人致歉。

在演出结束后，观看者要按秩序依次退场，切忌一哄而散，以免让现场混乱不堪；退场时观看者不要立即评价演出，也不要大声喧哗。

为了保持现场卫生，观看者在退场时要把垃圾带走，例如喝水的纸杯、饮料瓶等。

## 回顾·思考·讨论·应用

**一、单元知识要点**

邀请礼仪：邀请形式、邀请时间、应邀和拒邀。拜访礼仪：预约、赴约、拜访、告辞。接待礼仪：准备工作、迎客、待客、送客。道贺礼仪：道贺时机、道贺方式。聚会礼仪：沙龙、晚会。

**二、判断题**

1. 在举办聚会之前，我们要给自己的恋人发请柬。（　　）

2. 如果不确定是否出席聚会，在回复请柬时可说得笼统一些。（　　）

3. "选好时机、事先约定"是拜访活动的首要原则。（　　）

4. 客人突然来访是不符合礼仪的，主人可直接拒绝接待。（　　）

5. 晚会上节目不精彩，观众可以喝倒彩或调侃演员。（　　）

**三、选择题**

1. 在回复请柬时，正确的做法是（　　）。

　　A. 使用第一人称行文　　　　　　　　　　B. 拒绝出席时做出含糊的否定式答复

　　C. 因故不能出席时说明理由　　　　　　　D. 接受邀请后因故不能去，不告知对方

2. 在拜访主人时，发现哪种情况时要主动告辞？（　　）

　　A. 双方交谈得酣畅淋漓　　　　　　　　　B. 双方话不投机，意见不一

　　C. 主人偶尔看向墙上的挂钟　　　　　　　D. 有熟悉的客人到来

3. 在招待客人时，下列行为可以出现的是（　　）。

　　A. 反复进出房间　　　　　　　　　　　　B. 客人留宿时，让其单独居住一间房

　　C. 在客人面前责骂孩子　　　　　　　　　D. 倒饮料时洒到客人身上，反复道歉

4. 在观看晚会时，下列做法错误的是（　　）。

　　A. 进入晚会现场，要凭票对号入座　　　　B. 接到电话时小声说话

　　C. 在演员表演结束时给予热烈鼓掌　　　　D. 全神贯注，专心致志

5. 下列关于看晚会退场时的做法，正确的是（　　）。

　　A. 有急事需要离开，向旁边的人致歉　　　B. 演出结束后，观众可随意离开

　　C. 退场时兴高采烈地评价节目　　　　　　D. 退场时，将携带的垃圾交由服务人员处理

## 四、问答题

1. 客人在拜访主人时，在交谈方面应注意哪些方面？

2. 主人要如何礼貌送客？

3. 在参加沙龙时，应当讲究哪些礼仪？

## 五、讨论题

1. 你是否有过在拜访朋友时不得不提前告辞的情况？你是如何做的？

2. 请搜集关于拜访客人或接待客人的笑话故事，并讨论笑话故事中当事人的做法错在哪里。

## 六、实践与应用

### 任务 模拟演练拜访和接待

实践内容：角色扮演，展示预约、赴约、拜访或接待、告辞或送客的全流程；实训地点为教室讲台，教师讲桌代表接待者家的桌子，教室门代表接待者家的门。

实践要点：

（1）将学生分成小组，2人一组，分别扮演拜访者和接待者。

（2）分别演练以下场景：拜访者电话预约，拜访者来到接待者家门口，接待者开门迎接拜访者，拜访者和接待者两人谈话，拜访者告辞和接待者送客。

（3）教师重点观察以上场景中，学生在演练时的行为举止，最好摄像并用幻灯片播放出来，让包括表演者在内的所有学生一起点评，最后选择礼仪规范做得最到位的一组。

日常交往礼仪

# 第九单元
# 职场礼仪

职场礼仪是指人们在职业场所中应当遵守的一系列礼仪规范，可以使一个人的职业形象大大提升。因此，每一个职场人都要树立塑造并维护自我职业形象的意识，在工作中遵守职场礼仪，从而在工作中游刃有余，使自己的事业蒸蒸日上。

**课前思考**

① 在毕业之后求职面试时，你觉得要如何把握个人仪容、仪表、仪态？

② 在平时的办公室工作时间内，职员都应遵守哪些礼仪规范？

③ 在职场生活中，要想工作顺利，要如何与同事、上级、下级交往？

## 不汇报工作的结局

　　王月颖和张筱茵同时进入一家公司，经过三个月的培训学习，两个人进入了同一个小组。过了一段时间，组长交给她们每个人一项任务——在一个月内独立完成一个策划案。

　　王月颖认为这是一次表现的机会，鼓励自己要加把劲儿努力完成。于是，她卖力工作，力求把任务完成得尽善尽美。十天以后，组长过来询问王月颖："怎么样？进行得还顺利吗？"其实王月颖当时正处于瓶颈期，但为了表现自己的能力，她说："很顺利，一切正常！"

　　张筱茵在接到任务后，第一件事就是询问组长："组长，这个任务要求达到什么样的水平，有什么标准吗？"组长随即详细地将一些标准和注意事项交代给张筱茵。做策划案时，张筱茵每隔三天就向组长汇报一次工作进展，并询问自己完成的部分是否需要修改和调整。

　　一个月以后，王月颖和张筱茵两个人同时拿出了一份策划案。组长认真地看了一下，发现王月颖的策划案内容尽管十分丰富，但有些杂乱，还有很多明显的错误；而张筱茵的策划案条理分明，完整充实，是一份非常成熟的策划案。

　　在小组会上组长表扬了张筱茵，说她的任务比较难但她仍然按时按量完成了，对王月颖则简单地提了几句，让她以后在工作中再细心一些。王月颖心里很伤心："我到底哪里做得不好？"

　　**请分析：案例中王月颖的行为哪里不妥？**

# 专题一　求职面试礼仪

　　面试是招聘单位对求职者的职业技能和综合素质进行当面的考核和测试，是求职者走向工作岗位的必经之路。现在就业竞争日趋激烈，面试的成功与否会极大地影响一个人的事业发展和生活质量。在面试时，求职者不仅要努力展现自己的工作能力，还要注意穿着得体、说话流利、举止自然，给招聘单位和面试官留下良好的印象，进而增加求职成功的可能性。

## 训练点1：仪容仪表，第一印象的关键

　　在面试时，求职者的个人形象是最先进入面试官考核范围的评价要素，会极大地影响面试官的第一印象。据有关专家表明，第一印象是由55%的仪容仪表、38%的行为举止和7%的谈话内容构成的。由此可见，仪容仪表在形成第一印象中起到的关键作用。

　　在面试时，求职者的仪容要美观、自然、协调，且在修饰仪容的时候应避开公共场合。男士要剃胡须，清洁面部；女士要适当化妆，以淡妆为宜，合理的妆容可以充分展示女士容貌上的优点，展示更好的职业形象。发型的修饰要遵循头发干净、长度适当的原则，切忌过度时髦，而应当实用性和美观性并存。手部要保证清洁卫生，因此要勤洗手，做好保养，以防出现粗糙、生癣、皲裂等，影响美观和卫生，同时要注意定期修剪指甲，指甲的长度以不超出手指顶端为宜。女士在涂指甲油时要选择无色透明、自然肉色的指甲油，以增加指甲的光洁度和色泽感。

求职者的仪表要符合以下要求：着装要保持干净、整洁，避免邋遢；男士一般穿西装，统一面料、统一色彩，尺寸合身，熨烫平整，并正确搭配衬衫，系好领带、纽扣，口袋少装东西，穿深色、黑色皮鞋，袜子与皮鞋配套，选择深色、单色袜子，以黑色为佳，选择的配饰不要过多，应讲究质量和品位；女士一般穿西装套裙，色彩以冷色调为主，外观要讲究平整、挺括、干净，尺寸合身，套裙一般不带图案，或者带格子、圆点、条纹等图案。

更多关于仪容仪表的礼仪内容，可参考本书第二单元和第三单元。

## 训练点2：见面礼仪，展现自我修养

见面是双方交往的开始，见面礼仪对求职者能否成功有着重要作用。具体来说，面试过程中的见面礼仪体现在以下几点。

### 1. 提前到达

守时是一种职业道德，如果求职者在面试时迟到，面试官会对其可靠性和工作效率产生怀疑，认为求职者缺乏自我管理和约束能力，从而降低其印象分。因此，求职者在面试时要提前到达面试地点，以提前10~20分钟为宜，这样可以提前熟悉公司环境，找到准确的面试场所，并稍微调整一下状态，以免气喘吁吁，带着慌张的情绪进行面试。但也不要太早到达面试地点，如果提前1个小时到达，可在附近稍微等候一会儿。

要想提前到达，求职者有必要增强时间观念，并摸清交通线路，千万不要随便看一下地图就匆匆上路，以免延误时间，导致迟到。

### 视点链接

面试官如果迟到，求职者对此不要太介意，而要表现得大度一些。如果面试官一迟到，求职者的不满情绪就流于言表，面露愠色，给面试官的第一印象就大打折扣，甚至导致满盘皆输。面试是一种对人际磨合能力的考查，求职者要就此做好准备，在面试时做到得体、周到和自然。

### 2. 安静等候面试

当求职者众多时，有人会在面试间外等候，在外面等待时不要因为过于好奇或兴奋而走来走去、东张西望，以免给别人留下不稳重的印象；也不要与他人高声谈论或大声接打电话，这样会影响他人准备面试和思考问题，分散其注意力。求职者应当安静地坐着，做好准备，调整心情，以便在入场后有一个良好的心态来应对面试。不要擅自进入面试间，即使前面的求职者已经结束面试。如果面试官没有通知，仍要在门外耐心等待。

### 3. 正确进入面试间

当自己的名字被叫到时，求职者要用力应答一声，然后敲门进入面试间。不管面试间的房门是否关闭，在进门时都要用食指和中指的第二指节轻轻叩门3次，听到里边说"请进"以后，要回答"打扰了"，再进入面试间。开门、关门尽量要轻，进门后应转过身去用手轻轻将门关上，然后回过身来，将上半身前倾30°左右，向面试官鞠躬行礼，面带微笑地称呼一声"您好"，显得彬彬有礼而大方得体。

职场礼仪

求职者要等面试官示意后才可入座，如果有指定座位，则坐在指定的座位上；如果没有指定的座位，可以坐在面试官对面的位置，以便与面试官交谈。

从进入面试间到入座这段时间是给面试官留下深刻印象的时间，此时求职者应注意步态要稳健，从容而坚定的步态往往最能体现一个人的信心和勇气。因此，求职者应神情自然、保持微笑地注视面试官，并走上前去与他们打招呼，打招呼时要热情。

在面试官允许入座之前，求职者要站着等待，不要东张西望地找座位。入座时要道谢，动作应稍慢，身体略向前倾，面带微笑，一般以坐满椅子的2/3为宜，坐姿要规范。入座时应注意与面试官保持一定的距离，一般在2米左右为佳，以便形成一个宽松的环境，避免局促和有压迫感。

#### 4. 正确使用称呼

刚进入面试间时，求职者面临着如何与面试官打招呼的问题，这也是求职者与面试官的初次见面，自己的形象、言谈举止都开始接受面试官的评判，此时要表现得镇静、轻松、大方，面带微笑，向面试官点头致意，说"您好，我是×××，非常荣幸能参加这次面试！"这样既有问候，又有自我介绍，可以迅速消除彼此的生疏，缩短心理距离。如果对方有职务，一般采用"姓＋职务"称呼的形式，如"李经理""张处长"等。

### 训练点3：自我介绍，真诚表达自己

很多求职者在面试时忽视了自我介绍的礼仪，在介绍自己时急于推销自己，缺乏介绍的艺术，从而引起了面试官的反感，应聘失败是可想而知的。

在进行自我介绍时，求职者要遵守以下礼仪规范。

#### 1. 彬彬有礼

在做自我介绍之前，求职者要先向面试官打招呼，表示感谢，例如"×经理，您好，感谢您给我一个这么好的机会，现在我向您做一个简单的自我介绍"，在做完自我介绍后，要再次向面试官道谢。

#### 2. 主题明确

面试官每天要处理众多求职信息，所以没有多余的精力听求职者滔滔不绝地说，因此自我介绍宜简不宜繁，一般包括的要素有姓名、年龄、籍贯、学历、性格、特长、爱好、工作能力、工作经验等。以上要素到底是该详述还是略述，求职者要根据招聘单位的要求组织材料，围绕其要求来介绍自己，主题要明确，切忌漫无目的，东扯一句西扯一句，或者把对面试求职的重要性几乎为零的小事都一一详谈，让面试官听后不知所云。

#### 3. 客观介绍自己

在面试过程中，很多求职者为了给面试官留下深刻的印象，喜欢对自己过度夸耀，并带着优越的语气说话，不断地表现自己。其实，对自己过度夸耀意味着贬低别人，这是不尊重他人的介绍方式，会引起面试官的反感。因此，在谈论有关自己的话题时，要尽可能避免使用夸大的形容词，要把话说得客观真实，并用实际的事例证明所说的话。

#### 4. 烘托气氛

在做自我介绍时，求职者要想办法强化自我介绍的气氛，最基本的要求是发挥自己的优点，扬长避短，在内心自我肯定，要觉得自己的声音有魅力，自己的能力很强。只有自信才能让自我介绍的气氛变得舒坦起来，促使自己把思绪或情感变成风趣动人的言辞，使内外表达一致。

自我介绍的时间一般为3分钟左右，在如此短的时间内，求职者该说些什么呢？自我介绍的内容主要包含4个方面，如表9-1所示。

表9-1　自我介绍的内容

| 自我介绍 | 解释 | 具体说明 | 策略 |
|---|---|---|---|
| 我是谁 | 求职者的基本信息 | 主要介绍求职者的个人履历和专业特长，包括姓名、年龄、籍贯、教育背景、与应聘职位相关的特长等 | 生动、形象、个性化地介绍自己的基本信息，不仅能够引起面试官的注意，还可以使面试的氛围变得轻松 |
| 我做过什么 | 求职者的经验和经历 | 主要介绍与应聘职位密切相关的实践经历，包括校内活动经历、相关的兼职和实习经历、社会实践等 | 要说清楚确切的时间、地点、担任的职务、工作内容等，让面试官觉得真实、可信 |
| 我做成过什么 | 求职者的能力和水平 | 主要介绍与应聘职位所需能力相关的个人业绩，把自己在不同阶段做成的有代表性的事情介绍清楚 | 业绩要与应聘职位需要的能力紧密相关；介绍自己的业绩，而不是团队的业绩；业绩要数据化，有具体的证据；有所侧重，着重介绍展现自身能力的业绩 |
| 我想做什么 | 求职者的职业理想 | 介绍自己对应聘职位、行业的看法，包括职业生涯规划、对工作的兴趣与热情、未来的工作蓝图、对行业发展趋势的看法等 | 在介绍时要针对应聘职位合理编排每部分的内容，与应聘职位关系越密切的内容，介绍的次序越靠前，介绍得越详细 |

## 训练点4：举止仪态，举手投足显气质

面试中的一举一动都体现和反映着自己的修养，任何一个不得体的动作都可能会影响形象。因此，求职者要注意自己的举止仪态，要在举手投足之间彰显自己的独特气质。

### 1. 面带微笑

人与人相识，第一印象往往是在前几秒形成的，微笑是表情中最能赋予人好感、增加友善、愉悦心情的表达方式。一个面带微笑的人，必能体现出他的热情、修养和魅力，从而得到面试官的信任和肯定。

### 2. 认真倾听

当面试官提问或介绍情况时，求职者要与面试官有目光接触，并通过表情、手势、点头等向面试官表示自己在认真地倾听。如果巧妙地插入一两句话，如"原来如此""您说得对""是的""没错"等，效果会更好。说话的态度应保持平和，神情专注诚恳，以不急不缓的说话速度，清晰而沉着地表达意见，展现充分的自信并赞许性地点头，以表示自己在认真听对方所提供的信息。虽然求职者要与面试官有目光接触，但要注意不要目光呆滞地紧盯着面试官，这样会使对方感到很不舒服，可以盯住面试官的鼻梁处15秒左右，然后自然地转向其他地方，如望向面试官的手、办公桌等，隔30秒左右再望向面试官的双眼和鼻梁处。如果不止一个面试官在场，求职者说话时要适当地用目光扫视一下其他人，以示尊重。

### 3. 手势适当

求职者在运用手势时要注意紧密配合自己的语言，做到协调一致。手势要大方自然，幅度适中，手势幅度过大让人觉得性格不稳定，无节制地挥手或无规律地乱摆会让人觉得求职者轻浮或狂

妄；手势幅度过小则显得呆板，缺少风度。

求职者的手势不能过多，以免分散别人的注意力，显得自己不稳重。手不要弄出声响，不要玩纸和笔，也不要乱摸头发、下巴、耳朵，或用手捂着嘴说话，以免给面试官留下紧张、不专心的印象。

在向面试官递送资料时，不能单手递给对方，而要用双手递送，将资料封面朝上、文字正面方向朝向对方，这样的方式显得更周到、更礼貌。

**4. 站姿要求**

良好的站姿可以给人挺拔向上、干练的好印象。因此，求职者的站姿要端正、稳重、自然，上身端正，头正目平，微收下颌，平肩挺胸，直腰收腹，两臂自然下垂，两腿相靠直立，两脚靠拢，脚尖呈"V"字形。求职者在站立时若全身不够端正、两脚叉开过大、两脚随意乱动、无精打采、自由散漫，都会被视为不雅或失礼。

**5. 坐姿要求**

求职者在入座时要轻缓，入座后要身体略向前倾，不要倚靠椅背，或者弯腰弓背，这样显得人没有精神，而且不自信；也不要坐满，一般以坐到椅子的2/3处为宜；不要跷二郎腿，不要抖腿、晃腿；男性的双脚分开比肩宽略窄，双手很自然地放置于大腿上。女性则要两腿并拢，可采取两腿垂直式坐姿、两腿斜放式坐姿、两脚交叉式坐姿或者前伸后屈式坐姿。

**6. 走姿要求**

走姿是在站姿的基础上展示人的动态美。求职者展现走姿主要是在从进入面试间到入座和面试结束后离开房间的这两个过程。在步入面试间后要神态自然、步伐稳健、面带微笑。面试结束后，不管自己对于面试结果的预感是怎样的，步伐仍然应该自信从容，到门口时轻轻把门带一下，切不可失去常态，慌慌张张地快步走出，也不能漫不经心、一步三晃地走出去。

面试时重要的是自信，这种自信可以通过求职者的走姿表现出来。自信的走姿应该是身体重心稍微前倾，挺胸收腹，上身保持端正，双手自然前后摆动，脚步要轻而稳，两眼平视前方，步伐要稳健、自然，有节奏感。

## 训练点5：应答礼仪，有问必答显能力

在面试过程中，求职者要谨慎应答，在展现自身工作能力和礼仪素养的同时，避开面试官的提问"陷阱"。在应答时，求职者要做到以下几点。

**1. 保持镇定**

在面试过程中，任何意料之外的事情都有可能发生，例如面试官漫不经心，或者面试官提的问题是之前没有想到的或与应聘岗位毫无关联。在遇到这些意外情况时，求职者要调整好心态，保持镇定，这样才能在现场理清思路，随机应变。

在面试时，问而不答、毫无反应是很失礼的。尽管有时在应答中难免会遇到一时答不出来的问题，但求职者也不要一言不发，可以用两句话缓冲一下："这个问题我过去没怎么想过。从刚才的情况看，我认为……"这时脑子里就要迅速归纳出几条观点或想法了，若仍旧找不出答案，就先说自己知道的，然后承认有的东西还没有经过认真考虑。有时面试官考查的并不一定只是问题本身，如果能从容地说出自己的想法，虽然不够完整，也不至于影响大局。

在整个面试过程中，求职者不要紧张，表述要简洁、清晰、自信、幽默，同时注意观察面试官的表情变化，做到察言观色，尽快掌握面试官感兴趣的地方，再根据事先的准备进行着重表达。

### 2. 委婉表达不同意见

若面试官的提问中隐藏着他的某个观点，而求职者在该问题上与面试官的意见不一致，也不要据理力争，急躁地与对方辩解，或直接反驳，这样既浪费时间又容易激化矛盾冲突。可以用比较委婉的话来表达自己的不同意见，例如，使用类似的开头方式来交流："是的，您说得有道理，在这一点上您的经验很丰富，不过我也遇到过一件事……"

在回答面试官的问题时，求职者可引导面试官自己得出结论，这样就避免了与面试官直接发生冲突，又巧妙地表明了自己的观点，特别是在回答情景面试问题时，稍不注意容易处理失当，过度自信而忽略了场面控制。

### 3. 谨慎发言

面对面试官的提问，求职者要稍加思索再回答，如果还没有想清楚就不说或少说，切忌信口开河、文不对题，以免给面试官一种浅薄之感。

### 4. 适时询问

从面试的具体过程来看，面试是面试官提问与求职者应答的过程，但求职者除了注意应答礼节和技巧之外，有时为了及时了解有关情况，还要学会适时询问，这样双方都可通过面试达到预期目的。

在面试的尾声时，很多面试官会问："我们问了你不少问题，不知道你有没有什么问题要问我们？"有时提问比回答问题更重要，面试官可以根据求职者提出的问题来评判其态度，了解其关心的事物，看其是否对招聘单位有真正的了解。因此，求职者要提前归纳好问题，有备无患，要先对招聘单位的基本情况有所了解和调研，把招聘公示中已有的内容排除在问题之外。如果没有准备要提的问题，最好说"暂时没有问题"，切不可随心所欲地提出问题。

**小故事大道理**

#### 一个没有准备的提问

张晓慧进入了某制造公司的面试环节，在面试过程中，张晓慧自信而洒脱的言辞让面试官眼前一亮，整个面试过程中，面试官一直面带微笑。

面试即将结束，面试官请张晓慧提出想问的问题。张晓慧并没有准备问题，但又担心回答"没什么问题"而被对方认为思想消极、做事不积极主动，于是就随意地问了一个问题："贵公司有无内部教育的训练课程？"

礼仪小故事
一个没有准备
的提问

面试官很惊讶，面露不快："这个嘛……"

其实，该制造公司有一整套人事教育系统，在内部教育方面做得很有特色，屡屡被报刊报道，这在公司官方网站的"企业介绍"一栏中有所提及，张晓慧没有浏览过"企业介绍"，所以才问出这个问题。

**名师点拨**

在"企业介绍"中已经登载的东西不能问，这是一般提问原则，因为一旦提出这类问题，就代表求职者所做的准备不足，对招聘单位的了解不够多，甚至对招聘单位的了解意愿不深，这会引起面试官的反感。如果求职者这样问这个问题可能效果会好点："贵公司官方网站的介绍中提到了公司内部教育的训练课程，但是我还有些地方没有理解，能否请您再介绍一下？"然后再详细说出自己不理解的地方。

求职者在提问时切不可刨根问底、喋喋不休，因为每个企业都有机密信息，这些机密信息关系到企业的经营成败，面试官对此十分敏感，如果一再深究，面试官会十分反感。因此，在提问之前要思索一番，不要让自己提出的问题使对方为难。以下是实用的提问范例。

- 你们最近新设的厂址是否理想？
- 是否可以简略介绍一下这个职位的工作职责？
- 公司会提供多长时间的在职培训？
- 公司对我们是不是会定期考核？
- 贵公司从长远来看有什么发展计划？
- 大概何时我可获知申请结果？
- 我可否稍后再和你们联络？

 **小故事大道理**

**自以为聪明的提问**

林静在招聘网站上看到一家500强外企在招聘部门经理秘书，于是就投了简历，并顺利进入了面试。

在面试过程中，从面试官的表情中，林静看到了对方对自己的满意和肯定，于是信心大增。面试临近结束，面试官问："你还有什么问题吗？"

林静将自己准备的问题脱口而出："我想提两个问题。一是听说贵公司遭受金融风暴的打击较深，这一季度公布的财报数据不是很好，请问贵公司有什么对策？二是最近贵公司的竞争对手推出了一系列推广新产品的市场活动，收效很好，而贵公司的新产品迟迟没有推出，请问贵公司在新产品推出上是如何考虑的？具体有哪些市场推广计划呢？"

林静认为自己的提问准备很充足，也十分契合招聘单位的实际情况，觉得面试官会予以肯定，所以脸上洋溢着信心十足的傲气。面对她的这种表情，面试官很有礼貌地笑了笑，回避了她的问题。

林静在面试之后感觉很好，但令她奇怪的是，她一直没有接到对方公司的复试通知。

**名师点拨**

林静提出的问题特别敏感，因为这些问题戳到了招聘单位的痛处，且这些问题与秘书职位的关联性不大，且在提问的时候，林静的表情让面试官很不满，所以面试官回避了她的问题，对她的印象也大打折扣，林静应聘失败也就在所难免了。

## 训练点6：告辞礼仪，善始又要善终

求职者在告辞时要遵循下列礼节。

### 1. 适时告辞

大部分面试是招聘单位邀请求职者参加的，因此求职者何时告辞应当视对方的要求而定，不能在对方未告知的情况下单方面告辞。通常情况下，当面试官的所有提问都结束以后，面试就算结束了。当面试官说"今天就谈到这里吧，请等候通知"，这时方可告辞离开。

有时面试官会说出一些暗示性的话语，例如"很感激你对我们公司这项工作的关注，我们一做出决定就会立刻通知你"，在听到这类话后要主动提出告辞。如果面试官频频看表、变换坐姿、游目四顾，一般说明面试官觉得应该结束面试了，这时候最好识趣地停止讲话，告辞离开，以免影响其他人面试。

### 2. 礼貌告辞

不管面试的结果如何，求职者在告辞时都要向面试官表示衷心的感谢，以体现自己的真诚和修养，例如"非常感谢您给了我这次宝贵的面试机会，衷心地感谢您，刘经理，再见！"。在道谢时要有明确的称呼，并辅之以适当的体态语，如注视面试官的面部，伴随着真挚的微笑。在告辞时的行为举止会给面试官留下深刻的印象，对录用与否起到潜移默化的作用。

在离开的时候，如果有秘书或接待员接待过或招待过自己，也应向他们致谢告辞。

### 3. 举止稳重

在面试官明确面试结束后，求职者不要表现出浮躁不安、急欲离去的样子，而应当步伐稳重、自然，轻轻开关门，在关门之前转向室内，边点头致意边轻轻退出面试间，始终保持自己的良好形象。

# 专题二　办公室礼仪

办公室是日常工作的地方，在办公室内的言行举止能体现一个人的素质和修养。遵守办公室礼仪不仅能树立个人和组织的良好形象，也关系到一个人的前程和事业发展。

## 训练点1：开关门礼仪，细节体现文明

开关门虽然很简单，但细节之处也能体现出一个人的素质和修养。职员在公司工作过程中，在开关门时要注意以下几点。

### 1. 动作轻缓

不管是进出办公楼大厅还是办公室，职员都要用手轻推、轻拉和轻关房门，如果动作粗鲁、声

音过大，会显得非常冒失、没有涵养、情绪管理能力差。

### 2. 进门先敲门

职员在进入他人的房间，尤其是领导的办公室时要先敲门，敲门时一般有节奏地敲三下，敲门的力度和响度要适中，敲得太轻了别人听不见；敲得太响不礼貌，会引起别人反感。如果门是虚掩着的，职员也应当先敲门，一是表示询问"我可以进来吗"，二是表示通知"我要进来了"，让屋内的人做好面对面沟通的准备。

### 3. 与他人一同进门时要礼貌

职员在与同事、同辈者一同进门时，要互相谦让，走在前面的人打开门后要为后面的人拉着门，后面的人进门后要主动关门。

职员与领导、客户一同进门时，要视门的具体情况随机应变。若门朝里开，职员要先进门拉住门，侧身请领导、客户进入；若门朝外开，职员要打开门，请领导、客户先进；若门是旋转式大门，职员要先迅速过去，在另一边等候。无论进出哪一种类型的门，职员在接待引领时都要运用规范的手势，同时说诸如"您请""请走这边""请各位小心"等提示语。

> **即时演练**
>
> 学生分组，在教室门口演练进门的动作，分别演练单人进门和多人进门的动作。教师观察并点评学生的动作，指出不足并纠正。

## 训练点2：办公室自律，打造良好环境

职员的绝大多数工作时间是在办公室中度过的，要想在办公室中工作顺心，如鱼得水地处理各种工作问题，就要掌握好办公室环境礼仪，为自己营造一个良好的工作环境，为取得更好的工作业绩打下基础。具体来说，办公室环境礼仪包括以下两个方面。

### 1. 环境干净、卫生

办公室应当保持干净、整洁、卫生，做到窗明几净，地面没有脏污，桌面没有灰尘。因此，职员要积极主动地打扫卫生，保持环境的整洁；时常打开窗户透气，保持室内空气清新；即使有专人打扫卫生，职员也要注意自己的行为，不随地吐痰，不乱扔废弃物；爱护公共财物，不在办公桌和公共设施上乱写、乱画、乱贴。

思政讲堂
公共参与，承担社会责任

### 2. 办公用品摆放整齐

整洁美观、物品摆放有条理的办公桌不仅可以给自己带来好的心情，还能提高工作效率。职员在上班之前，可以先把办公桌上的物品摆放整齐，但不要在办公桌上摆放餐具、玩具、零食、化妆包、装饰品等，可以把它们放在办公桌下面的柜子里。

其实办公桌的状态能够反映一个人的状态，会整理办公桌面的人，做起事来肯定也是果断、爽快的。这些人为了更有效地完成工作，桌面上只摆放目前正在使用的工作文件；在休息前会做好下一项工作的准备；因用餐或去洗手间暂时离开座位时，会将文件覆盖起来；下班后会把文件或资料收放在抽屉或文件柜中，并经常清理、整顿柜内物品，以保持柜子的整洁。

办公桌杂乱会让人觉得态度散漫，太过随性。很多人不愿意花时间整理办公桌，任由资料、文件随意摆放，认为自己的空间自己做主，但往往会因为自己的懒惰或坏习惯丢失重要信息，给公司造成损失。办公桌上可以适当摆放一些相框、盆栽等物品，但不能过多，最好不要超过2个，且要摆放整齐，保持桌面的整洁。

 **小故事大道理**

### "完美"同事的美中不足

张甜甜是一个面容清秀的姑娘，在一家大型企业做文员，她性格开朗，平时同事有什么事情她都会热心帮助对方，公司聚餐时也特别能活跃气氛，让所有人都非常开心，所以同事们都很喜欢她。

但是，张甜甜有一个特别的爱好，就是喜欢吃榴莲。榴莲的气味非常刺鼻，张甜甜每次在办公室吃榴莲都要让同事们忍受榴莲散发出来的刺鼻味道，但同事们又不好直接告诉她不要吃榴莲，真是苦不堪言。

#### 名师点拨

办公室是办公场所，是公共空间，由于空间小、场地有限，刺激性气味很难散掉。在办公室吃有刺激性气味的食物是很不礼貌的行为。如果有客人恰好来公司拜访，闻到办公室的刺鼻气味，会感到不悦，认为这是对自己的不尊重。另外，刺激性气味也不利于办公室的工作环境，影响同事工作，所以要避免在办公室吃有刺激性气味的食物。此外，无论在什么地方，食用有刺激性气味的食物后要尽快漱口或吃一片口香糖，消除口腔中的异味。

# 专题三 职场交往礼仪

职场交往是指人们一经就业就会加入某一特定的职业群体，成为其中的一员，并同其他成员建立起相应的人际关系，而是否能够很好地处理人际关系与职场人的职场幸福感息息相关，影响到职场人的职业发展。

## 解析点1：与同事交往，真诚平等是关键

融洽的职场工作氛围是提高工作效率的重要力量。在一天的工作中，每一名职员的大多数时间都在与同事相处，因此同事之间相处得如何直接关系到工作、事业的进步和发展。同事之间若关系融洽、和谐，职员便会感到心情愉快，有利于工作的顺利进行。同事之间存在既合作又竞争的特点，这使同事关系微妙复杂，这就要求人们学会同事间的交往艺术，掌握与同事相处的礼仪。

### 1. 尊重同事

相互尊重是处理好任何一种人际关系的基础，同事关系也不例外。对同事要以礼相待，不要厚此薄彼。我们要尊重同事的生活习惯和处世方式，不可把自己的观点强加给同事。

我们要尊重同事的隐私，不要在背后议论同事的隐私，以免损害其名誉，造成同事间关系的紧张。当同事在做某些比较私密的事情时应回避，做到目不斜视、耳不旁听，更不能追问。不轻易翻动同事的物品，如果要找同事的物品，应请同事代找，如果本人不在，应先征询同事的意见，被允许后再翻动同事的物品。

如果同事个人或家庭遇到了困难、麻烦，我们应主动询问是否需要帮助，如果同事不希望我们介入，就不必多次提及。

**2. 帮助同事**

不管是在工作中还是在生活中，当同事遇到难处时，我们要予以体谅和理解，并尽力帮助，若无法提供帮助，也要表达关心和安慰，让同事感受到我们的诚挚友谊，这是赢得同事信任的关键。

**3. 坦诚沟通**

同事之间相处，一时的失误在所难免，如果出现失误，我们要主动向对方道歉，获得对方的谅解。如果同事之间产生误会，要坦诚沟通，向对方说明真实情况，不能小肚鸡肠，耿耿于怀。

**4. 平等待人**

在工作中，我们要对同事一视同仁，不能和某一部分人关系亲近，却疏远其他人。尤其是不能认为某人对自己的工作有利就与之来往频繁，而某人对自己的工作没有帮助就置之不理；也不要见了领导就点头哈腰、满脸堆笑，但面对关系一般的同事就视而不见、冷若冰霜。

**5. 律己宽人**

律己就是严格要求自己，用各种道德规范和行为准则来约束自己，不说不利于团结的话，不做不利于团结的事，不挑拨是非，不猜疑嫉妒。

宽人就是与人为善、宽容大度，不斤斤计较，不苛求他人。当自己受到委屈或误解时，要克制自己的情绪；当同事做错事时，要善意指出或给予安慰，多一点关心，少一点指责，多一份谅解和理解，少一份武断和粗暴。

**6. 物质往来要清晰**

同事之间或许会有借钱、借物或馈赠礼品等物质上的往来，在向同事借钱、借物时，我们应主动给对方写借条，以增进同事对自己的信任。我们要把每一项都记得清楚明白，即使是很小的款项也要及时归还，以免引起同事的误会。如果不能按时归还，也要提前向同事说明情况并致歉，以获得谅解。如果我们在物质利益方面有意或无意占了同事的便宜，会给对方造成不快，从而损害自己在对方心目中的形象，破坏双方之间的关系。

思政讲堂
道德与法律的
关系

**7. 公平竞争**

同事之间既有合作又有竞争，在与同事相处时，我们应遵循尊重、配合的原则，明确权责，尽量施展自己的才能，但绝不轻率地侵犯同事的业务领域，在透明、公平的竞争环境中施展自己的才能，以求得发展。

我们不要组建小团体，制造流言蜚语来中伤同事，同时要踏踏实实地做好自己的本职工作，不让同事有诋毁自己的机会；要努力创造更多与同事沟通的机会，增进同事间的感情，消除彼此之间的隔阂，在合作中良性竞争。

### 8. 言谈得体

在与同事的日常交谈中，我们要注意言谈得体：在工作中保持高昂的情绪，即使遇到挫折和委屈，也不要在和同事交谈时牢骚满腹、怨气冲天；不要把痛苦的经历当作谈资来说，这样会让同事很反感；在谈论自己时不要滔滔不绝，而要观察对方的反应来决定是否继续谈论；在工作过程中不要说悄悄话，这种耳语就像是噪声，会影响人们的情绪，降低工作效率；不要得理不饶人，在嘴巴上占便宜，处处争上风，这样会使同事们感到烦闷，不利于同事之间的交往。

 **小故事大道理**

职场礼仪

#### "话痨"的困惑

赵立是个职场新人，他性格开朗，为人直率，和同事们相处得也都不错。因为公司有内部食堂，所以中午同事们大多在公司食堂吃饭，一边吃一边闲聊，气氛特别好，特别热闹。

礼仪小故事
"话痨"的困惑

在公司工作了三个月，赵立心里有很多想法，于是就在中午的餐桌上慷慨激昂地点评公司的政策、现状、客户，甚至说起公司同事的情况。

慢慢地，赵立发现用餐的时候，自己的饭桌上越来越冷清了。有时他特意跟别人坐一桌，别人也只是低着头吃饭，吃完就走，不说一句话。他意识到自己跟同事们的关系慢慢冷淡了下来。

有一次，公司一位快退休的人告诉赵立："小伙子，你这个人还是挺不错的，就是话多了点儿，说实话，你说的有些话连我都不太爱听。我不爱听没什么关系，要是换成你的顶头上司或者和你有利益冲突的同事，那你就得多加小心了。可千万别因为话太多而得罪别人，和同事的关系不好，工作还怎么顺心？年轻人，少说点话没关系，千万别多说。"

听了这位前辈的话，赵立觉得很困惑：自己真的错了吗？

#### 名师点拨

聪明的公司职员都是不该开口绝不开口的人，因为他们知道，乱说话对于职场人而言是非常致命的硬伤。喜欢评头论足的人最终会成为大家都不愿意交谈和信任的人，甚至会被孤立，工作也会很难开展。故事中的赵立就是因为没有意识到这一点，在食堂吃饭时滔滔不绝，说了太多敏感的话，让同事很反感，所以同事们纷纷避开他，对他越来越冷淡。

## 解析点2：与上级交往，谦恭机变是王道

上级往往是职员在工作时的引导者和指导者，与上级关系的好坏直接影响着职员的工作是否能顺利开展。因此，职员要学会与上级和谐相处、默契配合，这既符合礼仪的需要，也能得到上级的信任和支持。

在处理与上级的关系时，职员要注意遵守下列礼仪规范。

### 1. 积极倾听上级的指示

职员在接受上级指派的任务时，要积极倾听，不能一味地点头，而是要问明白，上级可能会因为忙乱或疏忽漏掉某个重要事项，职员应当场问清楚，并确认完成的期限，明确先做哪些事。

积极倾听的另一个表现是领会上级的意图，理解和体会上级在文件、批示和口头指示中的潜在含义，如果实在理解不了，就要当面询问，决不能不懂装懂，贻误大事。

### 2. 及时汇报工作

在接到上级指派的任务后，不管是多么简单的任务，职员在完成后都要立即汇报工作，不能马虎，以免让上级等得太久；如果是一项长期的工作，就要在中途进行汇报，让上级随时掌握工作进度，这样上级会更放心，也能实时提供支持。

**情景还原解析**

在"情景还原"板块中，王月颖并没有及时向组长汇报工作进度，这让组长无法把握她的工作进展，同时也没有办法知道她在工作中遇到的问题，导致最后策划案中出现很多错误。其实，下级应当主动向上级报告自己的工作进度，让上级放心，而不是等到完成工作或上级询问时再说，何况王月颖在组长询问有无问题时撒谎说没有问题，这一点更是做得不对，会降低组长对她的信任度。

### 3. 维护上级形象

在上级身边工作，职员的工作有时会涉及很多方面，在面对若干个上级时，职员应当协调处理好各个上级之间的关系，其中一条重要的原则便是"只听不传"，也就是说，对于影响上级之间团结的话，只能听，不能传播。

职员要学会严守秘密，不该说的绝不能说，要维护上级的形象，淡化与工作无关的信息，这是职员对上级负责的表现，这样做会更容易赢得上级的信任和支持。

### 4. 正确对待批评

当上级误会职员做了错事而大发雷霆时，职员不要试图解释或与之针锋相对，可以在工作之余或散会后，找一个方便的时机，向上级解释真实的情况，上级自然会心怀歉意，并认可职员的大度和宽容，增强对职员的好感。

### 5. 礼让上级

职员应当尊重和尊敬上级，在工作交往过程中，遇到上级时要主动问候、让路；上级来到办公室时，职员要起身致意；上下车、进出大门或进出电梯时，职员要让上级先行。

### 6. 尽职尽责

完成上级分配的工作任务是职员的基本职责，因此，职员要认真对待上级布置的工作任务，按要求完成。如果有特殊原因不能按要求完成，要主动向上级说明情况和原因，主动承担自己的责任，承认错误，并尽力挽回损失。在完成任务的过程中，如果职员有不同的意见，可以向上级提出。

### 7. 请示上级行事

在遇到问题时，职员不要自作主张，擅自替上级做决定，而要先请示上级，按照上级的指示行事。如果情况紧急，确实没有时间向上级请示，职员在事后应向上级说明原因和情况。

**8. 正确把握与上级的关系**

职员与上级好好相处，建立彼此之间的信任是十分有利于工作开展的，但是职员要把握好度，与上级保持合适的距离，不要显得过于亲近，例如不对上级直呼其名，不称呼上级的外号或昵称。职员可能会在工作之外与上级因为兴趣、爱好相投而建立起密切的私人关系，但职员不能把工作关系和私人关系混淆，而应区分开来，在工作场合谈工作，在私下场合谈生活，以免影响工作的正常开展。

**9. 不要直接拒绝上级**

对于上级安排的任务，职员一般应当接受，有时出于某种原因不得不拒绝，也不要直接拒绝，以免让上级威严扫地，使其失望，他会觉得职员自负傲慢，甚至会因为得不到应有的尊重而发怒。如果自己确实忙于其他工作，或者无法胜任上级安排的工作，就要转换思维，委婉地拒绝。

### 解析点3：与下级交往，权威与魅力并重

一个被下级尊敬、喜爱的上级，应是一个权威与魅力并重的人，上级的权威不是建立在蛮横的态度上的，而是建立在对别人的友好与尊重上的。具体来说，上级在与下级交往时，要遵守下列礼仪规范。

**1. 以身作则**

一个好的上级应当做下级的榜样，在工作中总是严格地要求自己，拥有明确的目标，不断提升个人能力，做事有魄力，为人诚信。这样的上级才能赢得下级的尊重和认可，让下级信服。

**2. 用赞美鼓励下级**

赞美可以使人意识到自己的价值，增强个人的自信心。当下级感到他取得的每项成绩都能引起上级的注意时，就会有信心去尝试更有挑战性的工作。下级做对了，上级要即刻表扬，并精确地指出哪里做对了，让下级感到这是在为他的成绩而高兴，和他站在一条战线上，这会极大地提升下级的工作积极性。

**3. 平等待人**

上级要有原则，不能任人唯亲、拉帮结派，而要对下级一视同仁，用统一的标准要求下级，即按照才能和业绩提拔下级，做到平等待人、赏罚公平；在选用人才、提拔人才时，要公开、透明，形成一种公正、团结、积极向上的氛围，以激发每个职员的工作热情，使工作顺利开展。

**4. 尊重下级**

要想得到下级的尊重，上级首先要尊重下级。上级不要觉得自己是领导就摆出一副高高在上的姿态，对下级冷言冷语、横眉冷对，瞧不起下级，而是要尊重下级的工作和努力，尊重他们的劳动成果，即使是再小的业绩和成果也要予以鼓励。对下级来说，上级的尊重、鼓励和支持是他们前进的强大动力。

**5. 关心下级**

上级要对下级多一些关心和爱护，不仅要在工作上关心下级的成长，适时给予指导，帮助下级得到更好的发展，还要在生活中关心下级，了解下级的家庭情况、个性和爱好等，给下级家人般的关怀。例如，下级工作很认真，上级可以说一句"你辛苦了"，这样短短的一句话也会让下级的内心感受到温暖。

上级要把下级的困难当成自己的困难，及时了解下级的情况，并帮助下级解决问题，这样才能让下级感受到上级的关心，从而使其发自内心地感谢上级，和上级建立良好的互动关系，在工作中保持更高的积极性。

### 6. 信任下级

用人不疑，疑人不用。上级要充分信任自己的下级，相信其工作能力、人品，相信他们可以出色地完成工作。如果对下级还不太了解，可以在对他们保持信任的同时多一些细心，防止他们因经验不足出现失误。如果下级在工作中遇到困难，不要急着去批评和责骂，而要积极地去鼓励他们，帮助他们想出解决办法，这样才能让下级感觉得到了信任和器重，更努力、踏实地去工作。

### 7. 增强亲和力

上级要增强自己对下级的影响力，就应当缩短与下级的距离，接近下级。上级的亲和力越强，就越能和下级打成一片，减少距离感，增进和下级的感情，下级会觉得上级平易近人，会更加信任和尊敬上级。

职场礼仪

## 回顾·思考·讨论·应用

### 一、单元知识要点

求职面试礼仪：仪容仪表、见面礼仪、自我介绍、举止仪态、应答礼仪、告辞礼仪。办公室礼仪：开关门礼仪、办公室环境。职场交往礼仪：与同事交往、与上级交往、与下级交往。

### 二、判断题

1. 求职者在面试时应该提前到达面试现场。（　　）

2. 当自己的名字被面试官叫到时，可以直接进入面试间。（　　）

3. 职员在进入领导办公室时要大力敲门，让领导听到敲门声。（　　）

4. 同事之间既有合作又有竞争。（　　）

5. 上级领导对待下级要做到疑人不用，用人不疑。（　　）

### 三、选择题

1. 在求职面试时，下列仪容仪表的修饰做法错误的是（　　）。

　　A. 男士剃胡须，清洁面部

　　B. 女士化淡妆，修剪指甲

　　C. 涂抹深色指甲油，使指甲色泽更好

　　D. 女士穿西装套裙，以冷色调为主

2. 在求职面试时，下列举止仪态表现不当的是（　　）。

　　A. 与面试官有目光接触

　　B. 单手向面试官递交资料

　　C. 站立时端正稳重，头正身直

　　D. 入座时坐到椅子的2/3处

3. 在求职面试时，下列与告辞相关的行为正确的是（　　）。

　　A. 面试官频频看表，求职者再补充几句后提出告辞

　　B. 在告辞时向面试官表示衷心的感谢

　　C. 在面试结束后匆匆离开面试间

　　D. 在打开门离开面试间时，用力关门

4. 关于办公室环境礼仪，下列说法错误的是（　　）。

　　A. 办公室要干净、整洁、卫生

　　B. 办公桌上的物品摆放要有条理

　　C. 办公桌上摆放相框不能过多

　　D. 在办公桌上摆放鲜花

5. 在与上级交往过程中，下列做法正确的是（　　）。

　　A. 在接受指派的任务时积极倾听

　　B. 任务特别简单的话可不汇报工作

　　C. 受到上级的批评要据理力争

　　D. 在遇到问题时自己做决定

## 四、问答题

1. 在求职面试时，自我介绍主要包括哪些方面？

2. 职员在办公室中要遵循哪些礼仪？

3. 在与同事交往过程中，我们要在言谈方面注意哪些事项？

## 五、讨论题

1. 想象自己在毕业后求职面试的场景，请分析：自己在哪个环节最薄弱，应如何提高自己？

2. 请同学们思考：同学之间交往与同事之间交往有什么相同之处？

## 六、实践与应用

### 任务1　模拟招聘会

实践内容：角色扮演，一部分学生担任面试官，其他学生担任求职者，通过模拟招聘会锻炼学生自我介绍的能力，积累应聘经验，掌握应聘礼仪。

实践要点：

（1）从学生中选3～4人担任企业的面试官，其他学生担任求职者。

（2）面试官先介绍单位、岗位的需求情况。

（3）求职者依次进行1分钟的自我介绍。

（4）面试官提问，求职者回答问题。

（5）最后由教师总结、点评。

### 任务2　同事相处礼仪演练

实践内容：角色扮演，请学生自由分组，2人一组，自行设定角色，演练职场中同事之间的相处礼仪。

实践要点：

学生可根据以下情境来演练。

（1）喝水时不小心被同事碰了一下，水洒了出来。

（2）打印文件时，同事请求先打印文件。

（3）同事得了奖金而自己没有，同事这时请大家吃饭。

（4）同事面容沮丧，遇到困难。

（5）因为某些原因向同事借钱。

（6）同事被领导批评，心情沮丧。

表演完成后，由教师和其他学生对表演中的礼仪行为进行点评。

职
场
礼
仪

# 第十单元
# 商务活动礼仪

**10**

在商务场合中，礼仪不仅体现了企业员工的个人素质，也折射出企业的文化和管理水平。良好的商务礼仪是商务活动中人际关系的"润滑剂"，能有效减少人与人之间的摩擦，营造良好的商务交往氛围，为商务往来奠定良好的基础。

**课前思考**

1 在接待来宾时应该注意哪些问题？

2 参加公司会议时应该如何选择座位？在会议中，需要遵守哪些礼仪规范？

3 在商务场合参加合影时，应该如何安排领导的位置？

商务活动礼仪

## 一次失礼的接待

赵彬是盛华文化公司营销部经理的助理，一天经理委托赵彬去机场迎接一位公司的重要客户。赵彬乘坐由司机驾驶的汽车到达机场，接到客户后热情地对客户说着"欢迎，欢迎"，却没有主动与客户握手，待客户伸出手后，赵彬才后知后觉地与客户握手，再次对客户表示欢迎。

与客户握手之后，赵彬一把拿过客户手里的手提箱，想要将手提箱放入汽车后备厢，客户马上表示自己拿着即可，赵彬只好遵循客户的意愿。随后，赵彬引导客户坐到汽车副驾驶座位上，并说："您坐在这里，这里视野好，您可以在路上欣赏我们这里的景色。"然后赵彬自己在汽车后排座位就座。

一路上，赵彬不仅询问了客户公司的情况，还与客户就双方公司的福利、待遇展开了讨论。很快赵彬发现客户似乎很不高兴，他非常疑惑，心想：我这样热情地迎接他，他为什么看起来很不高兴呢？

**请分析：案例中赵彬的行为举止存在哪些失礼之处？赵彬应该怎样做才是礼貌的？**

# 专题一 商务接待礼仪

商务接待是指商务活动中的迎来送往，是企业必不可少的日常事务之一。做好商务接待工作，不仅能使主客双方心情愉悦，也有利于商务活动的顺利开展。

## 训练点1：接待来宾的基本流程

商务活动中接待来宾的基本流程分为接待前的准备工作、迎接来宾、安顿来宾、组织活动、送别来宾五个步骤。

**1. 接待前的准备工作**

为了保证接待工作有条不紊地进行，接待方做好接待前的准备工作非常重要。接待准备工作包括以下两点。

（1）了解来访方的信息。接待方接到来宾来访的通知后，首先要了解来宾的单位、来宾人数，以及来宾的姓名、性别、职务、到达航班、车次、返程时间、联系方式、爱好、性格、饮食和生活习惯，以及来访目的、要求等信息。将来访方的信息了解得越详细、具体，准备工作做得越充分，正式的接待工作才能越顺利。如果是接待外宾，最好要有通晓对方语言的翻译在场。

（2）制订接待方案。接待方要根据来访方的具体情况制订合理的接待方案。一般来说，接待方案包括以下内容。

①明确接待规格。接待方按照来宾的基本情况确定接待规格，详细地列出迎送人员和接待人员的名单。常见的接待规格有以下三种。

• 对等接待：主要接待人员与来宾的职务、级别基本一致。

● 高规格接待：主要接待人员的职务、级别比来宾的职务、级别高。在某些特殊情况下，为了显示对来访方的尊重和重视，接待方的重要领导也需出面接待。

● 低规格接待：主要接待人员的职务、级别比来宾的职务、级别低。诸如上级领导、主管部门领导或总公司领导到子公司视察，接待方在级别上比来访方低，只能低规格接待。

②安排相关事项。接待方安排好接待的相关事项，包括安排接待人员、交通工具、接待室、食宿、参观点、媒体报道等，具体要求如表10-1所示。

表 10-1　接待相关事项安排及相关要求

| 事项安排 | 相关要求 |
|---|---|
| 接待人员 | 接待人员的仪容仪表要整洁、端庄，服饰要大方得体，女士应当化淡妆，以示尊重，但不应佩戴过多或过于夸张的珠宝首饰，发型不宜过于新潮，在工作场所注意不得整理头发或补妆。接待人员的说、站、坐、走最好受过专门的礼仪训练，举止大方、言谈得体 |
| 交通工具 | 如果来宾来自外地，接待方应安排相关人员到车站、机场、码头等地做接车准备，迎接人员要准备好接客牌，接客牌上的字迹要清晰，方便来宾辨认。如果来宾来自本地，接待方应主动派车、派人前往来访方的居所迎接。接待方要根据来宾的多少来安排接待车辆 |
| 接待室 | 环境良好的接待室有助于接待工作的顺利进行，因此接待方必须保证接待室干净、整洁、温馨，光线不能过强或过弱，温度适宜，让来宾进来以后感觉舒适 |
| 食宿 | 接待方要根据来宾的身份、人数、性别、年龄、身体状况、生活习惯和工作需要酌情安排食宿。接待方在选择投宿的宾馆时要综合考虑接待预算、宾馆实际接待能力、服务质量、周边环境、交通状况、安全条件等因素。接待方所选择的宾馆要能够具备基本生活需要的网络、空调、热水、卫生间、电话、电视及办公、会议设施等配套设施 |
| 参观点 | 如果来宾要参观学习，接待方要根据来宾的要求事先安排好参观点，并通知有关部门或单位准备汇报材料，做好有关情况介绍、现场操作和表演、产品或样品陈列等各项准备工作 |
| 媒体报道 | 如果来宾有重要身份，或者是活动具有重要意义，接待方可提前通知相关媒体单位，以便媒体单位到时派人进行采访、报道 |

③做好日程安排。接待方要制订周全的接待日程安排，避免疏漏重要的接待内容。例如，接待方要安排好迎接、拜会、宴请、会谈、参观、游览、送行等活动事宜，各项活动的时间安排要合理，上一项活动与下一项活动的时间不能有冲突，也不能间隔太久。

**2. 迎接来宾**

接待工作的核心是使来宾高兴而来、满意而归，给对方留下美好印象，为今后双方的进一步合作奠定基础。在迎接来宾的过程中，接待方需要注意以下事项。

（1）迎接来宾。接待方迎接来宾的地点一般有两类，一类是车站、机场、码头等地，另一类是公司所在地。迎接来宾的地点不同，需要注意的事项有所不同。

①在车站、机场、码头等地迎接。在车站、机场、码头等地迎接来宾，接待人员应提前了解来宾到达的时间、车次、航班等，按照来宾的身份、职务等级等安排合适的人员去迎接。如果相应身份的人员不能前往迎接，前去迎接的人员接到来宾后应该向其礼貌地解释。

接待人员需提前10～15分钟到达接客地点，恭候来宾的到来，绝不能迟到而让来宾久等。接待人员接到来宾后，应问候对方"一路辛苦了""欢迎来到我们这个美丽的城市""欢迎来访"等。然后，接待人员向来宾作自我介绍，如果有名片，可递送给对方。

商务活动礼仪

②在公司所在地迎接。接待人员在公司所在地迎接来宾时应提前在办公楼下等待。待来宾的车辆驶近时，接待人员应面带微笑，举起右臂轻轻地晃动几下，以向来宾表示"在此恭候多时，欢迎光临"的意思。

来宾下车后，接待人员应该按照身份高低，依次走上前与来宾握手，在握手的时候可以同时道一声"欢迎，欢迎"或是"欢迎光临"。

（2）见面问候。与来宾见面时，接待人员要面带微笑、目视对方，主动上前，彬彬有礼地进行亲切问候，一定要注意称呼得体、用语准确。同时接待人员要热情与来宾握手，握手要遵守握手的礼仪规范。

如果接待人员与来宾早已认识，双方直接互相问候、握手即可。如果接待人员与来宾是初次见面，应该先介绍接待人员，再介绍来宾。如果双方需要介绍的人员较多，可由专人出面为双方进行引见、介绍，在引见、介绍时，应该先将接待人员按照身份高低引见、介绍给来宾，然后再将来宾介绍给接待人员。

双方见面后，接待人员可引导来宾到预先准备的接待室。

---

### 情景还原解析

在"情景还原"板块中，首先，赵彬接到客户后并没有主动与客户握手，这会让客户觉得没有被尊重。其次，赵彬莽撞地想要将客户的手提箱放到后备厢里，以及在汽车上与客户谈论双方公司福利、待遇问题，容易让客户产生隐私被侵犯的感觉。

与客户见面后，赵彬应该主动伸手与客户握手，并对客户表示欢迎，赵彬可以主动帮客户拿行李，但也要尊重对方的意愿，不能过分热情地强行帮助客户拿，尤其是客户随身携带的手提包或密码箱。

在路上，赵彬可以与客户聊一些不涉及双方公司业务、运营情况的话题，例如，可以向客户介绍本地的风土人情、土特产等，让客户得以放松。

---

**3. 安顿来宾**

接待人员将来宾送至事先安排的宾馆后，可将预先商定的活动计划和日程表交给来宾，以便来宾安排自己的活动时间。如果没有活动计划和日程表，接待人员要向来宾简单说明日程安排。接待人员可以留下自己的联系方式，以便来宾能够及时联系接待方，而后接待人员可以离开，为来宾留下充足的休息时间。

**4. 组织活动**

待来宾休息好后，接待人员可组织他们参加商务会议、参观游览等一系列活动。接待人员要做好陪同工作，给来宾创造宾至如归的感觉。

**5. 送别来宾**

送别来宾是接待工作的最后且非常重要的一个环节。送别来宾环节做得不好，可能会使整个接待工作功亏一篑。在送别来宾环节，接待方需要注意以下问题。

（1）礼貌挽留。当来宾提出告别时，主人要挽留。如果来宾执意要走，则不必再三勉强，要主随客便。主人应当在来宾起身之后再站起来，来宾伸手告别时再伸手握手，并向对方表达不舍之情，表示希望再次相见之意。

（2）周到送别。如果主人与来宾常有来往，主人可以将来宾送到办公室门口或电梯门口，将来

思政讲堂
大国自信，大国风范，大国担当

宾送至电梯口后，主人应待电梯门关闭后再离去，切忌刚把来宾送出门就转身离去。如果来宾是初次来访，主人应该适当送远些，至少应由接待人员将来宾送至办公区域之外。如果来宾年长或是上级，应将其送至楼下或车门边再握手道别。若来宾步行，应送至来宾身影远去；若来宾乘车，则要等来宾乘坐的汽车远去方可离开。如果来宾回首招呼，主人应举手或点头示意，直到看不见来宾的身影方可转身离开。

（3）专程送行。专程送行是指来自外地的重要客人离开时，主人安排送行人员和交通工具专程送客。这种送客方式尽显主人的热情与周到。专程送行要注意以下几点。

①主人在送行时要与来宾预约时间，根据来宾的意愿进行安排。

②送行人员应当为与来宾身份、职位相似者。

③如果来宾有自己的专用车辆，送别地点可以选择在来宾临时下榻之处；如果来宾没有专用车辆，主人应该为其安排好车辆，一直将来宾送至机场或者车站，并帮助来宾处理好搬运行李、托运行李等相关事宜。

④送行人员应该在来宾乘坐的交通工具启动以后，面带微笑，挥手告别，直到看不见对方时方可离开。如果来宾的交通工具因故晚点或出现其他特殊情况，送行人员可以及时给予关照。

⑤临别时，送行人员可以对来宾说一些诸如"慢走""一路平安，后会有期""欢迎下次再来"之类的道别话语。为了向来宾的同事及其所代表的公司表示友好之情，送别人员也可以说："请代我们向贵公司领导和全体员工问好""很遗憾这次没有见到××，请您回去一定替我向××问好"等。

---

| 即时演练 |

　　总公司派遣经理去下属分公司考察公司业务，考察团总共5人，分别为总公司经理、经理秘书、3名陪同人员。假设你是分公司负责人，请你安排接待人员，对考察团进行接待。

　　请同学们自由分组，并确定角色进行模拟演练，其他人对模拟演练进行点评，包括点评接待人员安排、接待人员在接待过程中的做法。

---

## 训练点2：陪同来宾乘车

在整个接待过程中，接待人员还会遇到陪同乘车的情况，接待人员在陪同来宾乘车时，需要重点关注上下车次序和乘车座次的问题。

### 1. 上下车次序

上车时，接待人员为来宾打开汽车车门，并用左手固定住车门，右手护住车门的上沿（从汽车左侧后门上车则正好相反），请来宾上车，确认来宾的整个身体安全进入车里并坐好后，轻轻地关上车门，然后自己从车尾绕到汽车的左侧，为其他来宾开门，或自己上车。

下车时，如果没有专人负责打开车门，接待人员应该先下车，快速为来宾打开车门，并将一只手放在车门上沿，护住车门，请来宾下车。

### 2. 乘车座次

在比较正规的场合乘坐汽车要讲究座位的"尊卑"，接待人员要选择符合自己身份的座位就座。

由主人驾驶汽车时，一般是前排座位为尊，后排为卑。按照汽车行驶的方向，双排五座汽车上除了驾驶座，其他4个座位由尊到卑的排序如图10-1所示；三排七座汽车上除了驾驶座，其他6个座位由尊到卑的排序如图10-2所示。接待人员应该请来宾中身份最高者在副驾驶座位上就座。

由专职司机驾驶汽车时，一般是后排座位为尊，前排座位为卑，同时又按照汽车行驶的方向，以每排的右侧座位为尊，左侧座位为卑。在此种情况下，按照汽车行驶的方向，双排五座汽车上除了驾驶座，其他4个座位由尊到卑的排序如图10-3所示；三排七座汽车上除了驾驶座，其他6个座位由尊到卑的排序如图10-4所示。接待人员应该请来宾坐在汽车的后排右侧的座位上，自己坐在来宾的左侧。如果来宾有领导陪同，应该请领导坐在来宾的左侧，接待人员坐在前排副驾驶座位上。

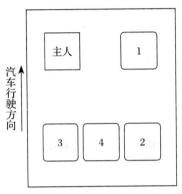

图10-1　双排五座汽车座位由尊到卑的排序（主人驾驶汽车）　　图10-2　三排七座汽车座位由尊到卑的排序（主人驾驶汽车）

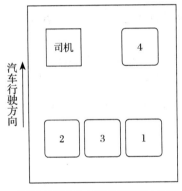 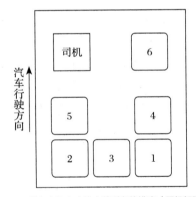

图10-3　双排五座汽车座位由尊到卑的排序（司机驾驶汽车）　　图10-4　三排七座汽车座位由尊到卑的排序（司机驾驶汽车）

多排座汽车是指有四排及四排以上座位的汽车。乘坐多排座汽车，无论是由何人驾驶，在座位的"尊卑"安排上，均以前排为尊，后排为卑；而在各排座位"尊卑"安排上，则又以右侧座位为尊，左侧座位为卑。例如，六排十七座的汽车，按照汽车的行驶方向，除了驾驶座，其他16个座位由尊到卑的排序如图10-5所示。

当然，乘坐汽车的座位安排也不宜过分墨守成规，应该尊重来宾的意愿，来宾主动坐在什么座位，什么座位就是最好的座位——尊重尊者，主随客便。

商务活动礼仪

---

**情景还原解析**

在"情景还原"板块中，赵彬不应该将客户安排在副驾驶座位上，而应该将其安排在汽车后排最右侧的座位上，赵彬在后排左侧座位就座陪同客户。

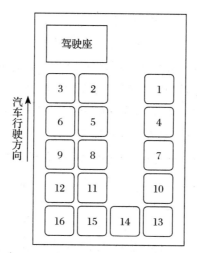

图10-5　六排十七座汽车座位由尊到卑的排序

---

**即时演练**

请同学们自由分组，根据以下情景确定各自的角色进行模拟演练。要求乘车座次安排正确，动作得体规范。

（1）接待方3人（分别为总经理秘书、普通员工、司机）乘一辆车去火车站迎接1位来公司做考察的客户。

（2）接待方2人（分别为总经理和司机）乘坐一辆车去机场迎接2位客人（客人职位分别为总经理、助理）。

（3）接待方4人（分别为经理、2名普通员工、1名司机）去机场迎接3位客人（客人职位分别为总经理、2名普通员工），分乘两辆车。

---

## 训练点3：引领来宾

在接待来宾的过程中，常见的引领场景包括行进引领、电梯引领、楼梯引领、进出门引领等。

### 1. 行进引领

在行进过程中，接待人员要遵循以右为尊的原则，接待人员应该走在来宾的左前侧，既表示出对对方的尊重，又能起到引领作用，标准位置是接待人员在来宾的左前侧1～1.5米，并且身体侧转130°，随时能够朝向来宾，用左手示意方向，配合来宾的行走速度，保持微笑和认真倾听的姿态。如果接待人员在行进的过程中要进行解说，接待人员应该站在来宾的左平行侧，这样在平行的位置上更便于交谈和解说。

如果是主要陪同人员在陪着来宾，主要陪同人员要与来宾并排同行，其他接待人员需要站在两者的身后。

### 2. 电梯引领

引领来宾乘坐电梯时，如果电梯没有专人服务，则接待人员应该先进入电梯按住"开门"按钮，待来宾进入电梯后关闭电梯门；如果电梯有专人服务，则接待人员应该请来宾先进入电梯。电梯到达后，接待人员按"开门"按钮，请来宾先走出电梯。

### 3. 楼梯引领

引领来宾上楼梯时，应该请来宾走在前面，接待人员走在后面；下楼梯时，应该由接待人员走在前面，来宾走在后面。同时要让来宾走楼梯的内侧，接待人员走楼梯的外侧。

上下楼梯时，如果引领对象是女士，并且穿着短裙，在上楼时就绝对不能让穿短裙的女士走在前面。此时，一般来说男士要走在前面，站在楼梯高位，女士跟在后面，保持低位；下楼时，要让女士在前，保证女士站在低位，男士在后，站在高位。

接待人员在上下楼梯用手势做指引时，要上身前倾，以肘关节为轴，手臂前伸，四指并拢，大拇指伸开，掌心斜向上45°指向行进方向，并适时提醒来宾注意路面状况，如"小心台阶"等；指引手势不宜过多，动作不宜过大，切忌"指手画脚"和"手舞足蹈"。

### 4. 进出门引领

在陪同来宾走旋转门时，原则上接待人员应请来宾走在前面；但如果旋转门尚未转动，接待人员应先推动旋转门使之旋转，再请来宾先走。

引领来宾进出推拉式门时，如果门是关闭状态，接待人员要先去敲门，得到许可后方可开门。如果房门是朝外开的，接待人员应先把门拉开再请来宾进去，具体细节为：单手拉开门后，按住门把，先行礼再请来宾入内，然后自己再进去，背对着门将门带上，引导来宾入座；如果房门是朝里推开的，接待人员应推开门后自己先进去，然后一只手扶住门，并微笑点头指引来宾进去。

接待人员在引领来宾进出房门时还应注意以下几点。

①出入房门时，接待人员应以手轻推、轻拉、轻关，绝不可以身体的其他部位开门。例如，不能以肘推门、以脚踢门、以臀拱门、以膝顶门，也不能听任房门自由开关。

②注意面向他人。进门时，如已有人在房内，接待人员应始终面向对方，切勿反身关门，背向对方；出门时，若房内依旧有人，在关门的过程中，接待人员应尽量面向房里的人，不要背向对方。

③讲究顺序。一般情况下，接待人员应请上司、女士先进先出。若出入房间时恰逢他人与自己方向相反，也要出入房间，则应对其礼让。一般来说，房里的人先出，房外的人稍后进入。倘若对方为上司、女士、来宾，亦可不遵此例，而让对方优先。

---

┌─────────── **即时演练** ───────────┐

请同学们自由分组，按照以下情景确定角色并进行模拟演练，其他人对演练进行点评。

（1）4个人乘坐电梯，其中接待方2人，1人为经理，1人为秘书；来宾2人，1人为经理，1人为秘书（女），演练4人并排行走、上楼梯的场景。

（2）接待人员A引领来宾B去领导C办公室商谈业务。

└────────────────────────────────┘

## 专题二　会议礼仪

商务会议是企业为了解决某些问题或为达成某些目标而将人员汇集在一起进行研讨、交流的活动，它需要一定规模的人数和一定的时间。公司会议、商务谈判都属于商务会议的范畴，而参加这些活动都需要遵守一定的礼仪规范。

## 训练点1：参加公司会议礼仪

公司内部会议是商务活动的重要组成部分，作为公司员工，参加会议甚至是组织会议是日常工作中必不可少的一项活动。无论是组织会议还是参加会议，遵守一定的礼仪规范有利于使会议顺利开展，并实现会议的价值。

### 1. 公司会议座次安排

在商务活动中，会议座次安排遵循主次分明、合理有序、各就其位的原则。国际惯例遵循以右为尊，商务活动中遵守这一国际惯例。按照会议使用的会议桌的不同，其座次安排如下。

①长方形会议桌。会议桌长度较短，且面对门的一边为职位最高者的座位，座位由尊到卑排序如图10-6所示。

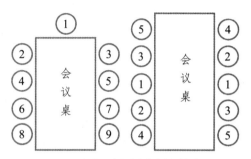

图10-6　长方形会议桌座位由尊到卑排序

②椭圆形会议桌。会议桌圆弧较小一边为职位最高者的座位，座位由尊到卑排序如图10-7所示。

③U形会议桌。会议桌U形的一边为职位最高者的座位，座位由尊到卑排序如图10-8所示。

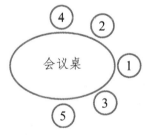

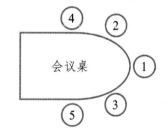

图10-7　椭圆形会议桌座位由尊到卑排序　　　　图10-8　U形会议桌座位由尊到卑排序

④圆形会议桌。淡化了座位尊卑概念，通常以门为基点，距离门较远的位置，或者是正对门的位置为较为主要的座位。

⑤主席台式座位。一些大型会议会设置主席台、主持人和发言人席位。主持人的席位可以位于前排正中间，也可以位于前排最右侧；发言人的席位在主席台的正前方、正中间，或者是主席台右前方的位置。参与会议的人员与主席台上的人员面对面而坐，主席台就座的人数为奇数时，其座位由尊到卑排序如图10-9所示；主席台就座的人数为偶数时，其座位由尊到卑排序如图10-10所示。

──────── 即时演练 ────────

公司产品研发部门组织部门内部会议，参加会议的人有公司经理（1人）、产品研发部主任（1人）、副主任（1人）、产品研发部成员（4人），请你为参加会议的人员安排合适的座位。

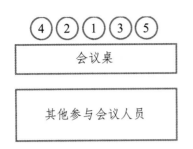

图 10-9　主席台就座的人数为奇数时座位由尊到卑排序　　　　图 10-10　主席台就座的人数为偶数时座位由尊到卑排序

**2. 参加会议的礼仪**

按照与会人员在会议中身份的不同，参与公司会议的人可以分为三类，分别是会议主持人、参会者和发言者。在会议进行中，每种身份的人都要遵守相应的礼仪规范。

（1）会议主持人。在会议中，会议主持人承担着控制会议进程，维护会议秩序的重要责任。会议主持人在主持会议时要遵守以下礼仪规范。

①衣着整洁，精神饱满，仪态大方庄重。

②在行走时要步伐稳健，表现出沉稳自信的风度。

③站立主持时双腿并拢，腰背挺直；单手持稿时，要用右手持稿的底中部，左手五指并拢，自然下垂；双手持稿时，稿子要与胸部齐高。坐姿主持时，上半身要保持挺直，双臂前伸，两手轻按桌沿。

④主持过程中，不要出现挠头、揉眼等不雅动作。

⑤发言时口齿清晰，思维敏捷，发言内容要简明扼要。

⑥根据会议的性质调节会议气氛，或庄重，或幽默，或沉稳，或活泼。

⑦维护会议的基本秩序，引导会议走向预期的结果。

（2）参会者。参会者是会议的主体构成人员，其对礼仪规范遵守与否直接决定了会议是否能够顺利进行。

①遵守时间。参会者要树立正确的时间观念，一般要比规定的开会时间提前 5～10 分钟到场，以便于有充裕的时间签名、领取材料并就座。

②遵守会议秩序。在会议进行过程中，参会者要自觉遵守会议的秩序，主要从以下几点做起。

• 不四处走动。参会者应在指定座位就座，未经许可不能另择座位。

• 保持安静。除了为发言人鼓掌外，会议期间一般不要出现其他声音。中途退场时要轻手轻脚，不扰乱他人。在开会时，参会者的手机应当关机，或调成静音状态。

• 不起哄。参会者即使对发言人的意见不满意，也不能吹口哨、鼓倒掌和喧哗起哄，这些行为都是没有教养的表现，极其失礼。

• 专心听讲。当发言人在讲话时，参会者不能心不在焉，更不能公然忙其他事情，例如，与其他人窃窃私语、接打手机，也不能摇头晃脑，做出各种不雅观的动作。参会者要专心听讲，适当进行记录，同时注视发言人，并对其点头、微笑、鼓掌，以表示对发言人的认可和支持。

• 不打断发言。在任何人发言的过程中，其他参会者都不应随意打断。如果对发言人的看法有不同意见，可在其发言完毕后请求发言。

③积极讨论。在开会过程中，如果有讨论环节，参会者最好不要保持沉默，否则会让人感到对工作或单位的漠不关心。

④服从会议决定。当会议做出最终决定时，参会者要服从会议决定。会议主持人在征求大家的意见时坚持少数服从多数的原则，参会者也应如此，不能固执地认为所有人都要听自己的。如果坚信自己的意见确实很好，可以等到以后有机会了，或者意见更成熟一些后再提出来共同讨论。

 **小故事大道理**

### 会场上备受瞩目的"明星"

礼仪小故事
会场上备受瞩目的"明星"

每周一上午8点半公司都会开例会。由于本周一是上半年的最后一个周一，因此，本次例会还有总公司的领导参加，听取公司上半年的工作汇报。

周一这天早上，张斌睡过了头，到达公司时已经迟到了半个小时。他急急忙忙赶到会议室，毫不犹豫地推开了会议室的门，"吱"的一声脆响，会议室里的人都将目光转向了他。张斌一边鞠躬向会议室里的人道歉，一边尴尬地找到座位坐好。刚坐下不到5分钟，肃静的会场上又响起了慷慨激昂的音乐。原来是张斌的手机响了，张斌手忙脚乱地关闭了手机，而他也成了会议室里备受瞩目的"明星"。

#### 名师点拨

无论是参加何种会议，提前到达会议场所是基本的礼仪。在开会迟到的情况下，如果迟到者无须在会议上发言，且没有在会议中担任任何职务，则可以选择不再进入会议室。如果迟到者必须要进入会议室，在进入会场时不要影响到他人，进入后尽量寻找靠后或者是靠边的位置坐下。

（3）发言者。在会议上发言的人，需要遵守以下礼仪规范。

在会议中，如果主持人或领导没有点名让某个人发言，想要发言的人发言之前可以用手或目光向主持人或领导示意，获得主持人或领导允许后方可发言。

发言者若要走上发言台进行发言，上台时要步态自然，矫健有力，展现出一种胸有成竹、自信的风度和气质。如果发言者是在自己的座位上发言，则要保持腰背挺直，呈现自信、从容状态。

发言者在发言时，要口齿清晰，逻辑合理，语言简明扼要。如果发言者手中持有发言稿，不能旁若无人地只顾低头读稿，在读稿的过程中应当时常抬头扫视一下会场，在发言完毕后要感谢听众倾听。

在自由发言阶段，发言者要注意讲究发言的顺序和秩序，不能争抢发言。发言者在发言时语句简短，观点明确，在与他人出现分歧时，要以理服人，反驳对方的观点时应态度平和，同时听从主持人的指挥，不要只顾自己发言。

如果其他参会者对发言者提出问题，发言者要礼貌作答，面对不能回答的问题，应当机智而有礼貌地说明理由。当参会者提出批评和不同意见时，发言者要认真听取，即使参会者的批评不正确，也不应失态。

商务活动礼仪

### 训练点2：参加虚拟会议礼仪

随着互联网技术的发展和远程工作的需要，参加电话会议、网络视频会议等形式的虚拟会议成为人们日常工作中的一项必要的活动。在虚拟会议中，参会者不能面对面地沟通，而是需要借助电话、网络视频等渠道进行交流。下面以网络视频会议为例，介绍参加虚拟会议需要遵守的礼仪规范。

（1）做好环境与设备检查。参加网络视频会议的人员一定要选择一个安静的环境，避免噪声影响会议。在会议开始前要对网络、摄像头、耳机等设备进行检查，确保没有任何问题，以免在会议进行中因设备出现问题而导致会议中断。

网络视频会议的背景环境也尤为重要。背景环境要尽量干净、简单，视频背景可以是一面白墙，也可以是简约的窗帘，书架旁也是一个不错的选择。

（2）准时到场。参会者要准时到场，尤其是在有地区时差的情况下，参会者要掌握好时差，按照规定的时间参会。

（3）仪容仪表干净、整洁。在网络视频会议中，参会者最容易被人注意的部分就是面容。如果带着黑眼圈、头发凌乱、睡眼惺忪地出现在屏幕前，可想而知上司会有什么样的反应。因此，即使在家办公，参会者也要按时起床，洗漱整洁，头发按时做清洁。对于女士来说，如果觉得化一个完整的妆很麻烦，不妨化一个简单的底妆；头发梳理整齐，长发要束起来。这样做不仅会让上司和其他同事感受到工作的积极和认真，还有利于提升工作效率。

在摄像头前，不要穿着随意，如穿着松垮的睡衣出镜，这样不仅会给其他参会者造成不良观感，还会给人留下懒散、对待工作不认真的印象。参会者可以换上商务服装或整齐的休闲装出镜。

（4）保证会议不受干扰。在视频会议时，为了避免别人不乱入屏幕，干扰视频会议的正常进行，参会者要提前和家人交代好，说清楚会议的大致时间。同时，参会者要关闭其他不必要的声音设备，如电视、音响等。在会议进行中，参会者要保持安静不要制造噪声，如不断地清喉咙、拿笔敲击桌子等。

（5）有序发言。由于网络视频会议不是面对面地交流，所以在会议过程中，经常出现几个人不经意间同时发言或抢先发言的情况。为了避免这种情况的发生，在会议开始前要约定好发言规则，并严格遵守。例如，发言前要举手示意，发言人发言完毕后可以说一句"以上就是我想说的"，告知大家发言完毕，以最大限度地避免被抢话、打断。

（6）保持摄像头在打开状态。在网络视频会议中，姓名和头像不能代替参会者正在参会的实时画面，除非是由于某些意外情况需要暂时关闭视频，否则参会者一定不要关闭摄像头。出于对网络视频会议的重视，参会者应该一直在会议中露面。

（7）不能同时进行其他工作。参会者如果在参加网络视频会议的同时进行其他工作，很容易被人发现，会给人一种不被重视和不被尊重的感觉。因此，参会者在网络视频会议中不能同时进行其他工作，应该全神贯注地参加会议，给予足够的重视。

### 训练点3：参加商务谈判礼仪

商务谈判是买卖双方为了促成交易而进行的活动，或是为了解决买卖双方的争端，并取得各自的经济利益的一种方法和手段。商务谈判并非普通的社交活动，而是讲究策略、追求共赢的，对公司业务有重要影响的商务活动。

**1. 座次安排礼仪**

商务谈判对参与谈判的各方就座的位次有非常严格的要求。按照谈判参与方的多少分类，商务谈判分为双边谈判和多边谈判。在谈判中，参与谈判各方的座次安排应该充分体现主宾之别。

（1）双边谈判。双边谈判是指由两方参与的谈判活动，这种谈判最为常见。双边谈判的座次排列主要有横桌式和竖桌式两种形式。

①横桌式。横桌式是指谈判桌在谈判室内横放，客方人员面对门而坐，主方人员背对门而坐。除双方主谈者居中就座外，各方的其他人员则应依其具体身份的高低，各自先右后左、自高而低地分别在己方一侧就座。双方主谈者的右侧座位，在国内谈判中可坐副手，而在涉外谈判中则应由翻译人员就座。会议记录人员一般安排在后面就座。横桌式座次由尊到卑排序如图10-11所示。

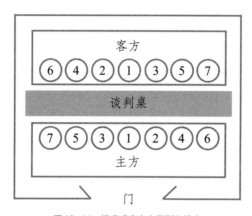

图10-11　横桌式座次由尊到卑排序

②竖桌式。竖桌式是指谈判桌在谈判室内竖放，具体排位时以进门时的方向为准，谈判桌右侧由客方就座，谈判桌左侧则由主方就座。各方的主谈人员应在自己一方居中就坐，其他人员则应遵循右高左低的原则入座。竖桌式座次由尊到卑排序如图10-12所示。

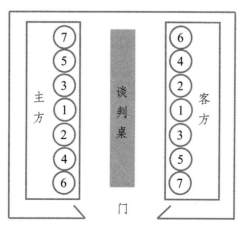

图10-12　竖桌式座次由尊到卑排序

（2）多边谈判。多边谈判是指由三方或三方以上参加的谈判。多边谈判的座次排列分为圆桌式和主席式两种。

①圆桌式。举行多边谈判时，为了避免失礼，淡化尊卑界限，按照国际惯例，一般以圆桌为佳，各方的主谈人员在己方人员中居中就坐，其他人员按职务的高低自近而远地分别在主谈者的两侧就座。如有翻译人员，则翻译人员就座于主谈者的右侧或身后。

②主席式。主席式是指在谈判室内面向正门设置一个主席位，各方代表在主席位发言。其他各方人员一律背对正门，面对主席位分别就座。各方代表发言后也应下台就座。主席式座次安排如图10-13所示。

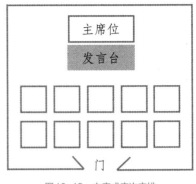

图10-13 主席式座次安排

### 2. 言行举止礼仪

在商务谈判中，各方人员的言行举止也体现了谈判参与方的礼仪修养，会对谈判结果产生直接影响。因此，参与谈判的人员在谈判中要注意自己的言行举止。

谈判人员入场时，应神态自然，步伐轻松、稳健，从椅子的左侧入座，坐下后要保持端正的坐姿，不转动座椅，不跷二郎腿，不将脚向前伸或置于座椅的下方。女士入座时要注意整理裙子，两腿并拢。

在谈判过程中，谈判各方人员要表现出对其他参加谈判人员的尊重，要认真听对方讲话，细心观察对方的举止神情，并适当给予回应，如点头、微笑等，不抢话，不随意打断对方讲话。

谈判人员在表述观点时要做到语调平稳、音量适中，即使自己的情绪比较激动，也不要让自己说话的声音听起来尖锐、刺耳，否则不仅容易暴露自己的心理状态，还会让其他人感觉不舒服。

在谈判的过程中，谈判人员要做好面部表情管理，己方目标达成，不要喜笑颜开、兴奋不已；对方提出不合理要求，也不要愁眉紧锁或怒目而视。无论在何种情况下，谈判人员都应该尽量使自己的面部表情呈现出平静、温和的状态。

 **小故事大道理**

### 有待提高的素质

作为公司新产品研发的参与者，王亮有幸陪同刘经理、研发部章主任参加业务合作谈判。王亮非常重视这次机会，谈判当天他特意穿上了新买的西装和皮鞋，与刘经理、章主任按时来到对方公司。

礼仪小故事
有待提高的素质

在谈判过程中，由于是初次面对这种场景，轮到自己发言时王亮非常紧张，不自觉地不停晃动双腿，手指也不时地在腿上敲击。发言结束后，王亮大大地松了一口气。很快谈判结束，对方的谈判代表对刘经理说："很感谢你们的到来，我们以后再联系吧。"

面对失败，王亮百思不得其解，后来刘经理询问对方谈判失败的原因，对方谈判代表说道："你们公司员工的素质还有待提高。"

**名师点拨**

　　在谈判的过程中，谈判人员应该注意自己的言行举止，即使心里紧张也不能做一些小动作，而是要努力调整心态，展现出稳重、自信的状态。发言时要从容、自信，保持语调平稳。

———————————— 即时演练 ————————————

　　甲公司购买乙公司的一款产品，双方就产品购买价格展开谈判。双方各派5名人员（各方各派主谈人员一名，其他人为陪同人员）参加谈判，甲公司为谈判活动主办方。

　　请同学们自由分组，模拟双方谈判场景，其他人进行点评，包括点评谈判场地座位的布置、谈判人员的言行举止等。

### 3. 签字仪式

　　签字仪式通常是指订立合同、协议等重要文本时所举行的仪式，它是商务谈判成功的结果，如果在这个重要的环节中出了问题，商务谈判很可能会功亏一篑。

　　（1）签字文本的准备。主方在签字仪式举办前要准备好签字文本，同时准备好签字用的文具、国旗等物品。签字文本的准备包括以下内容。

　　①确定使用的语言文字。涉外双方签字，如双方使用不同的语言文字，按照惯例，待签文本应同时使用宾主双方的母语，必要时还可以使用第三种语言文字。

　　②文本定稿。谈判结束之后，双方应指派专人按照双方达成的协议做好签字文本的定稿、翻译、校对、印刷等工作，因为文本一旦签署即具备法律效力，因此对待文本定稿要慎重、严肃，不可马虎。

　　③确定正本和副本。谈判的正式文本分正本（即签字文本）与副本，正本在签字后由双方各自保存，或由专门的机构保存；副本不用签字、盖章，或者只盖章，不签字。

　　④盖章。为了保证文本在签字后立即生效，一般在举行签字仪式前，先在签字文本上盖上宾主双方的公章，外交方面的签字文本需事先加盖火漆印。

　　⑤装订。待签文本应该装订成册，并以真皮、仿皮或其他高档的材料作为封皮，以示郑重，其规格一般是大八开，所使用的纸张务必高档，印刷要精美。

　　（2）签字场地的布置。举行签字仪式的场地，一般视参加签字仪式的人员规格、人数，以及协议中内容的重要程度来确定，可选择来宾所住的宾馆、饭店或主方的会客厅、洽谈室等地。

　　签字场地的布置以庄重、整洁、清静为原则。标准的签字厅应当在室内铺满地毯，摆上必要的签字桌椅，不需要其他多余的陈设。正规的签字桌应为长方形桌子，桌面覆盖深色桌布，桌子后面可根据签字人数摆放适量的座椅。

　　主方应事先在签字桌上摆放好待签文本，以及签字笔、吸墨器等签字时所用的文具。签字桌上可放置各方签字人的席卡。涉外签字仪式应当用中、英文两种文字标示，并在签字桌上插放有关各方国家的国旗。插放国旗时，在其位置与顺序上，必须依照国际礼宾序列而行。

　　签字场地中的桌台设置和人员位次应符合礼宾礼仪的要求，通常有以下几种设置和排位方式。

　　①并列式。并列式是举行双边签字仪式时常见的形式，其特点为签字桌在室内面门横放，双方

出席仪式的全体人员在签字桌后并排，签字人员居中，面门而坐，客方居右，主方居左，各方的助签人在各方签字人的外侧助签，其余参加签字仪式的主客方代表依身份顺序分站于己方签字人的座位后面，如图10-14所示，1代表主方签字人，2代表客方签字人，3代表主方助签人，4代表客方助签人。我国的签字仪式多采用这种形式。

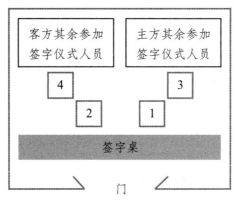

图10-14　并列式桌台设置及座位排列

②相对式。相对式与并列式基本相同，两者之间的主要差别只是相对式将双边参加签字仪式的随员席移至签字人的对面，如图10-15所示，1代表主方签字人，2代表客方签字人，3代表主方助签人，4代表客方助签人。

③主席式。主席式主要适用于多边签字仪式，即有三方或三方以上参加签字仪式。主席式桌台设置的特点是签字桌应在室内面对正门横放，只设一个签字席，由不同单位的签字人员轮流去签字席签字。

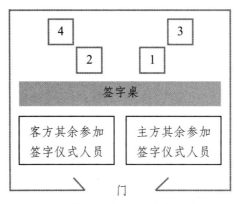

图10-15　相对式桌台设置及座位排列

在多边签字仪式中，在国内，一般按照汉语拼音字母的顺序来确定签字的先后顺序；在涉外签字仪式中，按照英文字母的排列顺序确定签字的先后顺序。按照顺序，轮到哪方签字，则由该方的签字人员到签字席进行签字，其他各方的人员都在台下就座。主席式桌台设置及座位排列如图10-16所示。

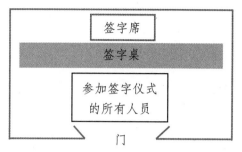

图10-16  主席式桌台设置及座位排列

（3）签字仪式的基本流程。一切准备工作就绪后，就进入正式的签字仪式，其基本流程如下。

①签字仪式开始。一般来说，参加签字仪式的人员为参加谈判的人员，签字人通常为公司或企业的最高领导。各方签字人员入场后，各方助签人分别站在己方签字人的一侧，其余参加签字仪式的人员按照职位从高到低、从内向外列队，分别站在己方签字人的座位之后。

签字人入座，助签人打开合同文本，并将签字笔递给签字人，向签字人指明签字的位置。

②签字人签署文本。签字人在正式签署文本时采用轮换制，通常是首先签署应由己方所保存的文本，然后再签署应由他方所保存的文本。其含义是：在位次排列上，轮流使双方均有机会居于首位一次，以示双方完全平等。

③交换合同文本。交换合同文本是指双方签字人交换已经由双方正式签署的文本，交换后，双方签字人应热烈握手，互致祝贺，双方还可以相互交换各自方才使用过的签字笔，以示纪念。全场人员热烈鼓掌，以示祝贺。

④共同举杯庆贺。交换已签订的合同文本后，服务人员会用托盘端上香槟，双方有关人员尤其是签字人应当场喝完一杯香槟，这是国际上通用的一种为签字仪式增添喜庆色彩的做法。

仪式结束后，双方最高领导者及客方其他人员先退场，然后主方相关人员再退场。整个签字仪式的时长以半小时为宜。

⑤发布新闻。如果是重大的、有影响的或具有新闻价值的签字仪式，主方在签字仪式结束后可以举行新闻发布会，对外发布新闻，扩大自身的影响力。

───────── 即时演练 ─────────

甲公司与乙公司（均为国内公司）达成合作共识，双方准备举行签字仪式。同学们自由分组（10人一组），分别扮演甲公司和乙公司参加签字仪式的相关人员，然后根据签字仪式的程序模拟签字。

其他同学运用所学知识进行点评，重点点评签字人员座位的安排、签字人和助签人在签字仪式中的行为表现。

## 专题三　游览及合影活动礼仪

在各类商务场合中，参观游览、合影也是常见的活动项目，与商务会议、商务谈判等活动相比，这些活动的氛围比较轻松，但就是在轻松的氛围中，才更容易展现个人的礼仪修养。

## 训练点1：商务参观游览礼仪

在一系列紧张、繁忙的商务会见、会谈等活动之余，为来宾安排一些参观游览项目是十分有必要的，这有利于增加双方之间的相互了解，促进相互合作。

### 1. 安排参观游览计划

接待方在安排参观游览计划前，应该尽可能地了解来宾的基本情况，包括来宾来访的目的、来宾的兴趣等。接待方所选择的参观项目和路线最好与双方会谈的业务相关，如是会谈中涉及的某些项目、某些单位等，这样有利于来宾更好地了解业务情况。

一般来说，由接待方提出参观游览的地点、日程等意见，与来宾进行协商确认后，接待方才可做具体安排。参观游览计划的安排涉及参观游览项目的选定、参观游览的顺序、路线的选定、交通工具的安排、每个项目参观游览的时间与时长、参观游览项目的讲解，以及参观游览期间的休息、用餐等具体细节。接待方做好参观游览计划的具体安排后，要立即通知参观项目相关单位和有关部门，请相关人员及时做好妥善安排。同时，接待方还要将参观游览计划告知来宾，以便他们合理安排时间。

在参观游览时，接待方要安排与来宾身份相当的人员陪同，并根据需要安排解说员、翻译人员，以及必要的维持秩序的工作人员。陪同参观人员、解说员的数量不宜太多，参观项目相关单位也应该安排相应的人员出面迎接来宾。

### 2. 做好参观游览中的讲解

如果参观游览生产建设单位，在场的工作人员对来宾表示欢迎后，应该立即回到自己的岗位，不可围观、追看，如果来宾提问，生产人员要礼貌回答。

在参观游览的过程中，陪同人员要照顾好来宾，使他们看好、听好。某些来宾可能会对某些项目比较感兴趣，此时，应该有专人为来宾进行介绍。

在参观游览的陪同人员中，最好有能够回答技术性问题的人员，以便回答来宾提出的技术性问题。解说员在讲解时，要力求简明扼要、实事求是，要能体现己方的特点，同时要注意内外有别，遇到需要保密的内容，则不能对外介绍，如果来宾提出要求，解说员应该予以婉拒。

组织外商进行参观游览时，可以为外商准备一份外文和中文对照版的参观项目简介，项目简介中简明扼要地说明参观项目的基本情况，以便外商阅读浏览。翻译人员在为外商进行内容翻译时，要大方、诚恳、热情，翻译的内容要正确、真实地体现说话者的本意，不能随意掺杂自己的意见和看法，不能增减内容。

---

**即时演练**

其他学校组织人员来我校进行参观交流学习，假设你是本次参观交流学习活动的负责人，请你制订一份参观交流学习计划，并选定一个参观项目为参观者进行讲解。

## 训练点2：合影礼仪

在很多商务活动中，待所有的活动结束后会有合影的环节。在此环节中，对于合影的组织方来说，也需要讲究一定的礼仪。

### 1. 合影前的准备

合影组织方要事先征求参与者的意见，最好在活动计划或日程表中写明合影的相关事宜，以便参与者提前做好准备。

组织方要事先选择好合影的场地，并做好场地的环境布置，包括位次的布置、场地中是否要挂横幅、横幅上写什么内容等。此外，选择在室内合影，还要重点考虑场地是否能够容纳所有参与者和光线的明暗等问题；选择在室外合影，还要重点考虑天气情况。

### 2. 合影的位次安排

合影时，可以要求参与者都站立参与，也可以安排重要人物在前排就座，其他人在后排呈梯级式站立。一般来说，不宜要求参与者以蹲姿参与合影。如果安排了座位，可在座位上贴上名签，以便参与者准确地找到自己的位置。

在国内商务活动中，合影时的位次一般遵循前为尊、中为尊、左为尊的原则。以参与者面对照相机的方向为准，合影时通常是主方人员在右，客方人员在左。以参与者面对照相机的方向为准，参加合影人数为双数时，位次由尊到卑如图10-17所示；参加合影人数为单数时，位次由尊到卑如图10-18所示。此外，还要注意的是不能让客方人员位于每排边上的位置，边上通常应该是主方人员的位置。

图10-17　参加合影人数为双数时的位次

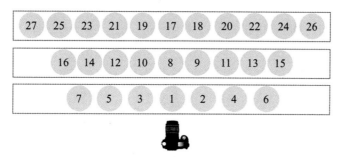

图10-18　参加合影人数为单数时的位次

在涉外商务活动中，合影一般遵循以右为尊的原则，应该请主人位于第一排的中间位置，来宾中的主要人物位于主人右手侧的位置，双方其他人员分别在主人和来宾中主要人物的左右依次排开。在此种场景下，位次由尊到卑如图10-19所示。

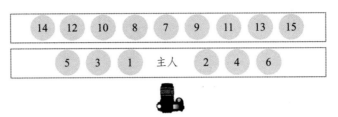

图 10-19　涉外商务活动合影时的位次

---

**即时演练**

总公司的总经理和副总经理对分公司的考察结束时，分公司负责人组织合影留念，总公司参加合影的人员总共有5人，分公司参加合影的人员总共有7人，请你为参加合影的人员安排合理的站位。

---

　回顾·思考·讨论·应用

**一、单元知识要点**

商务接待礼仪：接待来宾的基本流程、陪同来宾乘车礼仪、引领来宾礼仪。会议礼仪：参加公司会议礼仪、参加虚拟会议礼仪、参加商务谈判礼仪。浏览及合影活动礼仪：商务参观游览礼仪、合影礼仪。

**二、判断题**

1. 高规格接待是指主要接待人员的职务、级别比来宾的职务、级别低的接待。（　　）

2. 在行进过程中，接待人员要遵循以右为尊的原则，接待人员应该走在来宾的左前侧。（　　）

3. 引领来宾下楼梯时，应该由接待人员走在前面，来宾走在后面。（　　）

4. 在国内商务活动中，合影时的位次一般遵循前为尊、中为尊、右为尊的原则。（　　）

5. 商务谈判中谈判桌在谈判室内横放，客方人员应面对门而坐，主方人员应背对门而坐。（　　）

**三、选择题**

1. 乘坐由专职司机驾驶的双排五座汽车，按照汽车行驶的方向，职位最高者应该坐在（　　）。

　　A. 副驾驶座位　　　　B. 后排中间座位　　　　C. 后排左侧座位　　　　D. 后排右侧座位

2. 某公司（国内公司）销售部门培训结束后进行合影留念，参加合影留念的有经理（1人）、副经理（1人）、销售部主管（1人）、销售部员工（若干），在下图第一排站位中，经理应该站在（　　）的位置。

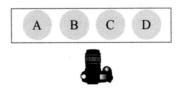

3. 引领者在行进过程中，距离引领对象（　　）为宜。

  A. 0.5米     B. 2米      C. 1~2米     D. 1~1.5米

4. 在双边谈判中，谈判桌在谈判室内横放，下列座次安排合理的是（　　）。

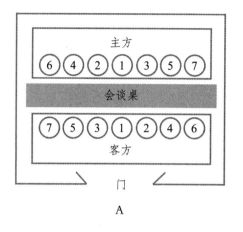

A

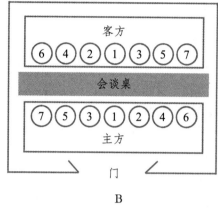

B

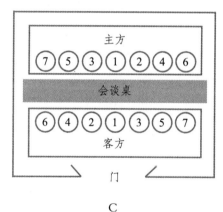

C

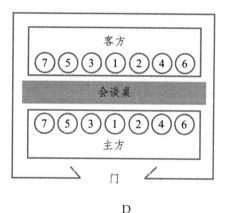

D

5. 在签字仪式中，签字桌在室内面门横放，下列说法正确的是（　　）。

  A. 签字人员居中，面门而坐，客方居右，主方居左

  B. 签字人员居中，面门而坐，客方居左，主方居右

  C. 签字人员居中，背门而坐，客方居左，主方居右

  D. 签字人员居中，背门而坐，客方居右，主方居左

## 四、问答题

1. 简述接待来宾的基本流程。

2. 简述引领来宾进出推拉式门时应该遵守的礼仪规范。

3. 简述参加虚拟会议时应该遵守的礼仪规范。

## 五、讨论题

1. 教师组织学生开一次视频会议，讨论商务活动礼仪的各个注意事项，同时让学生们在视频会议过程中分享自己对虚拟会议的看法，并注意视频会议时自己的言行举止是否符合礼仪。

2. 请回想之前中学毕业合影时的位次安排，比较与商务活动结束时合影的位次安排有何异同。

## 六、实践与应用

### 任务1 接待来宾

实践内容：甲公司销售部刘经理和其秘书小张按照约定来到乙公司进行业务合作洽谈，请分组、分角色模拟演练乙公司秘书小赵接待来宾的过程。

实践要点：

（1）主要角色：甲公司销售部刘经理、刘经理的秘书小张；乙公司销售部林经理、秘书小赵。

（2）乘坐双排五座汽车在机场迎接、送别来宾。

（3）将来宾安顿在预定的酒店。

### 任务2 商务谈判

实践内容：A公司想向B公司购置100台计算机作为公司内部年终奖奖品，双方就购置价格展开谈判。

实践要点：

（1）做好谈判会场布置，包括谈判桌摆放、座次安排等。

（2）学生分为若干小组，每组内由学生自由选择扮演A公司谈判人员或B公司谈判人员，并分别选定主谈人员，模拟谈判过程。

商务活动礼仪

# 参考文献

[1] 元秀. 社交礼仪全书[M]. 延吉：延边人民出版社，2007.

[2] 赵黎，田莉. 大学生社交礼仪[M]. 北京：清华大学出版社，2019.

[3] 邢小丽. 现代社交礼仪教程[M]. 杭州：浙江大学出版社，2017.

[4] 袁锦贵. 沟通与礼仪[M]. 北京：电子工业出版社，2013.

[5] 闫秀荣，杨秀丽. 现代社交礼仪[M]. 3版. 北京：人民邮电出版社，2018.

[6] 沈春娥. 大学生社交礼仪[M]. 北京：中国文联出版社，2017.

[7] 高琳. 人际沟通与礼仪：附微课[M]. 2版. 北京：人民邮电出版社，2021.

[8] 周莎莎. 大学生社交与礼仪[M]. 北京：人民邮电出版社，2015.

[9] 韩旭. 社交与礼仪学习指导[M]. 北京：人民邮电出版社，2012.

[10] 端木自在. 社交与礼仪[M]. 南昌：江西美术出版社，2017.

[11] 文武斌，周丽霞. 社交礼仪与相处[M]. 北京：民主与建设出版社，2019.

[12] 张铭. 现代实用社交礼仪[M]. 北京：人民邮电出版社，2017.

[13] 刘文秀. 无师自通社交礼仪[M]. 3版. 北京：中国法制出版社，2019.

[14] 刘丽娜. 哈佛社交礼仪课[M]. 3版. 北京：中国法制出版社，2018.

[15] 拙耕. 社交礼仪[M]. 长春：吉林教育出版社，2019.